LE ROI ARTHUR
ET SES PREUX CHEVALIERS

J'AI LU

JOHN STEINBECK | *ŒUVRES*

A L'EST D'EDEN
AU DIEU INCONNU
LA COUPE D'OR
DES SOURIS ET DES HOMMES
EN UN COMBAT DOUTEUX
LA GRANDE VALLÉE
L'HIVER DE NOTRE MÉCONTENTEMENT
IL ÉTAIT UNE FOIS UNE GUERRE
JOURNAL RUSSE
LE ROI ARTHUR ET
SES PREUX CHEVALIERS — *J'ai Lu* 1784****
LA MER DE CORTEZ
MON CANICHE, L'AMÉRIQUE ET MOI
LES NAUFRAGÉS DE L'AUTOCAR
NUITS SANS LUNE
LES PÂTURAGES DU CIEL
LA PERLE
LE PONEY ROUGE
LES RAISINS DE LA COLÈRE
RUE DE LA SARDINE
TENDRE JEUDI
TORTILLA FLAT

JOHN STEINBECK

LE ROI ARTHUR

ET SES PREUX CHEVALIERS

traduit de l'anglais par Patrick et Françoise REUMAUX

J'ai Lu l'histoire

NOTE DES TRADUCTEURS

L'édition américaine de ce livre comprend une courte introduction de Steinbeck et une série de lettres où l'auteur explique sa fascination pour le texte de Malory (manuscrit de Winchester) et donne, au jour le jour, l'état de son travail et des difficultés qu'il rencontre.

Nous avons préféré, dans l'édition française, ne donner que le texte de la légende arthurienne, pensant, peut-être à tort, que le choc des gloses assourdirait celui des lances. A ceux qui nous reprocheraient d'avoir tenu secret le mode d'emploi, nous répondons que l'érudition sera pour une autre fois.

Cet ouvrage a paru sous le titre original :

THE ACTS OF KING ARTHUR
AND HIS NOBLE KNIGHTS

MERLIN

Au temps où Uther Pendragon était roi d'Angleterre, le bruit courut que son vassal, le duc de Cornouailles, avait pris les armes contre le pays. Uther ordonna au duc de se rendre à sa cour, accompagné de sa femme Igraine, aussi célèbre pour sa sagesse que pour sa beauté. Lorsque le duc se présenta, les seigneurs du conseil l'invitèrent à faire la paix avec le roi, afin que celui-ci lui offrît amitié et hospitalité. Alors Uther porta ses regards sur Igraine et s'aperçut qu'elle était aussi belle qu'il l'avait ouï dire. Il l'aima et la désira, et la supplia de partager sa couche, mais Igraine, qui était une femme fidèle, repoussa les avances du roi.

Elle s'en ouvrit au duc, son mari.

— On ne vous a pas mandé parce que vous avez violé les lois du royaume, dit-elle, mais pour, à travers moi, porter atteinte à votre honneur. Je vous supplie, mon époux, d'écarter ce danger : réfugions-nous cette nuit dans notre château, car le roi ne tolérera pas mon refus.

Ainsi firent-ils, en si grand secret, que ni le roi ni ses preux, ne s'aperçurent de rien.

Quand Uther découvrit leur fuite, la rage le saisit et il convoqua son conseil pour lui faire part de la trahison du duc. Craignant la colère de leur suzerain, les preux lui conseillèrent d'envoyer des messagers pour ordonner au duc de revenir sur-le-champ, avec Igraine.

– S'il refuse, dirent-ils, ce sera votre devoir et votre droit de lui faire la guerre et de le détruire.

Ainsi fut fait. Les messagers partirent au galop et revinrent du château ducal porteurs d'une réponse laconique : ni le duc ni sa femme ne reviendraient.

Furieux, Uther fit aviser le duc de se préparer à se défendre, parce qu'avant quarante jours il l'aurait forcé hors de son repaire.

Fort de cet avertissement, le duc ravitailla et arma deux forteresses. Il envoya Igraine au château de Tintagel sur les hautes falaises dominant la mer, tandis qu'il défendait Terrabil, une place forte aux murailles épaisses, aux nombreuses portes et passages secrets.

Le roi Uther rassembla une armée et marcha contre le duc. Il planta ses tentes autour du château de Terrabil et y mit le siège. Les assaillants se heurtèrent à une résistance farouche; maints braves périrent sans que la victoire se décidât pour l'un ou pour l'autre camp, si bien qu'Uther finit par tomber malade de rage, de frustration et de désir pour la belle Igraine.

Alors Ulfius le preux se rendit à la tente du roi et lui demanda quelle était la nature de son mal.

– Je vais te le dire, répondit le roi. Je suis malade de colère et d'amour, et contre ces maux il n'existe pas de remède.

– Sire, dit Ulfius, je vais me mettre en quête de Merlin l'Enchanteur. Cet homme sage et de vif esprit vous donnera un breuvage qui vous rendra la joie du cœur.

Enfourchant son destrier, Ulfius se mit en quête de Merlin.

Merlin était un homme aussi subtil que sage, doté d'étranges et secrets pouvoirs de prophétie, et de cet art de falsifier l'évidence qu'on appelle magie. Il connaissait les replis tortueux de l'esprit humain et, sachant combien un homme simple et ouvert est sensible au mystère, la mystification l'enchantait.

Ainsi, comme par hasard, le chevalier quêteur rencontra sur son chemin un mendiant loqueteux qui lui demanda ce qu'il cherchait. Le chevalier, n'étant pas habitué à être questionné par un pouilleux, ne daigna pas répondre, ce qui fit éclater de rire l'homme en haillons.

— Tu n'as pas besoin de me le dire, je le sais. Tu cherches Merlin. Ne cherche pas plus loin. Je suis Merlin.

— Toi...? Tu es un mendiant, répondit Ulfius.

Ravi de son tour, l'Enchanteur rit sous cape.

— Je suis également Merlin, dit-il. Si le roi Uther me promet la récompense que je désire, j'exaucerai les souhaits de son cœur, et il en tirera plus que moi honneur et profit.

— Si cela est vrai, et si votre demande est raisonnable, répondit Ulfius émerveillé, je peux vous promettre qu'elle vous sera accordée.

— Alors, tournez bride. Je vous suivrai aussi vite que je le pourrai.

Heureux, sire Ulfius tourna bride. Forçant sa monture, il revint jusqu'à la tente où Uther se languissait, et dit au roi qu'il avait trouvé Merlin.

— Où est-il?

— Sire, dit Ulfius, il est à pied. Il arrivera aussi vite qu'il le pourra.

Mais il n'avait pas plus tôt prononcé ces paroles qu'il vit Merlin debout à l'entrée de la tente, et Merlin souriait, car il aimait causer des prodiges.

Uther le vit et lui souhaita la bienvenue. Merlin lui dit brusquement :

— Sire, je lis à livre ouvert dans votre cœur et votre esprit. Si, par votre royauté sacrée, vous jurez de m'accorder ce que je demande, vous aurez ce que je sais que votre cœur désire.

Si vif était le désir d'Uther qu'il jura par les quatre Evangiles de tenir sa promesse.

— Sire, dit Merlin, tel est mon vœu. La première fois que vous connaîtrez charnellement Igraine, elle concevra de vous un enfant. Quand cet enfant naîtra, il devra m'être donné pour que je l'élève à ma guise. Mais je promets solennellement que ce sera tout à votre honneur et à l'avantage de l'enfant. Y consentez-vous ?

– Il en sera comme vous le désirez, dit le roi.

– Alors levez-vous et préparez-vous, répondit Merlin. Cette nuit même vous partagerez la couche d'Igraine dans le château de Tintagel près de la mer.

– Comment cela est-il possible ? demanda le roi.

– Par magie, je lui ferai croire que vous êtes le duc, son époux. Ulfius et moi vous accompagnerons, mais nous aurons l'apparence de deux hommes liges du duc. Je dois cependant vous prévenir : lorsque vous arriverez au château, parlez le moins possible, ou vous risquez d'être découvert. Dites que vous êtes las et que vous vous sentez mal, et gagnez le plus tôt possible votre couche. Le lendemain matin, ne vous levez surtout pas avant que je vienne à vous. A présent, préparez-vous, car Tintagel est à dix miles d'ici.

Ils firent leurs préparatifs, enfourchèrent leurs montures et partirent. Des remparts du château de Terrabil, le duc aperçut le roi Uther quitter le siège et, voyant que les forces royales n'avaient plus de chef, il attendit la tombée de la nuit pour tenter une sortie en force. Dans la bataille, le duc fut tué, trois bonnes heures avant que le roi arrivât à Tintagel.

Tandis que Uther et Merlin, et sire Ulfius chevauchaient vers la mer dans une obscurité parsemée d'étoiles, des traînées de brume couraient sans cesse sur les landes, comme des spectres aux vêtements flottants. Du brouillard sortait tout un peuple aux formes indécises, et les silhouettes des cavaliers, à l'instar des nuages, changeaient. Lorsqu'ils arrivèrent aux portes de Tintagel, sur l'éperon rocheux dominant la murmurante mer, les sentinelles saluèrent les silhouettes familières du duc, de sire Brastias et de sire Jordanus, ses hommes liges. Et dans les sombres corridors du château, Igraine accueillit son époux et se fit un devoir de le mener à sa couche. Alors le roi Uther connut charnellement sa dame et, cette nuit-là, un enfant fut conçu.

Quand pointa l'aube, Merlin apparut comme il l'avait promis. Dans l'indécise lumière, Uther baisa Igraine aux lèvres et se hâta de partir. Les sentinelles ensommeillées ouvrirent les portes au faux duc et à ses hommes, et les trois cavaliers s'éloignèrent dans la brume du matin.

Plus tard, lorsque Igraine apprit que son mari était mort et l'était déjà lorsqu'elle avait accueilli sa forme dans son lit, elle fut troublée et saisie par ce triste prodige. Mais elle était seule à présent, elle avait peur et prit en secret le deuil de son époux sans parler de rien.

Le duc mort, il n'y avait plus de raison de continuer la guerre et les barons supplièrent le roi de faire sa paix avec Igraine. Uther sourit intérieurement et se laissa persuader. Il demanda à Ulfius d'arranger une rencontre, et très bientôt le roi et la dame furent face à face. Alors, en présence du roi et d'Igraine, Ulfius s'adressa ainsi aux barons :

— Quel mal peut-il y avoir? Notre roi est un fort et galant chevalier, et il n'a pas de reine. Dame Igraine est aussi sage que belle... (Il fit une pause avant de poursuivre :)... et libre de se marier. Ce serait une joie pour nous tous si le roi consentait à faire d'Igraine sa reine.

Criant leur approbation, les barons pressèrent le roi d'agir en ce sens. En galant chevalier, Uther se laissa persuader et en toute hâte, toute joie, et toute liesse, ils furent mariés dans la matinée.

Du duc, Igraine avait trois filles; selon les vœux et les suggestions d'Uther, la fièvre du mariage devint contagieuse. Le roi Lot de Lothian et Orkney épousa la fille aînée, Margawse, et le roi Nentres de Garlot, la fille cadette, Elaine. La troisième fille d'Igraine, Morgane la Fée, était trop jeune pour l'hyménée. Elle fut mise à l'école dans un couvent, où elle apprit l'art de la magie et de la nécromancie, dont elle devint grande prêtresse.

Six mois ne s'étaient pas écoulés qu'il devint évident que la reine Igraine attendait un enfant. Une nuit, tandis qu'il reposait à ses côtés, Uther mit à l'épreuve sa fidélité et son innocence. Il lui demanda sur la foi qu'elle lui devait qui était le père de son enfant, et la reine fut grandement troublée pour répondre.

– Ne soyez pas troublée, dit Uther. Quelle que soit la vérité, dites-la-moi et je ne vous en aimerai que plus.

– Sire, répondit Igraine, je vais vous la dire bien que je ne la comprenne pas. La nuit où mon époux fut tué, et après sa mort si les récits des chevaliers sont vrais, il vint dans mon château de Tintagel un homme exactement semblable à lui tant par les paroles que par l'apparence et les façons de faire. Et avec lui vinrent deux chevaliers que je connaissais : sire Brastias et sire Jordanus. Je fis donc partager ma couche à celui que je crus être mon seigneur et cette nuit-là, je le jure Dieu, cet enfant fut conçu. Je suis perplexe, seigneur, car ce ne pouvait être le duc. Et je n'en sais, ni n'en comprends pas plus.

A ce récit, le roi Uther fut rempli de joie, car il eut la preuve que la reine était fidèle.

– Vous avez dit l'exacte vérité, s'écria-t-il. C'est moi qui suis venu vous rejoindre en prenant l'apparence de votre mari. Cela fut possible grâce aux sortilèges de Merlin. Chassez de votre esprit le trouble et la crainte; je suis le père de votre enfant.

A ces mots, la reine fut soulagée, car ce mystère l'avait plongée dans un grand trouble.

Peu après, Merlin s'en vint trouver le roi et lui dit :

– Sire, la date approche. Nous devons songer à la manière dont l'enfant sera élevé.

– Je me souviens de ma promesse, dit Uther. Il en sera comme vous l'entendez.

– Je vous suggère, dit alors Merlin, de faire mander l'un de vos barons, dont l'honneur et la loyauté sont sans faille. Son nom est Hector, et il possède des terres et des châteaux en maints endroits d'Angleterre et de Galles. Faites mander cet homme et, si vous êtes satisfait, demandez-lui de confier son fils à une autre femme de manière à ce que la sienne puisse allaiter le vôtre. Selon votre promesse, votre fils me sera remis dès sa naissance sans avoir été baptisé ni nommé, et je le confierai alors secrètement à sire Hector.

Lorsque ce dernier se présenta devant Uther, il promit d'élever l'enfant et le roi le remercia en lui octroyant de nombreuses terres.

Et lorsque la reine Igraine fut délivrée, le roi ordonna aux chevaliers et à deux dames d'honneur d'envelopper l'enfant dans un linge d'or, et de le transporter jusqu'à la grille d'une poterne où un gueux le prendrait en charge.

C'est ainsi que l'enfant fut livré à Merlin, qui le remit à sire Hector, dont la femme le nourrit au sein. Alors Merlin fit venir un saint homme pour baptiser l'enfant, qui fut nommé Arthur.

Moins de deux ans après la naissance d'Arthur, un mal dévorateur s'abattit sur Uther. Voyant le roi réduit à l'impuissance, ses ennemis ravagèrent le royaume, défaisant ses chevaliers et massacrant son peuple. Merlin vint alors trouver le roi et lui dit abruptement :

– Quel que soit votre mal, vous n'avez pas le droit de rester dans ce lit. Votre place est sur le champ de bataille, à la tête de vos hommes, même si vous devez y être transporté dans une litière, car vos ennemis ne seront jamais vaincus tant que vous ne paierez pas de votre personne. La victoire est à ce prix.

Le roi Uther en convint et, par ses chevaliers, se fit transporter sur une litière tirée par deux chevaux, menant ainsi ses troupes au combat. Ils rencontrèrent à St. Albans le gros des forces des envahisseurs du Nord; ce jour-là, sire Ulfius et sire Brastias accomplirent maintes prouesses, et les troupes d'Uther, galvanisées, se battirent farouchement, taillant l'ennemi en pièces et obligeant les survivants à fuir. Lorsque le combat fut terminé, le roi revint à Londres pour célébrer sa victoire. Mais ses forces l'avaient abandonné et il sombra dans le coma. Pendant trois jours et trois nuits, il resta paralysé sans pouvoir prononcer une parole. Les barons étaient tristes et, appréhendant le pire, demandèrent à Merlin ce qu'ils devaient faire.

– Dieu seul possède le remède, dit Merlin. Mais si vous vous réunissez tous autour du roi demain matin, j'essaierai, avec l'aide de Dieu, de le faire parler.

Le lendemain, les barons s'assemblèrent, et Merlin s'approcha du lit où le roi gisait et dit d'une voix forte :

– Sire, est-ce votre volonté que votre fils Arthur soit couronné roi après votre mort ?

Alors Uther Pendragon se retourna et, avec effort, dit à voix haute de sorte que tous les barons l'entendirent :

– Je donne à Arthur la bénédiction de Dieu et la mienne. Je lui demande de prier pour mon âme.

Puis, rassemblant ses forces, il s'écria :

– Si Arthur ne revendique pas la couronne d'Angleterre dans l'honneur et le droit, il perdra ma bénédiction.

A ces mots, le roi retomba sur sa couche et mourut.

Uther fut enterré avec tous les honneurs dus à un roi, et sa reine, la belle Igraine, ainsi que tous ses barons prirent le deuil. La cour devint un lieu de lamentations, et pendant très longtemps il n'y eut plus de roi en Angleterre. Le danger venait de partout : des frontières où les ennemis étaient massés, et de l'intérieur du royaume où les seigneurs étaient dévorés d'ambition. Les barons levèrent des armées, chacun voulant s'approprier la couronne. La vie devint précaire en cette période d'anarchie, où les lois étaient sans cesse violées, si bien que Merlin se décida à demander à l'archevêque de Canterbury de convoquer à Londres pour Noël tous les seigneurs et gens d'armes du royaume sous peine d'excommunication. On espérait que, puisque Jésus était né le soir de Noël, il profiterait de cette nuit sainte pour désigner, d'un signe miraculeux, le roi légitime du pays. Lorsque seigneurs et chevaliers reçurent le message de l'archevêque, beaucoup s'émurent et se purifièrent afin de rendre leurs prières plus agréables à Dieu.

Dans la plus grande église de Londres, Saint-Paul

très probablement, ils se réunirent longtemps avant l'aube pour prier. Et après la première messe des matines, on découvrit dans le cimetière, près du maître-autel, un gros bloc de marbre dans lequel était scellée une enclume d'acier où une épée était enfoncée. On pouvait lire en lettres d'or :

Quiconque retirera cette épée
De la pierre et de l'enclume
Sera roi d'Angleterre
Par droit de naissance

Stupéfaits, les barons crièrent au miracle et allèrent apporter la nouvelle à l'archevêque, qui leur dit :

– Retournez dans l'église et priez Dieu. Que personne ne touche l'épée avant que la grand-messe soit chantée.

Ainsi firent-ils, mais lorsque le service fut achevé, tous les seigneurs allèrent regarder la pierre et l'épée; certains essayèrent de retirer la lame, mais aucun ne réussit.

– L'homme qui retirera cette épée n'est pas ici, dit l'archevêque, mais je ne doute pas que Dieu le fasse connaître. En attendant, je suggère que dix chevaliers de grand renom soient commis à la garde de l'épée.

C'est ce qui fut fait, et il fut proclamé que quiconque le désirait pouvait essayer de retirer l'épée. Afin que seigneurs et chevaliers ne se dispersent pas, l'archevêque annonça qu'un grand tournoi aurait lieu le jour de l'An, car il estimait qu'en ce jour, Dieu ferait savoir à qui appartenait l'épée.

Le jour de l'An, après avoir entendu la messe, les barons se dirigèrent vers le champ où certains allaient jouter – un chevalier en armure essayant de désarçonner son adversaire –, d'autres participer au tournoi, mêlée générale de plusieurs clans de cavaliers en armes. Ces sports permettaient aux chevaliers et aux barons de rester affûtés pour la guerre, en même temps qu'ils leur apportaient honneur et renom pour leur bravoure et leur adresse à cheval, au bouclier, à la lance et à l'épée, car tous, barons et chevaliers, étaient des guerriers dans l'âme.

Sire Hector, qui avait des terres près de Londres, chevauchait vers la lice en compagnie de son fils sire Kay, qui avait été armé chevalier le jour de la Toussaint, et du jeune Arthur, élevé dans la maison de sire Hector et frère de lait de sire Kay. Lorsqu'ils furent à proximité de la lice, sire Kay s'aperçut qu'il avait oublié son épée au logis paternel, et il demanda au jeune Arthur d'aller la chercher.

— Je le ferai avec joie, dit Arthur.

Tournant bride, il partit au galop pour aller chercher l'épée de son frère de lait, mais lorsqu'il arriva au logis, il le trouva vide et bouclé, car tout le monde était parti assister aux joutes.

Furieux, Arthur se dit à lui-même : « Très bien, je vais aller au cimetière et prendre l'épée qui est fichée dans l'enclume. Je ne veux pas que mon frère, sire Kay, soit sans épée aujourd'hui. »

Arrivé au cimetière, Arthur attacha sa monture, puis il se dirigea rapidement vers la tente, mais ne trouva aucun chevalier gardien, car tous étaient allés assister aux joutes. D'un geste impétueux, il saisit alors la poignée de l'épée et la retira facilement de l'enclume et de la pierre. Enfourchant son destrier, il partit au galop rejoindre sire Kay, et lui tendit l'épée.

Dès qu'il la vit, sire Kay comprit que c'était l'épée encastrée dans l'enclume et il se hâta d'aller la montrer à son père.

— Messire, regardez ! J'ai l'épée du bloc de pierre, je dois donc être roi d'Angleterre.

Reconnaissant l'épée, sire Hector appela Arthur et sire Kay, et tous les trois revinrent au cimetière. Là, sire Hector demanda à sire Kay de lui dire sous serment comment il s'était procuré l'épée.

— Mon frère, Arthur, me l'a donnée, répondit sire Kay.

Alors Hector se tourna vers Arthur :

— Comment vous êtes-vous procuré cette épée ?

— En allant quérir celle de mon frère, répondit Arthur, j'ai trouvé porte close. Comme je ne voulais pas qu'il fût sans épée, je suis venu ici et j'ai retiré celle qui était scellée dans l'acier.

— N'y avait-il aucun des chevaliers qui la gardaient ? demanda Hector.

— Aucun, répondit Arthur. Il n'y avait personne.

Hector garda un moment le silence, puis il dit :

— A présent, je sais que vous devez être roi de ce pays.

— Pourquoi ? demanda Arthur. Pour quelle raison devrais-je être roi ?

— Beau sire, répondit Hector, c'est la volonté de Dieu que seul l'homme capable de retirer l'épée de cette enclume soit le légitime souverain de ce pays. Montrez-moi, je vous prie, si vous êtes capable de remettre l'épée dans son socle et de la tirer de nouveau.

— Ce n'est pas difficile, dit Arthur, et il enfonça la lame dans l'enclume.

Alors sire Hector tenta de l'en retirer et il en fut incapable, et il pria sire Kay d'essayer à son tour. Sire Kay tira de toute sa force, mais la lame ne bougea pas d'un pouce.

— C'est à présent votre tour, dit Hector en s'adressant à Arthur.

— A mon tour, dit Arthur, qui tira la lame avec une grande facilité.

Alors sire Hector et sire Kay s'agenouillèrent devant lui sur le sol.

— Qu'est ceci ? s'écria Arthur. Mon père vénéré et mon frère à genoux devant moi ?

— Beau sire Arthur, dit Hector, je ne suis ni votre père, ni de votre sang. Je crois que vous êtes d'un sang plus noble que le mien.

Alors Hector raconta à Arthur comment il l'avait élevé sur l'ordre d'Uther Pendragon. Et il lui raconta comment cela était l'œuvre de Merlin.

Lorsqu'il entendit que sire Hector n'était pas son

père, Arthur fut contristé, et plus contristé encore lorsque sire Hector dit :

– Sire, serez-vous mon bon et gracieux suzerain quand vous serez roi ?

– Pourquoi ne le serais-je pas ? s'écria Arthur. Je vous dois plus qu'à n'importe qui au monde, à vous et à votre épouse, ma gracieuse et noble mère, qui m'a nourri et gardé comme si j'étais son fils. Si, comme vous le dites, c'est la volonté de Dieu que je sois roi, demandez-moi tout ce que vous voudrez. Je ne vous ferai point défaut.

– Beau sire, dit Hector, je ne vous demanderai qu'une chose : faites de mon fils, sire Kay, votre frère de lait, le sénéchal de votre royaume.

– Je ferai cela et plus encore, dit Arthur. Sur mon honneur, aucun autre homme que sire Kay n'occupera cette charge tant que je vivrai.

Tous les trois, ils allèrent trouver l'archevêque et lui contèrent comment l'épée avait été tirée de la pierre; alors l'archevêque convoqua tous les barons, qui tous essayèrent de retirer l'épée et qui tous faillirent, sauf Arthur.

Maints barons de haut rang éprouvèrent rage et jalousie, et ils proclamèrent que c'était une insulte et une honte que le royaume fût gouverné par un jouvenceau qui n'était pas de sang royal. La décision fut reportée au jour de la Chandeleur où tous les barons convinrent de se retrouver. Dix chevaliers furent alors désignés pour veiller sur l'épée et sur la pierre. On dressa une tente pour la protéger, et cinq chevaliers, jour et nuit, montèrent la garde.

A la Chandeleur, un plus grand nombre encore de seigneurs se rassembla, et tous essayèrent de retirer l'épée, mais nul n'y parvint sauf Arthur qui, de nouveau, la dégagea facilement. Pleins de courroux, les barons remirent la décision à la grande fête de Pâques et, encore une fois, seul Arthur réussit l'exploit. Certains seigneurs, parmi les plus puissants, étaient opposés à ce qu'Arthur fût roi, et ils firent traîner l'épreuve

x. Sire Brastias devint gardien des frontières , car c'était du nord que venaient la plupart des s de l'Angleterre. En quelques années, Arthur à bout; il conquit l'Ecosse et les Galles et, mal- ıelques foyers de résistance, défit tous ses ennemis.

Lorsque tout le pays fut pacifié, que l'ordre y régna de nouveau et que Arthur eut fait ses preuves comme roi, il décida de se rendre avec ses chevaliers à Caerleon, une vieille cité de Galles, pour y être solennellement couronné. Il proclama que son couronnement aurait lieu le jour de la Pentecôte et prépara une grande fête pour tous ses sujets.

Maints seigneurs de haut lignage et leur suite se rendirent dans cette cité : le roi Lot de Lothian et Orkney avec cinq cents chevaliers, le roi d'Ecosse, qui était très jeune, avec six cents, et le roi Carados avec cinq cents. Vint enfin celui qu'on connaissait seulement sous le nom de roi aux Cent Chevaliers, avec une suite merveilleusement armée et équipée.

Arthur se réjouit, car il espérait que tous étaient venus pour honorer son couronnement. Le cœur joyeux, il envoya des présents aux rois et aux chevaliers qui avaient fait le voyage. Mais ses espoirs étaient vains. Rois et chevaliers refusèrent les présents et insultèrent les messagers, arguant que les dons d'un jouvenceau imberbe et de basse naissance n'étaient pas acceptables. Ils dirent aux messagers que les dons qu'ils faisaient à Arthur étaient la taille de l'épée et l'estoc de la guerre, car ils éprouvaient grande honte à ce qu'une si noble terre fût gouvernée par un enfant de si basse naissance – et que c'était là la raison de leur rassemblement.

Lorsque le roi Arthur connut cette réponse menaçante, ses espoirs de paix furent réduits en miettes et, après avoir écouté son loyal conseil, il se retrancha, avec armes et provisions, dans une tour fortifiée en compagnie de cinq cents de ses meilleurs et de ses plus braves chevaliers.

Alors les seigneurs dissidents assiégèrent la tour, mais ils ne purent la prendre parce qu'elle était bien défendue.

Après quinze jours de siège, Merlin apparut dans la cité de Caerleon, et les barons lui firent bon accueil, car ils avaient confiance en lui. Ils lui demandèrent pour quelle raison un jouvenceau avait été fait roi d'Angleterre. Alors Merlin, qui adorait surprendre son monde, prononça ces paroles :

– Je vais, messires, vous en donner la raison. Arthur est le fils du roi Uther Pendragon et il est né d'Igraine, qui fut l'épouse du duc de Tintagel. Voilà pourquoi il est le roi légitime d'Angleterre.

– Arthur est un bâtard, s'écrièrent alors les chevaliers, et un bâtard ne peut être roi.

– Ce n'est pas vrai, répondit Merlin. Arthur fut conçu par Uther plus de trois heures après la mort du duc, et treize jours plus tard, Uther épousait Igraine et en faisait sa reine, ce qui prouve qu'Arthur est un enfant légitime et non un bâtard. Et je vous dis aujourd'hui que, quel que soit le nombre ou la personnalité de ses opposants, Arthur est le roi. Il vaincra tous ses ennemis et régnera longtemps sur l'Angleterre, l'Irlande, l'Ecosse et les Galles, ainsi que sur d'autres royaumes que je ne prendrai pas la peine de nommer.

Certains rois furent confondus par le discours de Merlin et crurent que ce qu'il disait était vrai. Mais le roi Lot et d'autres demeurèrent incrédules, ils s'esclaffèrent et insultèrent Merlin, le traitant de sorcier et de charlatan. Tout ce qu'ils consentirent fut de promettre d'écouter Arthur s'il venait leur parler.

Merlin s'en fut dans la tour pour s'entretenir avec Arthur et lui raconter ce qu'il avait fait.

– Soyez sans crainte, dit Merlin. Sortez et parlez-leur fièrement comme le roi et le suzerain que vous êtes. Ne les épargnez pas, car il est écrit que vous régnerez sur eux, avec ou contre leur volonté.

Arthur prit courage et sortit de la tour, portant, pour se prémunir contre toute félonie, une double cotte de mailles sous sa robe. L'accompagnèrent l'archevêque de Canterbury, sire Bawdewyn de Bretagne, sire Kay et sire Brastias, ses fidèles et preux chevaliers.

Lorsque Arthur rencontra les seigneurs dissidents, il y eut en paroles maints éclats de violence et de colère. Arthur dit aux rebelles qu'il les forcerait à accepter sa suzeraineté. Alors les rois s'emportèrent et Arthur les tança et leur souhaita ironiquement de se bien porter, mais ils rétorquèrent avec mordant qu'il ferait bien, lui aussi, de veiller sur sa vie. Arthur retourna dans la tour et, s'armant ainsi que ses chevaliers, il se prépara à défendre la place.

Merlin rencontra les seigneurs en colère et leur dit :

— Vous seriez bien avisés de vous soumettre à Arthur, car même si vous étiez dix fois plus nombreux que vous ne l'êtes, le sort des armes vous serait contraire.

Le roi Lot répondit à Merlin :

— Nous ne sommes pas le genre d'hommes à craindre un charlatan qui interprète les rêves.

A ces mots, Merlin disparut, et il apparut dans la tour aux côtés d'Arthur. Il dit au roi d'attaquer rapidement et vaillamment pendant que les rebelles, encore divisés, n'étaient pas sur leurs gardes; cela s'avéra être un bon conseil, car deux cents hommes parmi les meilleurs désertèrent le camp des rebelles et rejoignirent celui d'Arthur, ce qui lui procura courage et réconfort.

— Beau sire, dit Merlin, attaquez sur-le-champ, mais ne combattez avec l'épée miraculeuse que si vous êtes pressé de toutes parts et que votre vie est en danger. Ne la tirez qu'à ce moment-là.

Alors, Arthur, entouré de ses preux, ouvrit les portes de la tour. Il surprit les rebelles dans leurs tentes et fondit sur eux, frappant de droite et de gauche. Telle était la vaillance, et telles les prouesses d'Arthur, qu'à la vue de sa force et de son adresse, ses chevaliers prirent courage et confiance, et redoublèrent d'ardeur au combat.

Prenant à revers les troupes d'Arthur, certains

rebelles réussirent à les encercler, mais Arthur fit volte-face et, frappant tant devant que derrière, continua de combattre au plus fort de la mêlée jusqu'à ce que son destrier fût tué sous lui. Comme Arthur était démonté, le roi Lot lui porta un coup qui le renversa. Mais quatre preux lui vinrent en aide et lui fournirent une nouvelle monture. Alors seulement le roi Arthur tira l'épée miraculeuse, dont la lame lança des éclairs aveuglants, et il força ses ennemis à reculer et tua maints d'entre eux.

Armé d'épieux et de gourdins, le bon peuple de Caerleon se rua sur le champ de bataille, désarçonnant et achevant les chevaliers rebelles. Cependant les barons demeurèrent groupés et, rassemblant leurs chevaliers, ils battirent en retraite en protégeant leurs arrières. A cet instant Merlin apparut à Arthur et l'avisa de ne pas le poursuivre, car ses hommes étaient épuisés par le combat, et par trop inférieurs en nombre.

Arthur fit reposer ses chevaliers et les fêta. Et quelque temps plus tard, quand tout fut en ordre, il revint à Londres et convoqua tous ses loyaux barons. Merlin lui prédit que les six rois rebelles poursuivraient la guerre en faisant des incursions et des coups de force dans le royaume. Lorsque le roi demanda à ses barons ce qu'il devait faire, tous lui répondirent qu'ils ne lui donneraient pas de conseil mais lui offriraient la force et la loyauté de leurs bras.

Arthur les remercia de leur courage et de leur soutien, puis il dit :

— Je prie tous ceux qui m'aiment de parler à Merlin. Vous saurez tout ce qu'il a fait pour moi. Il connaît bien des choses étranges et secrètes. Quand vous serez avec lui, demandez-lui son avis sur ce que nous devons faire.

Les barons approuvèrent, et lorsque Merlin vint à eux, ils le prièrent de leur accorder son aide.

— Puisque vous me le demandez, je vais vous dire ce qu'il faut faire, dit Merlin. Je vous avertis que vos ennemis sont trop forts pour vous et qu'ils n'ont rien à envier à quiconque en ce qui concerne le métier des armes. De plus, quatre seigneurs et un puissant duc ont à ce jour rejoint leurs rangs. A moins que le roi puisse trouver plus de chevaliers qu'il n'y en a dans son royaume, il est perdu. S'il combat ses ennemis avec les forces dont il dispose, il sera vaincu et tué.

– Alors que faire ? s'écrièrent les barons. Quelle est notre meilleure chance ?

– Voici ce que je vous conseille, dit Merlin. Outre Manche, il y a en France deux frères, tous les deux rois et tous les deux vaillants chevaliers. L'un est le roi Ban de Benwick, l'autre le roi Bors des Gaules. Ils sont en guerre avec un roi nommé Claudas, qui est si riche qu'il peut louer les services d'autant de chevaliers qu'il le désire, de sorte qu'il a l'avantage sur les deux frères couronnés. Je suggère que notre roi choisisse deux fidèles chevaliers munis de lettres pour les rois Ban et Bors, leur demandant aide contre ses ennemis et leur promettant en retour de les aider contre le roi Claudas. Que dites-vous de cela ?

– Le conseil me semble avisé, dit le roi Arthur.

Il fit, dans le langage le plus courtois, écrire deux lettres pour le roi Ban et le roi Bors, appela sire Ulfius et sire Brastias et les chargea de remettre les missives. Bien armés et bien montés, ils chevauchèrent jusqu'à la Manche, la franchirent et poursuivirent leur route jusqu'à la cité de Benwick. Mais en chemin ils rencontrèrent huit fer-vêtus qui tentèrent de les faire prisonniers. Ulfius et Brastias les prièrent de les laisser passer, car ils étaient les envoyés du roi Arthur d'Angleterre et porteurs de messages pour les rois Ban et Bors.

– Vous avez commis une erreur, dirent les chevaliers. Nous appartenons au roi Claudas.

Sur ce, d'eux d'entre eux abaissèrent leur lance et fondirent sur les chevaliers d'Arthur, mais Ulfius et Brastias étaient des jouteurs éprouvés. Ils répondirent à la charge, lances abaissées au ras de l'écu. Les lances des chevaliers de Claudas volèrent en éclats sous le choc et les deux hommes vidèrent les étriers. Sans s'arrêter ni se retourner, les chevaliers d'Arthur poursuivirent leur chemin. Mais les six autres chevaliers de Claudas prirent les devants et, à un endroit où la route était de nouveau étroite, deux d'entre eux abaissèrent leur lance et dans un bruit de tonnerre fondirent sur les messagers. Ce fut pour subir le même sort que leurs compagnons : ils furent désarçonnés et réduits à l'impuissance. Une troisième fois, puis une quatrième, les chevaliers de Claudas tentèrent d'arrêter les messagers, mais tous mordirent la poussière et furent blessés et meurtris. Les messagers continuèrent leur chevauchée jusqu'à la cité de Benwick. Lorsque les deux rois apprirent leur arrivée, ils envoyèrent à leur rencontre sire Lyonse, seigneur de Payarne, et sire Phariance, le bon chevalier. Et lorsque ces chevaliers surent que les messagers étaient envoyés par le roi Arthur d'Angleterre, ils leur souhaitèrent la bienvenue et les firent sans délai pénétrer dans la ville. Ban et Bors firent bon accueil à sire Ulfius et à sire Brastias, car ils étaient les envoyés d'Arthur qu'ils avaient en grande estime et respect. Les messagers baisèrent les lettres qu'ils apportaient et les tendirent aux deux rois qui, lorsqu'ils entendirent ce qu'elles contenaient, se réjouirent. Ils assurèrent Ulfius et Brastias qu'ils donneraient suite à la requête d'Arthur et les invitèrent à se reposer et à festoyer avec eux après leur long voyage. Au cours du festin, les messagers racontèrent leurs aventures avec les huit chevaliers du roi Claudas. Bors et Ban s'esclaffèrent à ce récit et dirent :

— Vous voyez, nos nobles amis vous ont également fait bon accueil. Si nous l'avions su, ils ne s'en seraient pas tirés à si bon compte.

Puis les deux rois offrirent l'hospitalité aux preux messagers et tant de présents qu'ils purent à peine les porter.

Ils mirent à profit ce temps pour préparer leur réponse au roi Arthur et firent écrire des lettres annonçant qu'ils lui viendraient en aide dès qu'ils le pourraient, et avec la plus forte armée qu'ils pourraient rassembler. Les messagers prirent sans encontre le chemin du retour et repassèrent en Angleterre. Le roi Arthur se réjouit de les revoir et leur demanda :

– Dans combien de temps pensez-vous que les deux rois viendront ?

– Sire, répondirent les chevaliers, avant la Toussaint ils seront là.

Alors le roi envoya des messagers dans toutes les parties de son royaume annoncer de grandes réjouissances pour le jour de la Toussaint, promettant joutes, tournois, et toutes sortes de divertissements.

Comme ils l'avaient promis, les deux rois traversèrent la mer et pénétrèrent en Angleterre avec trois cents de leurs meilleurs chevaliers équipés de pied en cap, arborant des bannières de paix, mais portant des armures et des armes de guerre.

Ils furent royalement reçus et escortés. Arthur les accueillit à dix milles de Londres, et il y eut grande joie dans le cœur des rois et grande liesse dans le peuple.

Le jour de la Toussaint, les trois rois s'assirent ensemble dans la grande salle et présidèrent le festin, tandis que sire Kay le sénéchal, sire Lucas le bouteiller, et sire Gryfflet veillaient au service, car ces trois chevaliers étaient chargés de régir tous les serviteurs du roi. Lorsque le festin fut achevé et que tous eurent essuyé la graisse des ripailles de leurs mains et de leurs manteaux, la compagnie se dirigea vers la lice où sept cents chevaliers attendaient impatiemment de combattre. Les trois rois ainsi que l'archevêque de Canterbury et sire Hector, le père de Kay, prirent place dans une tribune abritée et décorée de drap d'or. Ils étaient entourés de belles et nobles dames, et tous attendaient le tournoi pour juger qui combattrait le mieux.

Les trois rois divisèrent les sept cents chevaliers en deux camps, ceux des Gaules et de Benwick dans l'un, ceux d'Arthur dans l'autre. Les preux se couvrirent de leur écu et couchèrent leur lance, se préparant au combat. Sire Gryfflet partit le premier et sire Ladynas choisit de le rencontrer. Le choc fut si terrible que leurs écus furent mis en pièces et que leurs destriers culbutèrent sur le sol. Tant le chevalier anglais que le chevalier français restèrent si pâmés que nombreux furent ceux à croire qu'ils étaient morts. Quand sire Lucas vit sire Gryfflet étendu sur le sol, il se rua au milieu des chevaliers français et, frappant de tous côtés d'estoc et de taille, engagea le combat avec plusieurs adversaires. Alors sire Kay, suivi de cinq chevaliers, chargea soudainement et abattit six adversaires. Personne ne fit plus d'armes que sire Kay, cet après-midi-là, mais deux chevaliers français, sire Ladynas et sire Grastian, gagnèrent toutes les louanges. Quand Placidas le preux engagea le combat avec Kay et l'abattit ainsi que son destrier, la rage s'empara du cœur de Gryfflet qui fit mordre la poussière à Placidas. Voyant Kay à terre, les cinq chevaliers entrèrent en fureur : chacun choisit un chevalier français et chacun désarçonna son adversaire.

Alors le roi Arthur et ses alliés, Ban et Bors, virent que dans les deux camps la bataille commençait à faire rage et ils comprirent que le jeu allait faire place à une lutte mortelle. Quittant d'un bond la tribune, ils enfourchèrent trois haquenées et entrèrent dans la lice pour calmer leurs hommes. Ils leur ordonnèrent de cesser le combat et de se retirer dans leurs quartiers. Au bout d'un moment, le courroux des hommes s'apaisa et ils obéirent à leurs suzerains. Ils regagnèrent leur logis et se défirent de leur armure. Puis ils assistèrent aux vêpres et, ainsi radoucis, prirent leur souper.

Après le souper, les trois rois se rendirent dans un jardin, où ils remirent les prix du tournoi à sire Kay, à sire Lucas le bouteiller, et au jeune Gryfflet. Puis ils tinrent conseil et firent venir Ulfius, Brastias et Merlin. Ils parlèrent de la guerre qui était imminente et des moyens d'y faire face, mais comme ils étaient las, ils se retirèrent sur leurs couches. Le lendemain matin, après avoir entendu la messe, ils tinrent de nouveau conseil; maintes opinions furent émises sur ce qu'il convenait de faire, mais un plan finit par être adopté. Merlin, sire

Grastian et sire Placidas retourneraient en France – les deux chevaliers pour garder, protéger et gouverner les royaumes, Merlin pour lever une armée et lui faire traverser la Manche. Les anneaux royaux de Ban et de Bors leur seraient donnés comme gages d'autorité.

Ils se rendirent tous les trois en France et parvinrent à Benwick, où le peuple accepta l'autorité des anneaux, demanda des nouvelles des deux rois et fut heureux d'entendre que leur santé était bonne et leur succès grand.

Alors, sur l'autorité du roi, Merlin rassembla tous les combattants disponibles et leur recommanda de venir avec armes, armure, et provisions pour le voyage. Quinze mille hommes armés, à cheval et à pied, répondirent à l'appel. Ils se rassemblèrent sur la côte avec équipement et provisions. Parmi eux Merlin choisit dix mille cavaliers et renvoya le reste à Grastian et à Placidas pour les aider à défendre le pays contre le roi Claudas.

Puis Merlin rassembla des navires et embarqua les chevaux et les hommes d'armes. La flotte traversa sans encombre la Manche et toucha terre à Douvres. Il mena son armée vers le nord par des chemins détournés, empruntant le couvert des forêts et traversant des vallées encaissées, et il la fit camper à Bedgrayne dans une vallée profonde entourée d'une forêt. Merlin ordonna à ses hommes de ne pas se montrer, puis il rejoignit Arthur et les deux rois, et leur conta ce qu'il avait fait et comment dix mille cavaliers armés de pied en cap campaient secrètement dans la forêt de Bedgrayne. Les rois furent stupéfaits que Merlin eût accompli tant de choses en si peu de temps; cela leur semblait un miracle, et en vérité c'en était un.

Alors le roi Arthur se mit en marche avec son armée de vingt mille hommes et, pour ne pas être espionné dans ses mouvements, envoya en éclaireurs des chevaliers chargés de défier et de capturer quiconque serait incapable de montrer le sceau et le gage du roi. L'armée marcha nuit et jour sans prendre le moindre repos jusqu'aux abords de la forêt de Bedgrayne, où les rois pénétrèrent dans la profonde vallée et découvrirent l'armée secrète. Ils se réjouirent grandement et ordonnèrent que chacun eût autant de nourriture et d'équipement qu'il le désirait.

Pendant ce temps, les barons du Nord, furieux d'avoir été défaits à Caerleon, avaient préparé leur revanche. Les six premiers chefs de la rébellion s'adjoignirent cinq alliés, et tous se préparèrent à la guerre et firent serment de ne pas avoir de repos avant la chute du roi Arthur.

Tels étaient les chefs de la rébellion et les forces dont ils disposaient : le duc de Cambenet apporta cinq mille hommes d'armes. Le roi Brandegoris en promit cinq mille. Le roi Clarivaux de Northumberland, trois mille. Le jeune roi aux Cent Chevaliers leva six mille cavaliers. Le roi Uryens de Gore en fournit six mille, le roi Cradilment cinq mille autres, le roi Nentres cinq mille, le roi Carados cinq mille, et le roi Anguyshaunce d'Irlande, enfin, en promit cinq mille de plus. Telle était donc l'armée du Nord : cinquante mille valeureux cavaliers et dix mille hommes à pied armés jusqu'aux dents. L'armée du Nord se rassembla rapidement et se dirigea vers le sud, précédée par des éclaireurs. Non loin de la forêt de Bedgrayne, les rebelles tombèrent sur un château et l'assiégèrent puis, laissant suffisamment d'hommes pour maintenir le siège, le gros de la troupe se dirigea vers l'endroit où l'armée d'Arthur campait.

Les éclaireurs d'Arthur rencontrèrent ceux du Nord, les firent prisonniers et les obligèrent à avouer dans quelle direction marchait leur armée. On envoya des hommes qui brûlèrent et détruisirent les campagnes devant l'armée en marche afin qu'elle ne pût trouver ni vivres ni fourrage.

Alors le jeune roi aux Cent Chevaliers fit un rêve merveilleux et le raconta à ses pairs. Il rêva qu'un vent terrible roulait comme un tonnerre sur la contrée, ruinant villes et châteaux, et que derrière lui venait un raz de marée qui emportait tout sur son passage. Les barons qui entendirent ce rêve dirent que c'était le présage d'une grande et ultime bataille.

Le vent et la vague destructrice, dans le rêve du jeune chevalier, étaient le symbole de ce que tout le monde sentait : l'issue de la bataille déciderait si Arthur serait roi d'Angleterre pour gouverner le royaume entier dans la paix et la justice, ou si les querelles des petits rois ambitieux prolongeraient le sombre chaos dans lequel le royaume était plongé depuis la mort d'Uther Pendragon.

Comme ils étaient inférieurs en nombre, le roi Arthur et ses alliés de France se demandèrent quel était le meilleur moyen d'affronter l'armée du Nord. Merlin s'assit en leur compagnie pour tirer des plans. Lorsque les éclaireurs donnèrent la route de l'ennemi et l'endroit où il avait prévu de camper pour la nuit, Merlin conseilla une attaque nocturne, où le petit nombre et la mobilité deviennent une force contre une armée au repos, harassée par le voyage.

Alors Arthur, et Ban, et Bors, suivis de leurs braves et loyaux chevaliers, quittèrent rapidement leur repaire et, à l'heure de minuit, lancèrent une attaque contre l'ennemi endormi. Cependant les sentinelles donnèrent l'alarme et les chevaliers du Nord tentèrent désespérément d'enfourcher leur monture pour se défendre, tandis que les hommes d'Arthur ravageaient le campement, coupaient les cordes des tentes et luttaient pour se rendre maîtres de la place. Mais les onze barons rebelles étaient de vieux routiers de la guerre. Ils mirent rapidement de l'ordre dans leurs troupes et firent front, si bien que le combat se poursuivit farouchement dans l'obscurité. Cette nuit-là, dix mille braves périrent, mais à l'approche de l'aube les barons du Nord, supérieurs en nombre, firent une percée dans les lignes du roi Arthur, qui se retira pour faire reposer ses hommes et tirer de nouveaux plans de bataille.

– Nous pouvons à présent nous servir du plan que j'ai préparé, dit Merlin. Dix mille hommes frais sont cachés dans la forêt. Ban et Bors en prendront le commandement et les disposeront à la lisière des bois, où ils demeureront cependant invisibles à l'ennemi. De son côté, Arthur massera ses troupes devant l'armée du Nord. Quand l'ennemi verra que vous n'êtes que vingt mille, alors qu'il dispose de cinquante mille hommes, il se réjouira et, trop sûr de lui, s'aventurera dans l'étroit passage où les chances redeviendront égales.

Lorsque les deux armées s'aperçurent dans la lumière de l'aube, les hommes du Nord se réjouirent de voir combien les forces d'Arthur étaient inférieures en nombre. Alors Ulfius et Brastias menèrent l'attaque avec trois mille hommes. Ils s'enfoncèrent furieusement dans les rangs ennemis, frappant de droite et de gauche, et causant grands dommages. Lorsque les onze barons virent ce qu'une poignée d'hommes était capable de faire, ils rougirent de honte et menèrent une terrible contre-attaque.

Le destrier de sire Ulfius fut tué sous lui, mais celui-ci se protégea de son écu et continua de combattre à pied. Le duc Estance de Cambenet fondit sur Ulfius pour le tuer, mais voyant son ami en danger, Brastias défia le duc et le choc fut si violent que les chevaux eurent les genoux couronnés jusqu'à l'os et que les cavaliers restèrent étendus sur le sol. Alors Kay et six chevaliers fendirent les rangs ennemis, mais ils tombèrent sur les onze barons, et Gryfflet et Lucas le bouteiller furent désarçonnés. La bataille devint une confuse mêlée de chevaliers tournoyant, chargeant et frappant, chaque homme choisissant un adversaire et engageant la lutte comme en combat singulier.

Kay aperçut Gryfflet en difficulté. Il désarçonna le roi Nentres et lui prit son destrier qu'il amena à Gryfflet. Avec la même lance, il frappa le roi Lot et le blessa. Voyant cela, le jeune roi aux Cent Chevaliers fondit sur lui, le désarçonna et lui prit son cheval pour l'offrir au roi Lot.

Et cela continua de la sorte : c'était la fierté et le devoir de chaque chevalier d'aider et de défendre ses compagnons, car un chevalier en armure combattant à pied était doublement en danger à cause du poids de son équipement. La bataille faisait rage, mais ni l'un ni l'autre camp ne cédait. Gryfflet vit que sire Kay et sire Lucas avaient été désarçonnés et il leur rendit la politesse. Choisissant sire Pynnel le preux, il le fit, d'un coup de sa grande lance, vider les étriers, et donna son cheval à sire Kay. Le combat se poursuivit, et maints cavaliers furent arrachés à leurs selles et leurs chevaux donnés à des hommes démontés. Alors les onze barons furent remplis de rage et de dépit car, bien que supérieure en nombre, leur armée ne tenait pas tête à celle d'Arthur, et nombreux étaient leurs morts et leurs blessés.

C'est alors qu'Arthur, les yeux brillants d'ardeur, s'en vint combattre. Il vit que sire Brastias et sire Ulfius étaient à terre et en grand péril, car ils étaient pris dans le harnois de leurs chevaux blessés, et piétinés sous leurs sabots. Tel un lion, il chargea sire Cradilment et lui perça d'un coup de lance le côté gauche, puis il saisit les rênes de la monture et la donna à Ulfius, disant avec la gaieté à la fois brutale et cérémonieuse des guerriers :

– Mon vieil ami, il me semble que vous avez besoin d'une monture. Je vous en prie, prenez celle-ci.

– Eh bien, je vais la prendre, répondit Ulfius. Merci, mon seigneur.

Alors le roi Arthur plongea au cœur de la bataille, frappant, feintant, faisant volter son cheval, combattant avec tant de vaillance que c'en était merveille.

Le roi aux Cent Chevaliers aperçut Cradilment à terre. Il se retourna sur sire Hector, le père adoptif d'Arthur, l'abattit et prit sa monture. Quand Arthur vit Cradilment, qu'il avait déjà défait une fois, chevaucher le destrier de sire Hector, sa fureur monta et, le rencontrant de nouveau, il lui porta un tel coup d'épée que la lame fendit le heaume et l'écu, et s'enfonça si profondément dans l'encolure du cheval, que l'homme et la bête s'écroulèrent instantanément. Pendant ce temps, sire Kay vint en aide à son père, désarçonna un chevalier et aida sire Hector à se remettre en selle.

Sire Lucas gisait inconscient sous sa monture et Gryfflet essayait vaillamment de défendre son ami contre quatorze chevaliers. Brastias, nouvellement monté, se porta à son aide. Il porta un coup d'estoc à la visière du premier, ce qui lui brisa les dents, et d'un coup de taille il coupa net le bras du second. Frappant un troisième à l'épaule, là où l'armure rencontre le gorgerin, il lui trancha l'épaule et le bras. La terre était jonchée de morts et de blessés se débattant, de monceaux de chevaux morts ou moribonds. Le sol était poisseux de sang. Collines et forêt renvoyaient les échos du combat, le fracas des épées contre les écus, le grondement de tonnerre des lances à l'instant du choc, les cris de guerre et les cris de triomphe, les anathèmes lancés à pleine gorge, les hennissements des chevaux à l'agonie, et les sourdes plaintes des hommes blessés à mort.

De leur retraite dans la forêt, Ban et Bors observaient la bataille, gardant prêts à intervenir leurs chevaliers qui frissonnaient d'impatience et voulaient se mêler au combat, car la fièvre guerrière est contagieuse chez les hommes d'armes.

Cependant, le mortel combat se poursuivait. Le roi Arthur vit qu'il ne pourrait vaincre ses ennemis. Rugissant tel un lion blessé, il se porta tant devant que derrière et combattit avec une telle ardeur que tous en furent émerveillés. Frappant de droite et de gauche avec son épée, il tua vingt chevaliers et infligea au roi Lot une blessure si profonde à l'épaule que le roi dut quitter le champ de bataille. Gryfflet et Kay combattaient de chaque côté du roi, gagnant leur renommée à la pointe de l'épée.

Ulfius, Brastias et Hector coururent sus au duc Estance, à Clarivaux, à Carados et au roi aux Cent Chevaliers, et ils les forcèrent à quitter le champ de bataille. Les chefs rebelles se rassemblèrent derrière les lignes pour examiner leur position. Le roi Lot était gravement blessé. Devant tant de pertes, son cœur était lourd. Découragé, car il ne voyait pas la fin du combat, il s'adressa aux autres barons et leur dit :

– Si nous ne changeons pas de tactique, nous serons peu à peu décimés dans la passe. Que cinq d'entre nous prennent dix mille hommes et se retirent pour se reposer. Les six autres feront front et harcèleront ceux d'Arthur jusqu'à épuisement. Quand ils seront las, nous chargerons avec dix mille hommes frais. C'est notre seule chance de les battre.

Ils en convinrent et les six barons retournèrent sur le champ de bataille, luttant farouchement pour saigner à blanc l'ennemi et saper sa résistance.

Deux chevaliers, sire Lyonse et sire Phariance, faisaient partie de l'avant-garde de l'armée secrète de Ban et de Bors. Ils aperçurent le roi Idres, seul et las. Enfreignant les ordres, les deux chevaliers français sortirent de leur cachette et le chargèrent. Voyant l'attaque, le roi Anguyshaunce rallia le duc de Cambenet et une troupe de fer-vêtus. Entourant les deux sires, ils leur coupèrent la route de la forêt et, malgré leur résistance, les désarçonnèrent.

Quand, à la lisière de la forêt, le roi Bors s'aperçut de la folie de ses chevaliers, il fut autant affligé de leur désobéissance que du danger qu'ils couraient. Rassemblant une petite troupe, il chargea si rapidement qu'on eût dit qu'une flèche noire brûlait l'air. Le roi Lot l'aperçut et le reconnut au blason de son écu.

– Que Jésus nous garde d'un péril mortel, s'écria-t-il. J'aperçois là-bas l'un des meilleurs chevaliers du monde avec des troupes fraîches.

– Qui est-ce ? demanda le jeune roi aux Cent Chevaliers.

– C'est le roi Bors des Gaules, répondit Lot. Comment a-t-il pu passer dans ce pays sans que nous le sachions ?

– C'est peut-être un tour de Merlin, dit un chevalier.

– Il a peut être grand renom, dit sire Carados, mais

je vais rencontrer votre roi Bors des Gaules. Vous m'enverrez de l'aide si j'en ai besoin.

Alors Carados et ses hommes s'avancèrent lentement, ne menant la charge, bride abattue, que lorsqu'ils furent à portée de flèche du roi Bors. Ce dernier les vit venir et dit à son beau-fils, sire Bleoberis, qui portait son étendard :

– Nous allons voir comment combattent ces Saxons.

Et il mena la charge.

Le premier chevalier que le roi Bors rencontra, il le transperça de part en part avec sa lance, puis il tira son épée et se battit furieusement, donnant l'exemple à ses chevaliers. Sire Carados vida les étriers et le jeune baron dut appeler de nombreux hommes à la rescousse pour le tirer de ce mauvais pas.

Alors le roi Ban et ses gens sortirent de leur cachette. L'écu de Ban était rayé de sinople et d'or. Lorsque le roi Lot aperçut cet écu, il dit :

– A présent, le danger est deux fois plus grand. Je vois là-bas le chevalier le plus vaillant et le plus renommé du monde, le roi Ban de Benwick. Deux frères comme les rois Ban et Bors n'ont pas leur pareil. Nous devons battre en retraite ou être tués. Nous le serons si nous ne nous défendons pas et ne nous replions pas avec adresse.

Ban et Bors, à la tête des dix mille hommes frais, chargèrent si vaillamment que l'armée du Nord dut faire appel à ses réserves, qui n'avaient encore pu se reposer. Et le roi Lot versa des larmes de pitié à la vue de tant de preux fauchés par la mort.

A présent Arthur et ses alliés, Ban et Bors, combattaient épaule contre épaule et faisaient grand carnage, si bien que maints guerriers gagnés par la fatigue et l'épouvante quittèrent le champ de bataille et fuirent pour sauver leur vie.

Chez les barons du Nord, le roi Lot, Morganoure et le roi aux Cent Chevaliers firent resserrer leurs rangs et continuèrent de combattre avec bravoure. A la vue du carnage que faisait le roi Ban, le jeune roi tenta de le mettre hors de combat. Abaissant sa lance, il fonça sur Ban et, d'un coup sur le heaume, l'étourdit. Mais le roi Ban secoua la tête et, de rage, éperonna sa monture et se rua sur son adversaire qui leva son écu et fit face. La grande épée du roi Ban déchira l'écu, et la cotte de mailles, et le harnachement du destrier, et elle s'enfonça si profondément dans l'encolure qu'elle lui échappa des mains.

Le jeune roi se libéra de sa monture agonisante et, d'un coup d'épée, ouvrit le ventre de celle de son adversaire. Alors Ban sauta sur le glaive qu'il avait perdu et assena sur le heaume du jeune roi un coup si puissant qu'il l'étendit sur le sol, tandis qu'autour d'eux le carnage de chevaliers et d'hommes d'armes continuait.

Au cœur de la mêlée, le roi Arthur trouva, au milieu d'hommes et de chevaux morts, le roi Ban combattant, comme un lion blessé, si furieusement qu'aucun homme ne pouvait, sans recevoir de blessure, se risquer à l'intérieur du cercle que traçait son épée.

Le roi Arthur était effrayant à voir. Son écu était si couvert de sang qu'on ne pouvait plus reconnaître sa devise, et son épée ruisselait de sang et de cervelle. Arthur aperçut un chevalier monté sur un fringant destrier et, lui courant sus, il lui transperça le heaume d'un coup d'épée qui lui fit sauter les dents et la cervelle, puis il mena le bon destrier au roi Ban et lui dit :

– Cher frère, voici pour vous un cheval. Je suis navré de vos blessures.

– Elles disparaîtront bientôt, dit Ban. Je m'en remets à Dieu pour qu'elles ne soient pas aussi graves que certaines de celles que j'ai infligées.

– Cela, je le sais, dit Arthur. J'ai assisté de loin à vos prouesses sans pouvoir vous venir en aide.

Le carnage se poursuivit jusqu'au moment où le roi Arthur ordonna une halte. Avec difficulté, les trois rois forcèrent leurs troupes à rompre le combat et à se retirer dans la forêt près d'une petite rivière où les hommes s'écroulèrent et dormirent dans l'herbe car, pendant deux jours et une nuit, ils n'avaient eu aucun repos.

Et sur le sanglant champ de bataille, les onze barons du Nord et leurs hommes se rassemblèrent, le cœur dolent et débordant de peine. Ils n'avaient pas perdu mais n'avaient pas non plus gagné.

Le roi Arthur s'émerveilla de la résistance des chevaliers du Nord, mais lui non plus n'était pas satisfait, car il n'avait ni gagné ni perdu.

Mais les rois français l'avisèrent avec courtoisie :

— Vous ne devez pas les blâmer. Ils n'ont fait que ce que des preux devaient faire.

— Sur ma foi, ce sont les plus braves chevaliers et les meilleurs combattants qui soient, dit le roi Ban. S'ils étaient vos hommes liges, aucun roi au monde ne pourrait se vanter d'avoir une telle suite.

— Même ainsi, dit Arthur, n'attendez pas de moi que je les aime. Leur intention est de me détruire.

— Cela, nous le savons car nous en avons été les témoins, répondirent les deux frères. Ce sont vos ennemis mortels et ils l'ont prouvé. Mais ce sont également de preux chevaliers et c'est grande pitié qu'ils soient contre vous.

Cependant, les onze barons se rassemblèrent sur le champ de sang et de mort, et le roi Lot s'adressa à eux en ces termes :

— Messires, nous devons attaquer autrement, ou les choses resteront telles qu'elles sont. Vous voyez autour de vous nos hommes morts. Je crois qu'une grande partie de notre échec doit être attribuée aux hommes d'armes. Ils se déplacent trop lentement et nos cavaliers doivent les attendre ou se font tuer en essayant de les sauver. Je vous conseille de les congédier. Ils se cacheront dans les forêts, où le noble roi Arthur ne prendra pas la peine de les poursuivre. Ils sauvegarderont peut-être leur vie. Quant à nous, rassemblons les chevaux et donnons-nous une règle : quiconque tentera de fuir sera immédiatement exécuté. Il vaut mieux tuer un lâche qu'être occis par un lâche. Que pensez-vous de cela ? Répondez-moi, vous tous.

– Vous avez bien parlé, dit sire Nentres, et les autres barons en convinrent.

Ils jurèrent alors de ne pas se quitter jusqu'à la mort. Après cette décision solennelle, ils raccommodèrent leurs harnais, nettoyèrent et dégauchirent leurs armures. Puis ils se mirent en selle, calèrent de nouvelles lances dressées contre leurs cuisses et restèrent ainsi, aussi immobiles et indéracinables que des rocs. Lorsque Arthur, Ban et Bors les virent dans cette position, ils furent contraints d'admirer leur discipline et leur chevaleresque courage.

Alors, quarante parmi les meilleurs chevaliers d'Arthur demandèrent la permission de courir sus à l'ennemi et d'enfoncer ses lignes. Ils lancèrent leurs destriers à bride abattue contre les barons qui abaissèrent leurs lances, les rencontrèrent en pleine course, et l'effroyable carnage recommença. Arthur, Ban et Bors se joignirent au combat, tuant des hommes à droite et en tuant à gauche. Le champ était jonché d'hommes aux os rompus, les chevaux glissaient dans le sang et leurs fanons en étaient rougis. Mais insensiblement les hommes d'Arthur durent plier sous la discipline de fer des barons du Nord et ils furent repoussés au-delà de la petite rivière qu'ils avaient traversée.

Alors parut Merlin, chevauchant un grand destrier noir, et il s'adressa ainsi au roi Arthur :

– Ne cesserez-vous jamais ? N'en avez-vous pas fait assez ? Sur les soixante mille hommes qui ont entamé le combat, il n'en reste que quinze mille. Il est temps d'arrêter le massacre sous peine d'encourir la colère de Dieu.

» Les rebelles, poursuivit Merlin, ont juré de ne pas quitter le champ de bataille vivants, et lorsque des hommes sont dans de telles dispositions ils peuvent en entraîner beaucoup d'autres dans la mort. Vous ne pouvez les vaincre maintenant. Vous ne pouvez, pour votre perte, que les tuer. Retirez-vous donc, messire, du champ de bataille aussi rapidement que possible et laissez reposer vos hommes. Faites à vos chevaliers maints présents d'or et d'argent, car ils l'ont mérité. Il n'y a pas de richesses qui soient trop grandes pour eux, car jamais chevaliers n'ont fait preuve de tant de courage et de bravoure contre plus valeureux ennemi. Aujourd'hui, vos chevaliers se sont mesurés aux meilleurs combattants du monde.

– Il dit la vérité, s'écrièrent le roi Ban et le roi Bors.

Alors Merlin leur dit qu'ils pouvaient aller où bon leur semblait.

– Pendant trois ans, je vous le promets, l'ennemi vous laissera en paix. Les onze barons ont beaucoup plus à faire qu'ils ne le pensent. Plus de quarante mille Sarrasins viennent de débarquer sur leurs côtes et ravagent le pays, tuant et brûlant. Ils assiègent le château de Wandesborow et mettent la région à feu et à sang. Vous n'avez donc rien à craindre des rebelles pour longtemps. Ils auront fort à faire dans leurs fiefs.

Merlin poursuivit ainsi son discours :

– Lorsque vous aurez recueilli les trophées du champ de bataille, vous en ferez don au roi Ban et au roi Bors afin qu'ils les distribuent aux chevaliers qui ont combattu pour vous. La nouvelle de ce don se répandra, et lorsque vous aurez besoin d'hommes dans l'avenir, ils viendront. Vous récompenserez plus tard vos propres chevaliers.

Ainsi fut collecté le trésor du champ sanglant – armures, épées et joyaux des hommes tombés au combat, selles et brides et harnois des destriers, les tristes possessions des morts. Ces trophées de grand prix furent remis à Ban et à Bors, qui les distribuèrent à leurs chevaliers.

Après cela, Merlin prit congé du roi Arthur et des deux frères qui étaient rois de l'autre côté de la mer, pour se rendre dans le Northumberland chez maître Blayse, le chroniqueur. Il lui conta l'histoire de la grande bataille, lui dit comment elle avait pris fin et lui donna le nom de chaque roi et de chaque chevalier qui avait accompli des prouesses au cours du combat, et maître Blayse écrivit mot pour mot dans sa chronique tout ce que lui racontait Merlin. Et tout au long du règne d'Arthur, Merlin fit à maître Blayse le récit de toutes les batailles et de toutes les aventures, afin qu'il les couchât dans son livre et que les hommes de l'avenir pussent les lire et se les remémorer.

Ayant accompli cette tâche, Merlin revint au château de Bedgrayne dans la forêt de Sherwood, où le roi Arthur tenait sa cour. Il arriva le matin suivant la Chandeleur, dans l'un des déguisements qui faisaient ses délices. Il parut devant Arthur drapé dans une peau de mouton noire, vêtu d'une robe de bure et chaussé de grandes bottes. Il portait un arc et un carquois, et tenait à la main un couple d'oies sauvages. S'avançant devant le roi, il dit brusquement :

– Sire, voulez-vous me faire un don ?

Trompé par le déguisement, Arthur répondit d'un ton rogue :

– Pourquoi devrais-je faire un don à un homme comme toi ?

– Vous seriez bien avisé de me donner ce que vous n'avez pas, plutôt que de perdre des richesses. A l'endroit où a eu lieu la bataille, il y a un trésor caché dans la terre.

– Qui t'a dit cela, manant ? demanda le roi.

– Merlin me l'a dit.

Alors Ulfius et Brastias le reconnurent à ses tours, et ils éclatèrent de rire en disant :

– Sire, il vous a joué. C'est Merlin en personne.

Le roi fut stupéfait de ne pas l'avoir reconnu; Ban et Bors le furent aussi, et tous rirent du tour qu'il avait joué. Le succès de sa farce rendit Merlin aussi heureux qu'un enfant.

A présent que la victoire avait affermi la royauté d'Arthur, maints seigneurs et dames de haut lignage venaient lui rendre hommage, et parmi eux une demoiselle de grande beauté, Lyonors, la fille du comte Sanam. Lorsqu'elle parut devant le roi, il vit combien elle était belle et l'aima sur-le-champ, et elle lui rendit si bien son amour qu'un enfant fut conçu qu'on nomma Borre, qui, des années plus tard, devint l'un des chevaliers de la Table ronde.

Arthur apprit que le roi Royns des Galles du Nord avait attaqué le roi Lodegrance de Camylarde, qui était son ami, et il décida de lui venir en aide. Mais avant, les chevaliers français qui souhaitaient rentrer regagnèrent Benwick pour aider à défendre cette cité contre le roi Claudas.

Lorsqu'ils furent partis, Arthur, Bors et Ban, accompagnés de vingt mille hommes, marchèrent sept jours jusqu'au pays de Camylarde. Là, ils tuèrent dix mille hommes appartenant au roi Royns, mirent le reste en fuite et secoururent Lodegrance. Celui-ci les remercia, leur offrit un festin dans son château et les couvrit de présents. C'est au cours de la fête qu'Arthur aperçut pour la première fois Guinevere, la fille du roi Lodegrance. Arthur s'éprit d'elle pour toujours, et plus tard en fit sa reine.

A présent, le temps du départ était venu pour les rois français, car Claudas guerroyait activement sur leurs terres. Arthur offrit de les accompagner, mais ils répliquèrent :

— Non, ne venez pas maintenant, vous avez beaucoup à faire ici pour organiser et pacifier votre royaume. Nous n'avons pas dans l'instant besoin de votre aide car, avec les présents que vous nous avez donnés, nous pourrons louer les services de bons chevaliers pour nous aider contre le roi Claudas.

Puis ils ajoutèrent :

— Nous vous promettons, par la grâce de Dieu, de vous faire mander si nous avons besoin d'aide, et si c'est vous qui en avez besoin, mandez-nous un messager, nous ne serons pas longs à venir. Cela, nous le jurons.

Alors Merlin, qui se tenait tout près, fit cette prophétie :

— Ces deux rois ne reviendront jamais combattre en

Angleterre. Ils ne seront cependant pas longtemps séparés du roi Arthur. Dans moins d'une ou deux années, ils auront besoin de lui, et il les aidera contre ses ennemis comme ils l'ont fait contre les siens. Les onze barons du Nord mourront tous en un seul jour, défaits par deux vaillants chevaliers, Balin le Sauvage et son frère Balan.

Sur ce, Merlin resta silencieux.

Après avoir quitté le champ de bataille, les rebelles se rendirent à la cité de Surhaute, dans les terres du roi Uryens; ils y puisèrent repos et réconfort, et pansèrent leurs blessures, car ils avaient le cœur dolent d'avoir subi de si grosses pertes. Ils n'étaient pas depuis longtemps dans la cité qu'ils apprirent que quarante mille Sarrasins brûlaient et ravageaient leurs terres, et que des hommes sans foi ni loi profitaient de leur absence pour voler, incendier et piller sans merci.

Les onze se lamentèrent, disant :

— Voilà que nous endurons peine sur peine. Si nous n'avions pas combattu Arthur, il nous aurait aidé. Nous ne pouvons espérer aucune aide du roi Lodegrance, car il est l'ami d'Arthur, et Royns est trop pris par sa propre guerre pour nous venir en aide.

Après s'être consultés, ils décidèrent de garder les frontières de la Cornouailles, du pays de Galles et du Nord. Le roi Idres, accompagné de quatre mille hommes, garda la cité de Nauntis en Bretagne contre toute attaque venant de terre ou de mer. Le roi Nentres de Garlot, avec quatre mille chevaliers, tint la cité de Windesan. Huit mille hommes garnirent les forteresses des frontières de Cornouailles, tandis que d'autres furent envoyés défendre celles de Galles et d'Ecosse. Ils restèrent unis, faisant entrer des hommes nouveaux et de nouveaux alliés dans leur cercle. Le roi Royns vint les rejoindre après sa défaite contre Arthur. Pas un instant les barons du Nord ne cessèrent d'affermir leurs armées, de rassembler des armes et de faire des provisions de nourriture pour l'avenir, car ils étaient décidés à se venger d'Arthur qui les avait défaits à Bedgrayne.

Après le départ de Ban et de Bors, Arthur et sa suite regagnèrent la cité de Caerleon. Alors vint à sa cour la femme du roi Lot d'Orkney, sous prétexte d'apporter un message, en réalité pour l'espionner. Elle vint parée de riches atours, avec une suite royale de dames d'honneur et de chevaliers. La femme du roi Lot était une créature de beauté. Arthur la désira et la connut charnellement, et de cette union naquit l'enfant qui allait devenir Mordred. La dame demeura un mois à la cour, puis elle repartit dans son royaume. Arthur ne savait pas qu'elle était sa demi-sœur et qu'ainsi, sans le vouloir, il était tombé dans le péché.

La dame quitta donc la cour. Comme la guerre était terminée et que les deux rois français n'étaient plus là pour réchauffer son cœur d'amitié, il ne resta plus à Arthur que le royaume d'Angleterre, qui ne l'avait pas vraiment accepté comme roi. Dans la guerre, l'amitié et l'amour, Arthur avait évité d'y penser, mais dans son présent loisir il était troublé d'incertitude. Et il fit un rêve qui l'effraya, car il croyait que les rêves étaient des choses importantes, et en vérité ils le sont. Il rêva que des dragons et des serpents rampaient et se glissaient dans son royaume, tuant les gens, brûlant récoltes et moissons de leur souffle de feu. Il rêva qu'il luttait contre eux en pure perte, qu'ils le piquaient, et le brûlaient, et lui infligeaient maintes blessures, mais il s'acharna à combattre et il lui parut à la fin qu'il en avait tué beaucoup et qu'il avait chassé le reste.

Quand Arthur s'éveilla, son rêve était toujours sur lui, noir et lourd de prémonition. Le jour était assombri par ce rêve. Pour le dissiper, il rassembla chevaliers et serviteurs, et partit chasser dans la forêt.

Bientôt il leva un grand cerf, éperonna sa monture et lui donna la chasse. Mais même la chasse paraissait un rêve. Maintes fois, il fut suffisamment près du cerf pour le servir d'un coup d'épieu, mais chaque fois le cerf se déroba. Dans sa hâte de le tuer, il creva son cheval, qui trébucha, s'affala et tomba raide mort. Le cerf s'échappa, et il envoya un serviteur lui chercher une autre monture. Eprouvant toujours le sentiment qu'il vivait un rêve, Arthur s'assit au bord d'un ruisselet et ses paupières devinrent lourdes. En s'asseyant, il lui sembla entendre les aboiements d'une meute. Alors sortit de la forêt une bête étrange, d'une espèce qu'il ne connaissait pas. Les aboiements de la meute semblaient venir de son ventre. La bête vint boire à la fontaine; tandis qu'elle lapait l'eau, les cris des chiens cessèrent, mais lorsqu'elle fut sous l'épais couvert des arbres, dans son ventre de nouveau retentirent les aboiements d'une meute sur une piste. Dans le jour obscurci par le rêve, le roi demeura confondu; ses pensées étaient lourdes et noires, et il s'endormit.

Il vit venir un chevalier à pied, qui lui dit :

— Chevalier harassé de sommeil et de soucis, dites-moi si vous avez vu une bête étrange passer par là.

— Certes, répondit le roi, mais elle est partie dans la forêt. Pourquoi vous intéressez-vous à cette bête ?

— Messire, répondit le chevalier, elle est l'objet de ma quête. Il y a très longtemps que je la suis, et j'ai tué mon cheval. Plût à Dieu que j'en trouve un autre pour poursuivre ma quête.

Le serviteur d'Arthur revint avec le cheval que le roi avait demandé, et le chevalier pria qu'on lui donnât cette monture.

— Il y a douze mois que j'ai entrepris ma quête, dit-il, il faut que je la poursuive.

— Sire chevalier, dit Arthur, confiez-la moi et je la poursuivrai encore douze mois, car j'ai besoin de ce genre de chose pour écarter les nuages qui assombrissent mon cœur.

— Vous demandez une chose insensée, répliqua le chevalier. C'est ma quête, je ne peux la transmettre à quiconque, excepté mon plus proche parent.

Alors le chevalier se dirigea rapidement vers le cheval du roi, l'enfourcha et dit :

— Merci, messire. Ce cheval désormais m'appartient.

— Vous pouvez certainement me prendre mon cheval de force, s'écria le roi, mais décidons plutôt par les armes qui de nous doit le monter.

Le chevalier s'éloigna, criant par-dessus son épaule :

— Pas maintenant, mais en tout autre temps vous me trouverez ici à cette fontaine, prêt à vous donner satisfaction.

Sur ce, il disparut dans la forêt. Le roi ordonna à son serviteur d'aller chercher un autre cheval et se mit de nouveau à ruminer de sombres pensées.

C'était un jour ensorcelé, un jour où la réalité est déformée comme un reflet dans une eau troublée. Et le sortilège continua d'opérer : un enfant de quatorze ans s'approcha du roi et lui demanda pourquoi il était songeur.

— J'ai toutes raisons de l'être, dit le roi, car j'ai vu et senti des choses étranges et merveilleuses.

— Je sais ce que vous avez vu, répondit l'enfant. Et je sais également que seul un fol est tourmenté par des choses auxquelles il ne peut remédier. Et j'en sais plus encore. Je sais qui vous êtes, et que le roi Uther est votre père et Igraine votre mère.

— C'est faux, répondit Arthur avec colère. Comment pouvez-vous connaître ces choses ? Vous êtes beaucoup trop jeune.

— Je connais ces choses mieux que vous, répondit l'enfant, et je les connais mieux que quiconque.

— Je ne vous crois pas, dit le roi.

Il était si outré par l'impertinence de l'enfant qu'il le chassa et se remit à broyer du noir.

Un vieillard s'approcha, un homme de quatre-vingts ans d'âge, avec un visage plein de sagesse. Arthur se réjouit car il avait besoin d'aide pour lutter contre ses pensées noires.

— Pourquoi êtes-vous triste ? demanda le vieillard.

Et le roi répondit :

— Je suis triste et troublé par maintes choses passées, mais pour l'heure je viens de voir un enfant qui m'a raconté des choses qu'il ne pouvait et ne devait savoir.

— L'enfant vous a dit la vérité, annonça le vieillard. Vous devez apprendre à écouter les enfants. Il vous en aurait dit plus si vous le lui aviez permis. Mais votre esprit est plein de noirceur, car vous avez commis un péché et offensé Dieu. Vous avez charnellement connu votre sœur et vous l'avez engrossée. L'enfant que vous avez ainsi conçu se retournera contre vos chevaliers, contre votre royaume, et contre vous.

— Que me contez-vous là ? s'écria Arthur. Qui êtes-vous ?

— Je suis Merlin le vieillard. Et j'étais également Merlin l'enfant pour vous apprendre à prêter attention à chacun.

— Vous êtes un faiseur de merveilles, dit le roi. Toujours, vous vous entourez de mystère comme un rêve. Dites-moi, est-elle vraie la prophétie qui annonce que je trouverai la mort sur le champ de bataille ?

— C'est la volonté de Dieu que vous soyez puni pour vos péchés, dit Merlin. Mais vous devriez être heureux d'avoir une mort conforme à l'honneur. C'est moi qui devrais m'affliger, car ma mort sera honteuse, laide et ridicule.

Un lourd nuage obscurcit le ciel et un vent de crécelle agita les cimes des arbres.

— Si vous savez comment adviendra votre mort, dit le roi, vous pouvez peut-être l'éviter.

— Non, répondit Merlin. Elle adviendra aussi sûrement que si elle était déjà advenue.

Arthur leva les yeux et dit :

— C'est un jour sombre, un jour troublé.

— C'est un jour, un simple jour. C'est vous qui avez l'esprit sombre et troublé.

Tandis qu'ils parlaient, les serviteurs revinrent avec des chevaux frais. Le roi et Merlin se mirent en selle en direction de Caerleon, et le ciel noir s'effilocha tandis que soudain tombait une pluie d'acier. Dès qu'il le put, le roi, troublé, fit appeler sire Hector et sire Ulfius, et il les questionna sur sa naissance et sur ses parents. Ils lui dirent qu'Uther Pendragon était son père et Igraine, sa mère.

– C'est ce que Merlin m'a affirmé, dit Arthur. Je veux que vous fassiez mander Igraine. Il faut que je lui parle. Je ne croirai qu'elle est ma mère que si elle-même me le dit.

Rapidement avertie, la reine vint accompagnée de sa fille, Morgane la Fée, une étrange et belle créature. Arthur les reçut et leur souhaita la bienvenue.

Ils s'assirent dans la grande salle avec toute la cour, et les serviteurs s'assirent aux longues tables. Sire Ulfius se leva et s'adressa à la reine Igraine, parlant d'une voix forte de manière à ce que tous pussent l'entendre.

– Dame, s'écria-t-il, je vous accuse de fausseté et de traîtrise envers le roi.

– Faites attention à vos paroles, dit Arthur. La charge est sérieuse... Il ne vous sera pas possible de la retirer.

– Sire, dit Ulfius, je sais très bien ce que je dis et de mon gant défie tout homme qui dira le contraire. J'accuse la reine Igraine d'être la cause de votre trouble, la cause du mécontentement et de la rébellion dans votre royaume, la vraie cause de la terrible guerre. Si, lorsque le roi Uther était encore vivant, elle avait reconnu qu'elle était votre mère, les troubles et les guerres mortelles n'auraient pas eu lieu. Vos sujets et vos barons n'ont jamais été certains de votre parenté ni de vos droits réels sur le royaume. Si votre mère n'avait pas craint de s'exposer à quelque honte pour votre bien et pour le bien du royaume, ces temps de troubles nous auraient été épargnés. C'est pourquoi je l'accuse de vous avoir manqué et d'avoir manqué au royaume, et j'offre de combattre contre quiconque osera prétendre le contraire.

Tous les yeux se tournèrent alors vers Igraine assise à côté du roi à la haute table. Elle resta silencieuse un moment, les yeux baissés, puis elle releva la tête et parla d'une voix douce :

— Je suis seule et ne peux combattre pour mon honneur. Y a-t-il un chevalier ici qui accepte de me défendre ? Voici ma réponse à l'accusation : Merlin sait très bien, et vous, sire Ulfius, vous le savez aussi, comment le roi Uther grâce à un subterfuge, est venu me retrouver en prenant les traits de mon époux, qui était déjà mort depuis trois heures. Cette nuit-là, je conçus du roi Uther un enfant, et treize jours plus tard il m'épousa et fit de moi sa reine. Selon les ordres d'Uther, mon enfant me fut enlevé à la naissance et confié à Merlin. Je n'ai jamais rien su de lui : ni son nom, ni son visage, ni son destin. Je jure que tout cela est vrai.

Alors sire Ulfius se tourna vers Merlin et dit :

— Si ce qu'elle dit est vrai, c'est vous qui êtes le plus à blâmer.

Et la reine s'écria :

— J'ai porté un enfant de mon seigneur le roi Uther, mais je n'ai jamais rien su de lui — jamais.

Alors le roi Arthur se leva, s'approcha de Merlin, lui prit la main et l'amena devant la reine Igraine.

— Est-ce là ma mère ? demanda-t-il calmement.

Et Merlin répondit :

— Oui, sire, c'est là votre mère.

Arthur prit sa mère dans ses bras, la baisa en pleurant et elle le réconforta. Au bout d'un moment, le roi releva la tête et, les yeux brillants, annonça qu'il allait donner une grande fête qui durerait huit jours.

Selon la coutume d'alors, barons, chevaliers et serviteurs festoyaient dans la grande salle, assis de chaque côté de deux longues tables selon leur noblesse et leur rang, tandis que le roi, les grands dignitaires et les dames étaient assis à une table haute devant la cour assemblée. Pendant qu'ils mangeaient et buvaient, des hommes venaient divertir le roi — chanteurs, musiciens et conteurs d'histoires — qui se tenaient entre les longues tables et faisaient face au siège royal. Mais venaient également des gens apportant présents et hommages, ou priant le roi de leur faire justice. Il y avait aussi les chevaliers qui demandaient la permission de partir en quête, ou qui en revenaient et racontaient leurs aventures. Il y avait bien plus à faire que manger et boire à une fête.

A celle d'Arthur, un écuyer à cheval pénétra dans la grande salle, portant dans ses bras un homme mort. Il conta que dans la forêt un chevalier avait dressé sa tente près d'un puits et défiait tous ceux qui passaient.

— Cet homme, dit l'écuyer, a occis ce bon chevalier, sire Miles, qui était mon maître. Je demande, sire, que mon maître ait une sépulture décente et qu'il soit vengé.

A ces mots, il se fit un grand tumulte et chacun cria son avis.

Le jeune Gryfflet, qui n'était qu'écuyer, s'avança devant le roi et lui demanda, en reconnaissance des services qu'il lui avait rendus durant la guerre, de l'armer chevalier.

Le roi protesta :

— Tu es trop jeune, d'un âge trop tendre pour un ordre aussi sévère et aussi élevé.

— Sire, dit Gryfflet, je vous prie de m'adouber.

Alors Merlin dit :

— Ce serait grand dommage de faire cela et de l'envoyer à la mort. Ce sera un valeureux guerrier quand il en aura l'âge, et il vous sera fidèle toute sa vie. Mais s'il va combattre le chevalier de la forêt, vous ne le reverrez plus, car ce chevalier est l'un des meilleurs, et des plus forts, et des plus habiles chevaliers du monde.

Arthur réfléchit et dit :

— Même si je le désirais, je ne pourrais rien te refuser à cause des services que tu m'as rendus.

Alors il toucha Gryfflet de son épée et l'adouba. Puis il dit :

— Puisque je t'ai fait don de la chevalerie, je peux à mon tour te demander quelque chose.

— Tout ce que vous désirez, je le ferai, dit sire Gryfflet.

Le roi Arthur répondit :

— Tu dois, sur ton honneur, me promettre de ne

jouter qu'une fois contre le chevalier de la forêt, de ne jouter qu'une seule fois et de revenir ici sans prolonger le combat.

– Je le promets, dit sire Gryfflet.

Gryfflet s'arma rapidement et, enfourchant sa monture, prit sa lance et son écu. Chevauchant à toute allure, il parvint au puits près du sentier forestier. Près du puits, il aperçut une riche tente et un destrier déjà sellé et bridé. Un écu aux vives couleurs était accroché à un arbre du voisinage, contre lequel était également appuyée une lance. Gryfflet frappa l'écu du plat de sa lance et le fit choir sur le sol. Un homme en armure sortit de la tente et demanda :

– Pourquoi avez-vous fait choir mon écu ?

– Parce que je veux jouter avec vous, dit Gryfflet.

Poussant un soupir, le chevalier répondit :

– Messire, il vaut mieux que vous ne joutiez pas. Vous êtes très jeune et inexpérimenté. Je suis beaucoup plus fort que vous et la guerre m'a endurci. Ne m'obligez pas à combattre.

– Vous n'avez pas le choix, dit sire Gryfflet. Je suis chevalier et je vous ai défié.

– Ce n'est pas juste, mais puisque vous insistez, je suivrai les lois de la chevalerie. D'où venez-vous, jeune sire ?

– Je suis un chevalier de la cour d'Arthur, dit Gryfflet, et je demande la joute.

A contrecœur, le chevalier se mit en selle et gagna son poste, puis les deux hommes couchèrent leurs lances et éperonnèrent leurs montures. La lance de Gryfflet éclata sous le choc, mais celle de son puissant adversaire déchira l'écu et l'armure, perça le côté gauche de Gryfflet, puis se brisa net, laissant le tronçon dans le corps du jeune homme qui roula sur le sol.

Le chevalier regarda tristement le jouvenceau étendu, puis il s'approcha de lui et, délaçant le heaume, vit combien la blessure était grave et en eut grande pitié. Il souleva Gryfflet dans ses bras, puis le déposa sur son cheval et pria Dieu pour le jeune homme.

— Il a le cœur vaillant, dit-il. S'il a la vie sauve, il prouvera un jour sa vaillance.

D'une tape, il congédia le cheval qui prit le chemin du retour. Le cheval ramena Gryfflet tout sanglant à la cour, où l'on éprouva grand chagrin. Sa blessure fut pansée et l'on prit soin de lui, mais il s'écoula un long temps avant que la vie lui revînt.

Tandis qu'Arthur était triste et inquiet pour Gryfflet, douze chevaliers âgés arrivèrent à la cour. Ils étaient messagers, dirent-ils, de l'empereur de Rome. Ils réclamèrent un tribut au nom de l'empereur et dirent que s'il n'était pas payé, Arthur et son royaume entier seraient détruits.

Alors le roi se mit en rage et dit :

— Si vous n'aviez pas le sauf-conduit des messagers, je vous tuerais sur l'heure. Mais je respecte votre impunité. Voici ma réponse : Je ne dois aucun tribut à l'empereur, mais s'il en demande un, dites-lui que je le paierai à coups de lance et à coups d'épée. Sur l'âme de mon père, je le jure. Transmettez-lui ce message.

Arrivés mal à propos, les messagers repartirent la rage au cœur.

Le roi était en colère et d'humeur vengeresse à cause de la blessure de sire Gryfflet. Il s'en sentait responsable, car s'il avait écouté l'avis de Merlin et refusé de l'adouber, Gryfflet n'aurait pas défié le chevalier du puits. Se sentant responsable du mal, Arthur décida de le réparer. A la nuit tombée, il donna l'ordre à un serviteur de prendre son cheval et son armure, son écu et sa lance, de les transporter hors de la ville et de l'attendre à un endroit convenu. Avant l'aube, le roi sortit en secret et rejoignit son serviteur, puis il s'arma et, après avoir ordonné à l'homme de l'attendre, il enfourcha son destrier et s'en fut seul venger sire Gryfflet ou payer son erreur de jugement, car il mettait son honneur bien au-dessus de son royaume.

Quittant sans bruit la ville, le roi pénétra dans la forêt aux premières lueurs de l'aube. Il aperçut au milieu des arbres trois manants grossièrement vêtus qui, armés de bâtons, poursuivaient Merlin pour le tuer. Arthur galopa vers eux et, lorsqu'ils virent le chevalier en armes, les trois manants détalèrent et coururent se cacher sous l'épais couvert. Arthur s'approcha de Merlin et dit :

— Malgré votre art et votre magie, ils vous auraient tué si je n'étais pas intervenu.

— Il vous plaît de le croire, répondit Merlin, mais ce n'est point la vérité. J'aurais pu me sauver quand je le voulais. Vous êtes plus en danger que moi, car vous chevauchez vers votre mort et Dieu n'est pas de votre côté.

Ils arrivèrent au puits près du chemin, là où était dressée la riche tente éclairée par les rayons du soleil levant. Et sur un siège près de la tente était tranquillement assis un chevalier tout armé auquel Arthur s'adressa.

— Sire chevalier, dit-il, pourquoi gardez-vous ce chemin et défiez-vous tous ceux qui veulent y passer ?

— C'est mon droit, dit le chevalier.

— Alors je vous prierai d'en changer, dit le roi.

— C'est mon droit, répéta le chevalier, et je le ferai respecter. Quiconque ne l'approuve pas est libre de m'en faire changer s'il le peut.

— Je le ferai changer, dit Arthur.

— Et je le défendrai, répondit le chevalier.

Enfourchant son destrier, il se couvrit de son écu et saisit une grande lance. Les deux hommes se rencontrèrent avec une force terrible et un si parfait contrôle que la lance de chacun d'eux frappa exactement le centre de l'écu de l'autre, si bien que les deux lances volèrent en éclats. Arthur tira son épée, mais le chevalier s'écria :

— Pas ça ! Joutons plutôt une seconde fois.

— Je n'ai plus de lance, dit Arthur.

— Je vous donnerai une des miennes, j'en ai suffisamment, dit le chevalier.

Son écuyer alla chercher deux nouvelles lances sous la tente et il les leur donna. Alors ils éperonnèrent leur monture, les lancèrent à fond et se rencontrèrent dans un bruit de tonnerre, et de nouveau les deux lances touchèrent juste et volèrent toutes les deux en éclats. Alors Arthur de nouveau porta la main à son épée, mais le chevalier dit :

— Messire, vous êtes le meilleur jouteur que j'aie jamais rencontré. En l'honneur de votre chevalerie, joutons encore une fois.

— Joutons, dit Arthur.

Deux nouvelles lances furent apportées et ils se rencontrèrent pour la troisième fois, mais cette fois-ci la lance d'Arthur se rompit, alors que celle de son adversaire tint bon et fit mordre la poussière au cheval et au cavalier. Se libérant de sa monture, Arthur tira son épée et dit :

— Je vous combattrai à pied puisque j'ai perdu à cheval.

Le fer-vêtu répondit d'une voix moqueuse :

— Je suis toujours monté.

Furieux, le roi se couvrit de son écu et marcha sur son adversaire à cheval.

A la vue de cet accès de bravoure, le chevalier descendit rapidement de sa monture, car c'était un homme d'honneur qui ne voulait pas tirer profit d'un avantage déloyal. Il tira son épée et un combat farouche s'engagea : ils frappèrent de taille, d'estoc, et parèrent les coups. Leurs épées trouèrent les écus, déchirèrent les armures; alors le sang se mit à goutter puis à couler à flots et leurs mains en devinrent poisseuses. Au bout d'un moment, ils se reposèrent, ivres de fatigue et affaiblis par les pertes de sang. Puis, animés d'une nouvelle ardeur, tels deux béliers ils s'affrontèrent encore avec furie. Leurs lames se rencontrèrent à mi-longueur, et l'épée d'Arthur fut brisée en deux morceaux; alors il recula, puis abaissa la main, triste et silencieux.

Le chevalier dit avec courtoisie :

— Ayant gagné, j'ai le choix, soit de vous tuer, soit de vous laisser la vie sauve. Rendez-vous à moi et avouez que vous êtes vaincu, ou préparez-vous à mourir.

– La mort, dit Arthur, est la bienvenue quand elle frappe. Mais la défaite n'est pas la bienvenue. Je ne me rendrai pas.

A ces mots, bien que sans armes, il bondit sur le chevalier, l'empoigna, le jeta à terre et lui arracha son heaume. Mais l'autre était un adversaire de taille. Il réussit à se défaire de l'étreinte d'Arthur et, lui faisant sauter le heaume, leva son épée pour le tuer.

Alors Merlin intervint en disant :

– Sire chevalier, retenez votre bras. Votre adversaire n'est pas le premier venu. Si vous le tuez, vous infligerez une blessure mortelle au royaume tout entier.

– Que voulez-vous dire ?

– C'est le roi Arthur.

La panique, la crainte d'avoir à encourir le courroux du roi, s'emparèrent du chevalier, qui de nouveau leva son épée pour le tuer. Mais Merlin le regarda dans les yeux et lui jeta un sort : il laissa retomber son épée et sombra dans un profond sommeil.

– Merlin, qu'avez-vous fait ? s'écria Arthur. Avez-vous tué ce preux par magie ? C'était l'un des meilleurs chevaliers du monde. Je donnerais n'importe quoi pour qu'il soit vivant.

– Ne vous inquiétez pas, messire, répondit Merlin. Il n'est pas aussi gravement blessé que vous l'êtes. Il dort et se réveillera dans moins d'une heure.

Puis il ajouta :

– Je vous ai dit ce matin quel chevalier c'était. Il vous aurait certainement tué si je n'avais pas été là. Il n'y a pas de chevalier vivant meilleur que lui. Dans l'avenir il vous rendra de grands services.

– Qui est-ce ? demanda Arthur.

– C'est le roi Pellinore. Je prédis qu'il aura deux fils nommés Perceval et Lamorake, qui seront de preux chevaliers.

Le roi était affaibli par ses blessures; Merlin le mena

à un ermitage proche, où l'ermite nettoya ses blessures et arrêta le sang avec des bandages et des baumes cicatrisants. Le roi resta là trois jours avant de pouvoir de nouveau enfourcher sa monture et poursuivre son chemin. Et tandis qu'il chevauchait, Merlin à ses côtés, le roi dit amèrement :

– Vous devez être fier de me servir, Merlin, moi qui suis un roi vaincu, un grand et valeureux chevalier qui n'a même pas d'épée, qui est désarmé, blessé et réduit à l'impuissance. Qu'est un chevalier sans son épée ? Rien... Moins que rien.

– Vous ne parlez ni comme un roi ni comme un chevalier, répondit Merlin, mais comme un enfant blessé et en colère, autrement vous sauriez, messire, qu'un roi est plus que sa couronne et un chevalier, que son épée. Vous étiez un vrai preux lorsque, sans armes, vous vous êtes jeté sur Pellinore.

– Et qu'il m'a vaincu.

– Vous étiez un preux, dit Merlin. Il y a toujours un endroit dans le monde où un preux rencontre la défaite. Certains sont détruits par la défaite, d'autres, par la victoire rendus petits et mesquins. La vraie grandeur habite celui qui triomphe également de la défaite et de la victoire. Mais vous voulez une épée. Très bien, vous en aurez une. Il y a près d'ici une épée qui sera vôtre si je puis vous l'obtenir.

Ils chevauchèrent jusqu'à un grand lac à la belle eau claire. Au milieu du lac, Arthur aperçut un bras entouré d'une manche de riche soie blanche, et une main qui tenait une épée par le fourreau.

– Voici l'épée dont je vous ai parlé, dit Merlin.

Ils virent alors une demoiselle qui marchait d'un pas léger sur la surface du lac.

– C'est un prodige, dit le roi. Qui est cette demoiselle ?

– C'est la Dame du Lac, répondit Merlin, mais il y a d'autres merveilles. Sous un grand rocher, au plus profond du lac, il y a un palais aussi riche et aussi beau que n'importe quel palais sur terre. Elle va s'approcher de vous, et si vous la lui demandez avec gentillesse et courtoisie, elle vous donnera peut-être l'épée.

La dame s'approcha et salua Arthur, et lui la salua avec courtoisie et lui demanda :

– Dame, pouvez-vous me dire quelle est cette épée que je vois dans le lac ? Je souhaiterais qu'elle soit mienne, car je n'en ai pas.

– Seigneur, cette épée m'appartient, répondit la dame, mais si vous me promettez de m'accorder un vœu quand je le demanderai, je vous la donne.

– Sur mon honneur, je vous donnerai tout ce que vous me demanderez, dit le roi.

– Alors, elle est à vous, dit la dame. Montez dans la barque que vous voyez là, ramez jusqu'au bras, et prenez à la fois le fourreau et l'épée. Je ferai mon vœu quand le temps sera venu.

Arthur et Merlin mirent pied à terre; après avoir attaché leurs montures à des arbres, ils grimpèrent dans la barque et ramèrent jusqu'au bras. Arthur prit doucement l'épée, que la main relâcha, puis main et bras disparurent sous l'eau. Les deux hommes ramèrent en direction du rivage, où ils enfourchèrent leurs montures et poursuivirent leur chemin.

Au bord du chemin, ils virent une riche tente et Arthur demanda ce qu'elle faisait là.

– Vous ne vous en souvenez pas ? dit Merlin. C'est la tente de votre dernier adversaire, le roi Pellinore. Mais il n'est pas ici. Il a combattu l'un de vos chevaliers, sire Egglame, qui a fini par fuir pour sauver sa vie. Pellinore lui a donné la chasse et l'a poursuivi jusqu'à Caerleon. Nous allons bientôt le croiser sur le chemin du retour.

– Très bien, dit Arthur. Maintenant que j'ai une épée, je combattrai de nouveau et cette fois-ci je ne perdrai pas.

– Ce n'est pas bien parler, sire, dit Merlin. Le combat et la poursuite ont fatigué Pellinore. Il ne serait pas très glorieux de le vaincre dans cet état. Je vous conseille de le laisser passer, car il vous rendra bientôt un précieux service et ses fils vous serviront après sa mort. Dans peu de temps, vous serez si content de lui que vous lui donnerez votre sœur pour femme. Ne le défiez pas lorsqu'il passera.

– Je suivrai votre conseil, dit le roi.

Il regarda sa nouvelle épée et admira sa beauté.

– Que préférez-vous ? demanda Merlin. L'épée ou le fourreau ?

– L'épée, bien sûr, dit Arthur.

– Le fourreau est beaucoup plus précieux, dit Merlin. Tant que vous le porterez, vous ne perdrez pas de sang, quelque profondes que soient vos blessures. C'est un fourreau magique. Vous feriez bien de le garder toujours près de vous.

Lorsqu'ils arrivèrent près de Caerleon, ils rencontrèrent le roi Pellinore, mais comme Merlin se méfiait du tempérament des deux chevaliers, il jeta un sort pour que Pellinore ne vît pas ceux qu'il croisait.

– Il est étrange qu'il n'ait pas dit un mot, fit remarquer Arthur.

– Il ne vous a pas vu, expliqua Merlin. Sinon, il y aurait eu un combat.

Ils arrivèrent ainsi à Caerleon et les chevaliers d'Arthur furent heureux d'entendre le récit de ses aventures. Ils furent stupéfaits que le roi eût affronté seul le danger, et les plus braves se réjouirent de servir un suzerain qui courait l'aventure comme n'importe quel chevalier pauvre. Tous donnèrent au roi Arthur des gages de foi et d'amour, mais aussi d'amitié.

Mais Arthur ne put goûter la pleine fleur de l'amitié : sans cesse son esprit revenait sur ce que Merlin avait dit du péché qu'il avait commis avec sa sœur et sur l'amère prophétie selon laquelle son propre fils le combattrait.

Pendant ce temps, le roi Royns des Galles du Nord, qu'Arthur venait de vaincre, s'était acharné et avait pris l'Irlande et les Iles. Il envoya au roi Arthur des messagers porteurs d'une demande arrogante et cruelle. Le roi Royns, disait le message, avait vaincu les onze barons du Nord et, comme tribut barbare, les avait dépouillés de leur barbe pour en orner son manteau. Royns possédait onze barbes et il demandait la douzième – celle d'Arthur. Si Arthur n'envoyait pas sa barbe, Royns promettait d'envahir le royaume, de le mettre à feu et à sang, et de prendre non seulement la barbe du roi Arthur, mais sa tête.

Arthur écouta les messagers et leur répondit presque avec joie, car cela le tira un moment de ses pensées sombres.

– Dites à votre maître que sa vaniteuse et honteuse demande a été reçue. Dites-lui que ma barbe n'est pas assez fleurie pour orner son manteau. Et quant à lui rendre hommage, je promets de le mettre à genoux et de le faire ramper pour demander grâces. S'il avait eu pour compagnons des hommes d'honneur, il n'aurait jamais pu envoyer un message aussi honteux. Voilà ce que je vous charge de lui dire.

Sur ces paroles, il congédia les messagers.

Puis il demanda à l'assemblée :

– Y a-t-il quelqu'un ici qui connaisse le roi Royns ?

L'un des chevaliers, sire Naram, répondit :

– Je le connais bien, sire. C'est un roi sauvage, fier et passionné. Mais ne le prenez pas à la légère parce qu'il est arrogant : il y a peu de guerriers vivants qui le vaillent. Soyez certain qu'il fera tout pour exécuter sa menace.

– Je vais prendre soin de lui, dit le roi. Dès que j'aurai le temps, je m'occuperai de lui comme il le mérite.

Puis il se remit à broyer du noir. Il fit appeler Merlin et le questionna :

– Est-ce que l'enfant dont vous m'avez parlé est né ?

– Oui, sire.

– Quand ?

– Le premier mai, sire, dit Merlin.

Arthur le congédia, puis s'assit et se mit à réfléchir, plissant les yeux et ruminant de sombres et basses pensées. Il ne pouvait supporter que la honte de son inceste fût connue, mais il était effrayé par la prophétie. Comme il cherchait un moyen d'échapper à son destin, germa dans son esprit un plan cruel et lâche qui préserverait son honneur et sa vie. Il eut honte d'en parler à Merlin avant de l'avoir mis à exécution. Pour cacher son incestueux péché, des courriers furent envoyés à tous ses barons et chevaliers, ordonnant que les enfants mâles nés le premier mai fussent remis au roi sous peine de mort. Les barons furent partagés entre la peur et la colère, et nombre d'entre eux blâmèrent plus Merlin qu'Arthur, mais ils n'osèrent pas refuser et les enfants nés le premier mai furent amenés au roi. Ils n'étaient âgés que de quatre semaines, et le roi les transporta jusqu'à la côte, car il ne put se résoudre à les tuer de sa main. Il déposa les nourrissons âgés d'un mois dans une nef et, lorsque se leva le vent du large, il la fit appareiller sans équipage. Les yeux remplis de honte mauvaise, le roi Arthur regarda s'éloigner la nef qui portait à son bord l'instrument de son destin. Puis il se détourna et, le cœur lourd, enfourcha sa monture.

Le vent se leva en hurlant, tourna et ramena la nef à terre. Au pied d'un château, elle se fracassa contre un récif et dispersa sa gémissante cargaison dans les vagues. Sur le rivage, un brave homme assis dans sa hutte entendit un cri au milieu des plaintes du vent et du sifflement des brisants. Il se rendit sur la plage et y découvrit un nourrisson coincé dans une épave. Il le prit et le réchauffa sous son manteau, puis il le transporta dans sa demeure, et sa femme donna le sein à Mordred et le nourrit.

Explicit Merlin

LE CHEVALIER AUX DEUX ÉPÉES

Dans le long temps sans loi qui suivit la mort d'Uther Pendragon et précéda l'avènement de son fils Arthur, tant en Angleterre qu'au pays de Galles, en Cornouailles, en Ecosse et dans les Iles Lointaines, maints barons firent main basse sur le pouvoir et certains refusèrent de le rendre, si bien que les premières années du règne d'Arthur furent consacrées à restaurer son royaume par la loi, l'ordre et la force des armes.

L'un de ses ennemis les plus acharnés était le roi Royns de Galles dont la puissance de plus en plus grande à l'ouest et au nord était une menace constante pour le royaume.

Arthur tenait sa cour à Londres lorsqu'un chevalier digne de foi apporta la nouvelle que Royns, dans son arrogance, avait levé une armée et envahi le pays, brûlant les récoltes, boutant le feu aux maisons et tuant les sujets d'Arthur sur son passage.

– Si cela est vrai, je dois protéger mon peuple, dit Arthur.

– Ce ne peut être plus vrai, répondit le chevalier. J'ai vu de mes yeux les envahisseurs et j'ai été témoin de leurs ravages.

– Alors je combattrai ce Royns et je le détruirai, dit le roi.

Et il fit mander tous ses loyaux barons, tous ses

chevaliers et ses gens d'armes à Camelot afin de tirer des plans pour défendre le royaume.

Lorsque chevaliers et barons furent rassemblés dans la grande salle, parut devant eux une demoiselle disant qu'elle était envoyée par la grande dame Lyle d'Avalon.

– Quel message apportez-vous ? demanda Arthur.

La demoiselle ouvrit son riche manteau fourré et tous virent qu'elle avait une noble épée pendue à la ceinture.

– Il ne sied pas à une pucelle d'être armée, dit le roi. Pourquoi portez-vous une épée ?

– Je la porte parce que je n'ai pas d'autre choix, répondit la demoiselle. Et il en sera ainsi jusqu'à ce qu'elle me soit enlevée par un chevalier aussi loyal que brave, à l'honneur et au cœur sans tache. Seul un tel chevalier pourra retirer cette épée du fourreau. Je me suis rendue au camp du roi Royns où j'avais ouï dire qu'il y avait de preux chevaliers, mais ni lui ni aucun de sa suite n'a pu tirer la lame du fourreau.

– Il y a nombre de preux ici, dit Arthur. Je ferai d'abord moi-même l'essai, non que je sois le meilleur, mais parce que si je tente le premier l'aventure, mes barons et mes chevaliers se sentiront libres de me suivre.

Arthur saisit le fourreau et la garde de l'épée et tira de toutes ses forces, mais la lame ne bougea pas.

– Sire, dit la demoiselle, vous ne devez pas faire usage de la force. L'épée viendra toute seule dans les mains du chevalier à qui elle est destinée.

Arthur se retourna vers ses gens et leur dit :

– C'est maintenant à votre tour d'essayer l'un après l'autre.

La demoiselle dit :

– Soyez sûrs, vous qui allez tenter l'essai, de n'avoir ni honte, ni faute, ni félonie. Seul un chevalier au cœur sans tache peut tirer cette épée et il doit être de sang noble, tant par sa mère que par son père.

La plupart des chevaliers composant l'assemblée tentèrent de retirer l'épée, mais aucun n'y réussit. Alors la pucelle dit tristement :

– Je croyais trouver ici des hommes au cœur sans tache et les meilleurs chevaliers du monde.

Arthur en fut fâché et il répondit :

– Vous ne trouverez nulle part meilleurs ni plus nobles chevaliers. Je regrette qu'il ne soit pas en leur pouvoir de vous aider.

Un chevalier nommé sire Balin de Northumberland était demeuré à l'écart. Il avait eu l'infortune de tuer un cousin du roi en combat loyal, mais la querelle avait été présentée sous un faux jour et il était resté prisonnier pendant la moitié d'une année. Certains de ses amis venaient seulement de plaider sa cause et il avait été relâché. Il observa l'épreuve avec anxiété, mais parce qu'il avait été en prison, qu'il était pauvre et que ses vêtements étaient déchirés et sales, il ne s'avança qu'après tous les autres, alors que la demoiselle était prête à partir. A ce moment-là seulement, Balin s'adressa à elle et lui dit :

– Dame, je vous demande d'avoir la courtoisie de me laisser tenter ma chance. Je sais que je suis pauvrement vêtu, mais mon cœur me dit que je réussirai peut-être.

La demoiselle regarda son manteau troué et n'arriva pas à croire qu'elle avait devant elle un homme d'honneur et de sang noble.

– Messire, dit-elle, pourquoi voulez-vous ajouter à ma peine, alors que tous ces nobles chevaliers ont échoué ?

– Belle dame, dit sire Balin, on ne juge pas de la valeur d'un homme à ses vêtements. La chevalerie et l'honneur sont des vertus cachées. Et certaines vertus, parfois, ne sont connues de personne.

– C'est la vérité, répondit la demoiselle, et je vous remercie de me l'avoir rappelée. Voici, prenez l'épée et voyez ce que vous pouvez faire.

Balin s'approcha d'elle et tira facilement l'épée, puis il regarda la lame étincelante et en retira grand plaisir.

Le roi et beaucoup d'autres l'applaudirent, mais certains chevaliers en conçurent du dépit.

– Puisque vous avez réussi, dit la demoiselle, c'est que vous êtes le meilleur et le plus pur chevalier que j'aie rencontré. Maintenant, doux et noble ami, rendez-moi l'épée, je vous prie.

– Non, dit Balin. J'aime cette épée et je la garderai jusqu'à ce que quelqu'un soit capable de me la prendre de force.

– Ne la gardez pas, s'écria la demoiselle. Ce n'est pas sage. Si vous le faites, vous vous en servirez pour tuer l'homme que vous aimez le plus au monde. Cette épée vous détruira.

– Dame, dit Balin, j'accepte toute aventure que Dieu m'enverra, mais je ne vous rendrai pas cette épée.

– Alors vous vous en repentirez dans peu de temps, dit la dame. Je ne réclame pas l'épée pour mon propre compte. Si vous la prenez, elle vous détruira et j'éprouve pour vous grande pitié.

Balin alla chercher son cheval et son armure, puis il pria le roi de lui accorder son congé.

– Ne nous quittez pas maintenant, dit Arthur. Je sais que votre injuste emprisonnement vous a irrité, mais de fausses preuves avaient été fournies contre vous. Si j'avais connu votre vaillance et votre loyauté, j'aurais agi différemment. Demeurez à ma cour et dans mon amitié. Je vous élèverai et vous ferai juste réparation.

– Sire, je vous remercie, dit Balin. Votre bonté est bien connue. Je n'ai aucun ressentiment envers vous, mais il faut que je parte et je vous prie de m'accorder mon congé.

– Votre départ ne me réjouit pas, dit le roi. Je vous demande, beau sire, de ne pas demeurer longtemps loin de nous. Votre retour sera le bienvenu et je réparerai le tort que je vous ai fait.

– Dieu soit loué de vos bonnes grâces, répondit le chevalier, et il se prépara à partir.

Il y avait à la cour des hommes jaloux, qui murmuraient que la sorcellerie, plus que la vertu, était responsable de sa bonne fortune.

Tandis que Balin s'armait et préparait son cheval, la Dame du Lac parut à la cour d'Arthur, bien montée et richement vêtue. Elle salua le roi et lui rappela la promesse qu'il lui avait faite lorsqu'elle lui avait donné l'épée du lac.

— Je me souviens de ma promesse, dit Arthur, mais j'ai oublié le nom de l'épée, à moins que vous ne me l'ayez pas dit.

— Excalibur, répondit la dame, ce qui signifie *coupe le fer et l'acier.*

— Dame, je vous remercie, dit le roi. Maintenant, que demandez-vous ? Je vous donnerai tout ce qui est en mon pouvoir.

Alors la dame dit sauvagement :

— Je réclame deux têtes... celle du chevalier qui a tiré l'épée et celle de la demoiselle qui l'a apportée. Je ne serai contente que lorsque j'aurai ces deux têtes. Le chevalier a tué mon frère et la demoiselle a causé la mort de mon père. Telle est ma demande.

Le roi fut abasourdi par la férocité de cette demande.

— Il m'est, sur l'honneur, impossible de les tuer pour satisfaire votre vengeance, dit-il. Demandez autre chose, je vous le donnerai.

— Je ne demande rien d'autre, dit la dame.

A présent, Balin était prêt à partir et, quand il vit la Dame du Lac, il la reconnut comme celle qui, grâce à un art secret, avait fait mourir sa mère trois ans plus tôt. Lorsqu'on lui dit qu'elle avait demandé sa tête, il s'approcha d'elle à grands pas et s'écria :

— Vous êtes une créature maléfique. Vous voulez ma tête ? J'aurai la vôtre.

A ces mots, il tira son épée et, d'un seul coup, la décapita.

— Qu'avez-vous fait ? s'écria Arthur. Vous nous avez couverts de honte, moi et ma cour. J'étais le débiteur de cette dame, et de plus elle était sous ma protection. Je ne pourrai jamais pardonner cet outrage.

– Sire, dit Balin, je regrette de vous avoir déplu, mais je ne regrette pas mon acte. C'était une créature maléfique. Par enchantement et sorcellerie, elle a tué maints preux chevaliers, et c'est à cause de ses ruses et de ses artifices que ma mère a été brûlée vive.

– Quelle que soit votre raison, dit le roi, vous n'aviez pas le droit de faire cela en ma présence. C'était un acte odieux et une insulte. Quittez ma cour, à présent. Vous n'y êtes plus à votre place.

Balin prit la tête de la Dame du Lac par les cheveux et la transporta dans ses quartiers, où son écuyer l'attendait, puis ils enfourchèrent leurs montures et quittèrent la ville.

Et Balin dit :

– Je te demande d'apporter cette tête dans le Northumberland et de la montrer à mes amis et à ma parentèle. Tu leur diras que mon plus dangereux ennemi est mort. Tu leur diras aussi que je ne suis plus en prison, et tu leur raconteras comment je me suis procuré cette seconde épée.

– Je suis affligé que vous ayez fait cela, dit l'écuyer. Vous êtes grandement à blâmer d'avoir perdu l'amitié du roi. Personne ne doute de votre courage, mais vous êtes un chevalier obstiné. Lorsque vous choisissez un chemin, vous le suivez jusqu'au bout, même s'il vous mène à votre perte. C'est votre défaut et votre destinée.

Alors Balin dit :

– J'ai pensé à un moyen de reconquérir l'affection du roi. Je chevaucherai jusqu'au camp de son ennemi, le roi Royns, et je le tuerai ou serai tué. Si c'est moi qui sors vainqueur, le roi Arthur sera de nouveau mon ami.

Le plan était si désespéré que l'écuyer hocha la tête.

– Où dois-je vous attendre, messire ? dit-il.

– A la cour du roi Arthur, répondit Balin avec confiance.

Puis il congédia son écuyer.

Cependant, le roi et sa suite, attristés et honteux de l'acte qu'avait commis Balin, enterrèrent la Dame du Lac avec faste et cérémonie.

A la cour, en ce temps-là, il y avait un chevalier qui était très jaloux du succès de Balin avec l'épée magique. C'était sire Launceor, fils du roi d'Irlande, un homme fier et ambitieux qui croyait être l'un des meilleurs chevaliers du monde. Il demanda au roi la permission de suivre Balin et de venger l'insulte faite à la dignité d'Arthur.

– Allez, dit le roi, et faites de votre mieux. Je suis irrité contre Balin. Effacez l'outrage qu'il a infligé à ma cour.

Lorsque sire Launceor se fut retiré pour se préparer, Merlin parut devant le roi Arthur. On lui conta comment l'épée avait été tirée du fourreau et comment la Dame du Lac avait été décapitée.

Merlin regarda la demoiselle à l'épée, qui était demeurée à la cour, et dit :

– Regardez cette demoiselle. C'est une créature mauvaise et menteuse. Elle ne peut pas dire le contraire. Elle a un frère, qui est un preux, un homme d'honneur et de bien. Or, elle aimait un chevalier et devint sa maîtresse. Pour laver l'affront, son frère défia son ami et le tua en combat singulier. Folle de rage, elle prit l'épée de son ami et l'apporta à Lyle d'Avalon en lui demandant de la venger de son frère.

Et Merlin ajouta :

– Lyle prit l'épée, lui jeta un sort, et en fit une épée maudite. Seul le plus brave et le plus valeureux chevalier pourrait la tirer de son fourreau, et celui qui la tirerait tuerait son frère avec.

Merlin se tourna de nouveau vers la demoiselle :

– Telle est la méchante raison pour laquelle vous êtes venue ici, dit-il. Ne dites pas le contraire. Je le sais aussi bien que vous. Plût à Dieu que vous ne soyez pas venue, car partout où vous allez, vous apportez la douleur et la mort.

» Le chevalier qui a tiré l'épée est le meilleur et le plus brave, mais l'épée qu'il a tirée le détruira. Bien qu'il n'y soit pour rien, tout ce qu'il entreprendra se terminera dans l'amertume et la mort. La malédiction de l'épée est devenue son destin.

Merlin se tourna vers le roi et dit :

– Sire, ce bon chevalier a peu de temps à vivre, mais avant sa mort il vous rendra un service dont vous vous souviendrez longtemps.

Entendant cela, le roi Arthur fut rempli de tristesse et d'étonnement.

Cependant, sire Launceor d'Irlande s'était armé de pied en cap. Il mit son écu à l'épaule, prit une lance et partit, bride abattue, sur les traces de Balin. Il ne mit pas longtemps à rejoindre son ennemi au sommet d'une colline.

– Arrêtez-vous, cria sire Launceor, ou je le ferai pour vous. Votre écu ne vous protégera pas.

– Vous auriez mieux fait de rester chez vous, répondit Balin d'un ton léger. Un homme qui menace son ennemi voit souvent ses paroles se retourner contre lui. De quelle cour venez-vous ?

– De la cour du roi Arthur, dit le chevalier irlandais. Je viens venger l'insulte que vous avez faite au roi aujourd'hui.

– Si je dois vous combattre, je le ferai, dit Balin. Mais croyez-moi, j'ai grand chagrin d'avoir fait injure au roi ou à n'importe qui de sa cour. Je sais que votre devoir est tout tracé, mais avant que nous combattions, sachez que je n'avais pas le choix. Non seulement la Dame du Lac m'avait mortellement offensé, mais elle avait en plus demandé ma vie.

– Assez de paroles, dit Launceor. Préparez-vous. L'un de nous deux seulement quittera ce champ.

Couchant leurs lances, ils se rencontrèrent dans un bruit de tonnerre; la lance de Launceor vola en éclats, mais celle de Balin perça l'écu, et l'armure, et la poitrine du chevalier irlandais, qui s'écrasa sur le sol. Lorsque Balin eut fait tourner son cheval et qu'il eut dégainé son épée, il aperçut son ennemi étendu mort sur l'herbe. Il entendit alors le bruit des sabots d'un cheval au galop, et vit une demoiselle qui chevauchait vers eux aussi vite qu'elle le pouvait. Atteignant le champ, elle vit le chevalier mort et sa peine fut sans bornes.

– Balin ! s'écria-t-elle. Tu as tué deux corps dans un seul cœur, deux cœurs dans un seul corps, et tu as libéré deux âmes.

Mettant pied à terre, elle prit l'épée de son amant et tomba sur le sol, pâmée. Lorsqu'elle reprit ses sens, elle donna libre cours à son chagrin, et Balin fut rempli de tristesse. Il s'approcha d'elle et tenta de lui enlever l'épée, mais elle s'y accrocha avec un tel désespoir qu'il relâcha sa prise de peur de la blesser. Retournant soudainement l'épée, elle plaça le pommeau sur le sol et s'empala sur la lame, qui la transperça à mort.

Balin resta le cœur dolent, honteux d'avoir causé sa mort.

– Quel amour devait être celui de ces deux-là, et je les ai tués ! s'écria-t-il tout haut.

Incapable de supporter ce spectacle, il enfourcha sa monture et s'éloigna tristement dans la forêt.

Au loin, il aperçut un chevalier qui s'approchait, et quand il put lire la devise sur l'écu, Balin sut que c'était son frère, Balan. Lorsqu'ils se rencontrèrent, ils délacèrent leur heaume, se donnèrent l'accolade et pleurèrent de joie.

– Mon frère, dit Balan, je n'espérais pas vous retrouver si tôt. J'ai rencontré un homme au château des Quatre catapultes qui m'a dit que vous aviez été relâché et qu'il vous avait vu à la cour du roi Arthur. Aussi, j'ai quitté le Northumberland pour venir au-devant de vous.

Balin conta à son frère l'histoire de la demoiselle et de l'épée, comment il avait occis la Dame du Lac et s'était ainsi attiré la colère du roi.

Puis il dit :

– Là-bas gît un chevalier envoyé à mes trousses, et près de lui gît une demoiselle qui s'est tuée d'amour pour lui, aussi j'ai grande douleur et grand chagrin.

– C'est une triste chose, dit Balan, mais vous êtes

chevalier et vous devez accepter toutes les épreuves que Dieu vous envoie.

– Je le sais, répondit Balin, mais je suis affligé d'avoir déplu au roi Arthur. C'est le meilleur et le plus grand roi de la terre. Je regagnerai son amour ou j'y laisserai ma vie.

– Comment ferez-vous, mon frère ?

– Je vais vous le dire, répondit Balin. L'ennemi du roi Arthur, Royns, assiège le château de Terrabil en Cornouailles. Je vais m'y rendre pour faire la preuve de mon honneur et de mon courage contre lui.

– J'espère que cela sera possible, dit Balan. Je vais vous y accompagner et risquer ma vie avec vous comme un frère doit le faire.

– Qu'il est bon de vous avoir ici, mon cher frère ! dit Balin. Chevauchons ensemble.

Tandis qu'ils devisaient, un nain parut sur son cheval, venant de Camelot. Lorsqu'il vit les corps du chevalier et de sa dame d'amour, il s'arracha les cheveux et cria aux deux frères :

– Lequel de vous deux a commis cet acte ?

– Quel droit avez-vous de demander cela ? dit Balan.

– Je veux savoir.

Alors Balin lui répondit :

– C'est moi. J'ai tué le chevalier en loyal combat, et de chagrin la demoiselle s'est détruite elle-même. J'en suis affligé et, pour l'amour d'elle, je servirai toutes les femmes tant que je vivrai.

– Vous vous êtes fait grand dommage, dit le nain. Ce chevalier était le fils du roi d'Irlande. Toute sa parentèle va réclamer vengeance et jusqu'à votre mort vous traquera dans le monde entier.

– Cela ne me fait pas peur, dit Balin. Ce qui m'afflige c'est que j'ai doublement offensé le roi Arthur en tuant son chevalier.

Alors le roi Mark de Cornouailles vint à passer. Lorsqu'il vit les corps des amants et apprit l'histoire de leur mort, il s'écria :

– Ils devaient s'aimer d'amour vrai. Je vais faire élever un tombeau à leur mémoire.

Il ordonna à ses hommes de planter leurs tentes et se mit en quête d'un endroit pour ensevelir les amants. Dans une église proche, il fit lever une dalle devant le maître-autel, où furent ensevelis le chevalier et sa demoiselle. Lorsque la dalle fut remise en place, le roi Mark y fit graver ces mots : « Ci-gît sire Launceor, fils du roi d'Irlande, tué par sire Balin, et près de lui repose sa dame d'amour, Colombe, qui de chagrin se tua avec l'épée de son amant ».

Merlin pénétra dans l'église et dit à Balin :

– Pourquoi n'avez-vous pas sauvé la vie de cette dame ?

– Je jure que je n'ai pu le faire, dit Balin. J'ai essayé de la sauver, mais elle a été plus rapide que moi.

– J'en suis navré pour vous, dit Merlin. Vous serez puni de cette mort en portant le coup le plus malheureux qui soit depuis le coup de lance qui a percé le côté de Notre-Seigneur Jésus-Christ. Ce coup blessera le meilleur chevalier du monde et plongera trois royaumes dans la pauvreté, la misère et le désespoir.

– Cela ne peut être vrai, s'écria Balin. Si je le croyais, je me tuerais sur-le-champ et prouverais que vous êtes un menteur.

– Mais vous ne le ferez pas, dit Merlin.

– Quel nom a mon péché ? demanda Balin.

– La malchance, répondit Merlin. Certains l'appellent le destin.

Et soudain, il s'évanouit.

Peu après, les deux frères prirent congé du roi Mark.

– Dites-moi d'abord vos noms, demanda le roi.

Et Balan répondit :

– Vous voyez qu'il porte deux épées. Appelez-le le Chevalier aux Deux Epées.

Alors les deux frères prirent le chemin du camp de Royns. Dans une immense lande battue par le vent, ils rencontrèrent un étranger drapé dans son manteau, qui leur demanda où ils allaient.

– Pourquoi devrions-nous vous le dire? répliquèrent-ils.

Et Balin ajouta :

– Dites-nous votre nom, étranger.

– Pourquoi le devrais-je, alors que vous ne dites rien?

– C'est mauvais signe quand un homme ne veut pas dire son nom, dit Balan.

– Pensez ce que vous voudrez, répondit l'étranger. Que penseriez-vous si je vous disais que vous êtes à la recherche du roi Royns et que vous ne le trouverez pas sans mon aide?

– Je penserais que vous êtes Merlin, et si vous l'étiez, je vous demanderais votre aide.

– Vous devez être brave, car il vous faudra du courage, dit Merlin.

– Ne vous inquiétez pas du courage, dit Balin. Nous ferons ce que nous pourrons.

Ils parvinrent à la lisière d'une forêt, mirent pied à terre dans un val sombre et feuillu, dessellèrent leurs chevaux et les envoyèrent brouter l'herbe. Puis ils s'allongèrent à l'ombre des arbres et s'endormirent.

Lorsqu'il fut près de minuit, Merlin les réveilla sans bruit.

– Préparez-vous rapidement, dit-il, si vous voulez saisir votre chance. Royns a quitté son camp avec seulement quelques gardes du corps pour rendre une visite galante à la Dame de Vance.

Du couvert des arbres, ils aperçurent des cavaliers qui s'approchaient.

– Lequel est Royns? demanda Balin.

– Celui qui a la plus haute taille, dit Merlin. Attendez qu'ils arrivent à votre hauteur.

Lorsque la cavalcade passa dans l'obscurité éclairée par les étoiles, les deux frères sortirent de leur cachette et boutèrent Royns hors de sa selle; puis ils se retournèrent contre ses hommes glacés d'effroi et, frappant de droite et de gauche, en tuèrent quelques-uns et mirent le reste en fuite.

Alors les deux frères revinrent à Royns, qui gisait à terre, pour l'achever, mais il se rendit et demanda merci.

— Valeureux chevaliers, dit-il, ne me tuez pas. Ma vie vous sera plus utile que ma mort.

— Cela est vrai, dirent les deux frères.

Ils relevèrent le blessé et l'aidèrent à remonter à cheval. Puis ils cherchèrent Merlin mais ne le trouvèrent pas, car Merlin, par magie, s'était envolé jusqu'à Camelot, où il dit à Arthur que son pire ennemi, Royns, avait été vaincu et fait prisonnier.

— Par qui ? demanda le roi.

— Par deux chevaliers qui souhaitent votre amitié et votre grâce plus que tout au monde. Ils seront ici demain matin et vous verrez qui ils sont.

Après avoir prononcé ces mots, Merlin refusa d'en dire davantage.

Au point du jour, les deux frères amenèrent leur prisonnier blessé, Royns, aux portes de Camelot et, après l'avoir confié aux gardes, ils s'éloignèrent dans l'aube naissante.

Lorsqu'il apprit la nouvelle, le roi Arthur se rendit auprès de son ennemi blessé et dit :

— Messire, j'ai plaisir à vous voir. Quelle aventure vous a mené jusqu'ici ?

— Une aventure malheureuse, dit Royns.

— Qui vous a capturé ? demanda le roi.

— Celui qu'on nomme le Chevalier aux Deux Epées et son frère. Ils m'ont désarçonné et ont dispersé mon escorte.

Alors Merlin parut :

— Sire, je puis à présent vous le dire. C'est Balin, celui qui tira l'épée maudite, et son frère, Balan. Vous ne trouverez jamais deux meilleurs chevaliers. Le malheur est qu'ils vont bientôt rencontrer leur destin et qu'ils n'en ont plus pour longtemps à vivre.

— Balin a fait de moi son débiteur, dit le roi. Et je ne mérite pas ses égards.

— Il fera pour vous beaucoup plus que cela, dit Merlin. Mais je vous apporte des nouvelles. Vous devez préparer vos chevaliers au combat. Demain, avant midi, l'armée du frère de Royns, Neron, vous attaquera. Vous avez beaucoup à faire à présent et je vais vous quitter.

Le roi Arthur rassembla rapidement ses chevaliers et chevaucha vers le château de Terrabil. Neron l'attendait avec des forces bien supérieures en nombre. Il conduisait l'avant-garde, attendant seulement l'arrivée du roi Lot avec son armée. Mais il l'attendit en vain, car Merlin était avec le roi Lot et le tenait sous le charme de contes et de prédictions merveilleuses. Arthur passa à l'attaque, et sire Kay ce jour-là fit tant d'armes que la mémoire de ses hauts faits est restée à jamais vivante. Avec lui se distinguèrent sire Hervis de Revel, du lignage de sire Thomas Malory, et sire Tobinus Streat de Montroy. Au cours de la bataille, Balin et son frère combattirent avec une rage telle qu'on put les comparer à deux anges du ciel ou à deux démons de l'enfer. A l'avant-garde, Arthur vit les exploits des deux frères et les loua plus que tous les autres chevaliers. Les forces du roi l'emportèrent, boutèrent l'ennemi hors du champ de bataille, et détruisirent la puissance de Neron.

Un messager apporta au roi Lot la nouvelle que la bataille était perdue et que Neron avait été tué pendant qu'il écoutait les histoires de Merlin.

Alors le roi Lot dit :

– J'ai été ensorcelé par ce Merlin. Si j'avais été là, Arthur ne l'aurait pas emporté. Ce magicien m'a trompé et m'a tenu là comme un enfant à écouter des histoires.

– Je sais qu'aujourd'hui un roi doit mourir, dit Merlin, et bien que je le regrette, je préfère que ce soit vous que le roi Arthur.

A ces mots, il s'évanouit dans les airs.

Alors le roi Lot rassembla ses barons.

– Que dois-je faire? demanda-t-il. Vaut-il mieux plaider pour la paix ou pour la guerre ? Si Neron est défait, nous avons perdu la moitié de notre armée.

– Les hommes du roi Arthur sont las, dit un chevalier, et leurs montures sont épuisées, alors que nous sommes frais. Nous aurons l'avantage si nous l'attaquons sur-le-champ.

– Si tout le monde y consent, nous combattrons, dit le roi Lot. J'espère que vous y mettrez autant de cœur que j'essaierai d'en mettre.

Le roi Lot chevaucha jusqu'au champ de bataille et chargea les chevaliers d'Arthur, mais ceux-ci supportèrent l'assaut et ne cédèrent pas d'un pouce.

Honteux de son échec, Lot se tenait devant ses chevaliers et combattait comme un démon rageur, car il haïssait Arthur plus que tous les hommes. Il avait jadis été l'ami d'Uther et épousé la demi-sœur d'Arthur. Mais lorsque Arthur, par ignorance, avait séduit sa femme et l'avait engrossée de Mordred, l'amitié de Lot s'était changée en haine et il s'était acharné à détruire son suzerain.

Comme Merlin l'avait prédit, Pellinore, qui avait vaincu Arthur à la Fontaine de la Forêt, était devenu le loyal ami du roi et combattait en première ligne. Forçant son destrier au cœur de la mêlée, Pellinore fit tournoyer son épée et porta au roi Lot un formidable coup. La lame, en déviant, tua le cheval de Lot, et tandis que le roi tombait, Pellinore lui porta un coup sur le heaume, qui l'étendit sur le sol.

Lorsque les hommes du roi Lot le virent étendu à terre, ils cessèrent aussitôt le combat et tentèrent de fuir; beaucoup furent pris, d'autres, plus nombreux encore, tués.

Lorsque les corps des morts furent rassemblés, on découvrit que douze barons de haut lignage avaient péri au service de Neron et de Lot. Ils furent transportés dans l'église de St. Etienne, à Camelot, pour y être enterrés, tandis que les chevaliers de moins haut lignage furent inhumés sous une grosse pierre.

Le roi Arthur fit enterrer Lot, seul, dans un riche

tombeau, mais il réunit les douze barons et leur fit élever un monument commémorant son triomphe. Merlin, grâce à son art, forgea douze barons dans le cuivre et l'airain, chacun, dans une attitude de défaite, tenant à la main une bougie qui brûlait jour et nuit. Plus haut que ces effigies, l'Enchanteur plaça une statue du roi Arthur tenant une épée au-dessus de la tête de ses ennemis. Merlin prédit que les bougies brûleraient jusqu'à la mort d'Arthur, et qu'à ce moment-là toutes s'éteindraient, et il fit ce jour-là maintes autres prédictions.

Peu après, Arthur, las de se battre et de gouverner, dégoûté des murs épais et des pièces sombres des châteaux, fit dresser sa tente au milieu d'un pré verdoyant, où il pourrait se reposer et reprendre des forces en respirant le calme et la douceur de l'air. Il s'allongea sur un lit de camp pour dormir, mais il n'avait pas plus tôt fermé les yeux qu'il entendit le trot d'un cheval et aperçut un chevalier qui se plaignait et se lamentait tout haut. Lorsqu'il passa devant la tente, le roi l'appela et lui dit :

– Approchez-vous, sire chevalier, et confiez-moi la raison de votre tristesse.

– Quel bien cela fera-t-il? répondit le chevalier. Vous ne pouvez pas m'aider.

Et il s'éloigna vers le château de Meliot.

Le roi tenta de nouveau de s'endormir, mais sa curiosité était piquée et, tandis qu'il réfléchissait, Balin vint à passer. Apercevant le roi, il mit pied à terre et le salua.

– Vous êtes toujours le bienvenu, dit le roi, mais particulièrement aujourd'hui. Je viens de voir passer un chevalier qui se lamentait et n'a pas voulu me dire la cause de son tourment. Si vous désirez me servir, rattrapez-le et ramenez-le-moi de gré ou de force, car ma curiosité est piquée.

– Sire, je vous le ramènerai, dit Balin, ou alors il sera plus triste qu'il ne l'est.

Enfourchant sa monture, Balin se mit en quête du

chevalier et finit par le trouver, assis sous un arbre en compagnie d'une demoiselle.

– Sire chevalier, dit Balin, vous devez m'accompagner, car le roi Arthur désire savoir la cause de votre chagrin.

– Je ne le ferai pas, répondit le fer-vêtu. Si je le faisais, je serais en grand danger et vous n'y gagneriez rien.

– Messire, je vous prie de venir avec moi, dit Balin. Si vous refusez, je devrai vous combattre, et je n'en ai nul désir.

– Je vous ai dit que ma vie était en danger. Promettez-vous de me protéger ?

– Je vous protégerai ou le paierai de ma vie, dit Balin.

A ces mots, le chevalier enfourcha son cheval et ils partirent, laissant la demoiselle sous l'arbre. Comme ils s'approchaient de la tente du roi Arthur, ils entendirent la charge d'un destrier, mais ne virent rien. Soudain le chevalier fut jeté à bas de sa selle par une force invisible et se retrouva mourant sur le sol, le corps percé d'une longue lance.

– C'était le danger que j'encourais, haleta le moribond... un chevalier nommé Garlon qui a l'art de se rendre invisible. J'étais sous votre protection et vous m'avez fait défaut. Prenez mon cheval. Il est meilleur que le vôtre. Rejoignez la demoiselle... Elle vous mènera jusqu'à mon ennemi et vous pourrez peut-être me venger.

– Sur mon honneur et ma chevalerie, s'écria Balin, je le ferai. Je le jure devant Dieu.

Le chevalier, sire Harleus le Berbeus, mourut. Balin lui retira du corps le tronçon de la lance et s'en fut tristement, affligé de ne pas l'avoir défendu comme il l'avait promis, et comprenant enfin pourquoi Arthur avait été si courroucé par la mort de la Dame du Lac, qui se trouvait sous sa protection. Balin sentit alors que les ténèbres de l'infortune étaient suspendues au-dessus de lui. Il trouva la demoiselle dans la forêt et lui fit don du tronçon de la lance qui avait tué son ami. Emportant le tronçon comme symbole et souvenir, elle conduisit Balin dans la quête que lui avait transmise le chevalier mourant.

Dans la forêt, ils rencontrèrent un prud'homme qui revenait de la chasse et qui, voyant le visage de Balin voilé de tristesse, lui en demanda la raison; Balin répondit brièvement qu'il ne souhaitait pas en parler.

Offensé par cette réponse discourtoise, le chevalier dit :

– Si j'étais armé contre les hommes au lieu de l'être contre les cerfs, vous me donneriez une réponse.

Alors Balin répondit d'un ton las :

– Je ne vois aucune raison de ne pas vous répondre.

Et il raconta son étrange et fatale histoire.

Le chevalier, qui se nommait sire Peryne de Monte Belyarde, fut si ému par le conte qu'il demanda de se joindre à la quête vengeresse. Il se rendit à son logis proche pour s'armer, puis les rejoignit en cours de route.

Lorsqu'ils passèrent devant un ermitage et une chapelle solitaire dans la forêt, ils entendirent de nouveau le bruit de charge des sabots et sire Peryne tomba, une lance à travers le corps.

– Votre histoire est vraie, dit-il. L'invisible ennemi m'a percé de sa lance. Vous êtes un homme destiné à causer la perte de vos meilleurs amis.

Et sire Peryne mourut de ses blessures.

– Mon ennemi est quelque chose que je ne vois pas, dit Balin avec tristesse. Comment pourrai-je défier l'invisible?

Alors l'ermite l'aida à transporter le mort dans la chapelle, et ils l'enterrèrent avec honneur et pitié.

Reprenant leur route, Balin et la demoiselle parvinrent à un château aux fortes défenses. Balin traversa le pont-levis et entra le premier, mais il n'était pas plus tôt entré que la herse tomba, le faisant prisonnier, tandis qu'à l'extérieur la demoiselle était attaquée par plusieurs hommes armés de dagues. Alors Balin courut au faîte du mur d'enceinte et sauta dans les douves, loin au-dessous, où l'eau adoucit sa chute et lui permit de ne pas se blesser. Se traînant hors des douves, il tira son épée, mais les assaillants reculèrent et lui expliquèrent qu'ils ne faisaient que suivre la coutume du château. La dame qui l'habitait souffrait depuis longtemps d'un mal terrible, et le seul remède contre ce mal était de boire, dans une tasse d'argent, le sang de la fille vierge d'un roi; aussi c'était la coutume du château de tirer du sang à toutes les demoiselles qui passaient.

– Je suis certain qu'elle vous donnera du sang, dit Balin, vous n'avez pas besoin de la tuer pour en avoir.

Il l'aida à se faire percer la veine et le sang fut recueilli dans une tasse d'argent, mais il ne guérit pas la dame, peut-être parce que la demoiselle ne remplissait pas l'une, ou l'autre, ou ni l'une ni l'autre des conditions requises. Cependant ils furent, à cause de l'offre, reçus au château. Ils y firent bonne chère, y passèrent la nuit pour se reposer et repartirent le lendemain matin. Quatre jours passèrent sans aventure et à la fin du quatrième, ils furent reçus dans la maison d'un gentilhomme. Tandis qu'ils soupaient, ils entendirent des gémissements de douleur venant d'une chambre proche, et Balin demanda ce que c'était.

– Je vais vous le dire, répondit le gentilhomme. Récemment, à un tournoi, j'ai jouté contre le frère du roi Pelham. Deux fois, je lui ai fait vider les étriers, et il était si courroucé qu'il a menacé de se venger sur l'un de mes proches. Alors il s'est rendu invisible et a blessé mon fils, que vous entendez crier de douleur. Il ne sera pas remis avant que j'aie tué ce chevalier sinistre et lui aie ravi son sang.

– Je le connais bien, dit Balin, mais je ne l'ai jamais vu. Il a tué de cette façon deux chevaliers de mes amis. Je préférerais le rencontrer en duel que posséder tout l'or du royaume.

– Je vais vous dire où le trouver, répondit l'hôte. Son frère, le roi Pelham, a annoncé qu'une grande fête aurait lieu dans moins de vingt jours. Aucun chevalier ne pourra y participer s'il n'est pas accompagné de sa femme ou de sa mie. Le frère du roi, Garlon, y sera certainement.

– Alors j'y serai aussi, dit Balin.

Le lendemain matin, ils partirent tous les trois et chevauchèrent quinze jours avant d'atteindre le royaume du roi Pelham. Ils arrivèrent à son château le jour où la fête commençait et, après avoir logé leurs chevaux, se rendirent dans la grande salle, où l'hôte de Balin ne put entrer car il n'avait amené avec lui ni femme ni amie. Mais Balin fut accueilli et conduit dans une chambre où, après qu'il se fut désarmé et baigné, des serviteurs lui apportèrent une riche robe pour le festin. Ils lui demandèrent alors de laisser son épée avec son armure. Balin refusa.

– Dans mon pays, dit-il, un chevalier doit toujours garder son épée. Si je ne peux pas l'emporter, je ne participerai pas au festin.

A contrecœur, les serviteurs lui laissèrent prendre son arme; Balin se rendit dans la grande salle et s'assit au milieu des chevaliers, sa dame près de lui.

Alors il demanda :

– Y a-t-il à cette cour, un chevalier nommé Garlon, frère du roi ?

– Il est là, lui répondit un homme assis près de lui. Regardez, c'est celui qui a la peau sombre. C'est un homme étrange, qui a tué maints chevaliers. Il a le pouvoir de se rendre invisible.

Balin regarda fixement Garlon, tout en réfléchissant à ce qu'il devait faire. « Si je le tue maintenant, pensa-t-il, je ne pourrai pas m'échapper, mais si je ne le fais pas, il est possible que je ne le revoie jamais, car il se rendra invisible. »

Garlon avait remarqué le regard de Balin fixé sur lui, et cela l'irrita. Il se leva, vint se planter devant Balin et le frappa au visage du revers de la main, en disant :

– Je n'aime pas que vous me regardiez. Mangez ou faites ce pour quoi vous êtes venu.

– Je vais faire ce pour quoi je suis venu, dit Balin.

Il tira son épée et trancha la tête de Garlon. Puis il dit à sa dame :

– Donnez-moi le tronçon de lance qui a tué votre ami.

Il prit le tronçon et en transperça le corps de Garlon en s'écriant :

– Avec la lance qui vous perce, vous avez tué un bon chevalier.

Puis il appela son hôte, qui se tenait en dehors de la salle.

– Il y a ici assez de sang pour guérir votre fils.

Surpris, les chevaliers n'avaient pas bougé, mais voilà qu'ils étaient maintenant debout, prêts à fondre sur Balin. Le roi Pelham monta sur la haute table et dit :

– Vous avez tué mon frère. Vous devez mourir.

Balin le tança :

– Très bien... Tuez-moi vous-même, si vous en avez le courage.

– Vous avez raison, dit le roi. Arrière, chevaliers. Je le tuerai moi-même pour l'amour de mon frère.

Pelham saisit une hache d'armes accrochée au mur et s'avança sur Balin. Il lui en porta un coup que Balin para avec son épée, mais la lourde hache brisa l'épée en deux et il se retrouva désarmé. Alors il sortit de la salle en courant, Pelham sur ses talons. Il passa de chambre en chambre, cherchant une arme, mais n'en trouvait aucune et le roi Pelham le suivait toujours.

Balin parvint enfin à une chambre où il vit un prodige. La pièce était tendue de drap d'or où étaient inscrits des symboles mystiques. Un lit était garni de merveilleux rideaux. Sur le lit, sous une couverture tissée de fil d'or, gisait le corps en parfait état d'un vieillard vénérable, et sur une table dorée, il y avait une lance étrangement travaillée, avec une hampe de bois, un embout de fer et une courte pointe.

Balin, entendant les pas de Pelham qui le poursuivait, saisit la lance et la plongea dans le flanc de son ennemi. A cet instant, la terre trembla, les murailles du château se lézardèrent et le toit s'écroula sur Balin et le roi Pelham qui furent ensevelis sous l'avalanche de moellons et demeurèrent inconscients, coincés sous les pierres et les madriers. A l'intérieur du château, la plupart des chevaliers furent tués par l'effondrement du toit.

Peu après, Merlin apparut, enleva les pierres qui recouvraient Balin et le fit revenir à lui. Il lui donna alors un cheval et lui dit de quitter le pays aussi vite qu'il le pourrait.

– Où est ma demoiselle ? demanda Balin.

– Elle gît sous les décombres du château, dit Merlin.

– Quelle est la cause de ce désastre ? demanda Balin.

– Vous avez profané un mystère, dit Merlin. Peu après la crucifixion de Jésus-Christ, Joseph, le marchand d'Arimathie qui mit Notre-Seigneur au tombeau, débarqua sur les rives de ce pays avec la sainte coupe de la Cène contenant le sang sacré, et la lance avec laquelle Longinus le Romain perça le côté de Jésus sur la croix. Joseph apporta ces saintes reliques dans l'île de Ferre à Avalon, et il y bâtit une église, la première dans ce pays. C'est le corps de Joseph qui était sur le lit, et c'est avec la lance de Longinus que vous avez blessé Pelham, le descendant de Joseph, lui portant ce coup funeste dont je vous ai parlé il y a longtemps. Et parce que vous avez commis un sacrilège, la maladie, la famine et le désespoir vont ravager ce pays.

– Ce n'est pas bien, s'écria Balin, ce n'est pas juste.

– Le malheur n'est pas bien, le destin n'est pas juste, mais ils n'en existent pas moins, dit Merlin.

Et il dit adieu à Balin :

– Car, dit-il, nous ne nous verrons plus en ce monde.

Alors Balin s'éloigna à travers la contrée maudite. Partout ce n'était que morts et mourants et, sur son passage, les vivants s'écriaient :

— Balin, tu es la cause de cette ruine. Tu devras payer pour cela.

Avec angoisse Balin poussait sa monture pour quitter la contrée dévastée. Il chevaucha huit jours, fuyant la malédiction, heureux lorsqu'il quitta le pays maudit et atteignit une belle et tranquille forêt. Son âme revint à la vie et se dépouilla de ses lugubres vêtements. Au-dessus des cimes des arbres, dans une belle vallée, il aperçut les remparts d'une tour et dirigea sa monture de ce côté-là. Près de la tour, un grand cheval était attaché à un arbre. Sur le sol, un beau chevalier se lamentait à voix haute.

Comme il était responsable de tant de morts et de malheurs, Balin voulut s'amender.

— Dieu vous préserve, dit-il. Pourquoi êtes-vous triste ? Dites-le moi et je ferai de mon mieux pour vous aider.

— Vous le dire ne fera qu'augmenter mon chagrin, répondit le chevalier.

Balin s'éloigna de quelques pas et, tandis qu'il regardait le cheval attaché et son harnachement, il entendit les plaintes du chevalier.

— Dame, pourquoi avez-vous failli à votre promesse de venir me retrouver ici à midi ? Vous m'avez offert mon épée, ce qui est un don mortel, car je vais m'en percer pour l'amour de vous.

Le chevalier tira l'épée brillante du fourreau. Alors Balin s'avança rapidement et lui saisit le poignet.

— Lâchez-moi ou je vous tue, s'écria le chevalier.

— Il n'en sortira rien de bon. Je connais votre secret et je vous promets de vous ramener votre dame si vous me dites où la trouver.

— Qui êtes-vous ? demanda le chevalier.

— Sire Balin.

— Je connais votre renommée. Vous êtes le Chevalier aux Deux Epées, et l'on dit que vous êtes l'un des meilleurs chevaliers du monde.

— Quel est votre nom ?

— Sire Garnish de la Montagne. Je suis le fils d'un

homme pauvre, mais comme je l'ai bien servi au combat, le duc Harmel m'a pris sous sa protection, m'a armé chevalier et octroyé des terres. C'est sa fille que j'aime, et je croyais qu'elle m'aimait.

– Est-elle loin ? demanda Balin.

– A six milles seulement.

– Alors pourquoi demeurez-vous ici à vous lamenter ? Allons la chercher et découvrons la raison de son manquement.

Ils chevauchèrent ensemble jusqu'à un château bien construit, entouré de hautes murailles et de douves.

– Attendez-moi, dit Balin. Je vais entrer dans le château et j'essaierai de la trouver.

Balin entra dans le château et ne trouva personne. Il chercha dans toutes les salles et dans toutes les pièces, et finit par découvrir la chambre d'une dame, mais le lit était vide. De la fenêtre, il jeta un coup d'œil dans le merveilleux petit jardin à l'intérieur des murs et, à l'ombre d'un laurier, il vit, tendrement enlacés et endormis sur un drap de soie verte, leurs têtes reposant sur un oreiller d'herbe et de tendres plantes, la dame du lieu et son ami. La dame était belle, mais son ami était un homme laid, velu, lourd et gauche.

Balin retraversa tranquillement chambres et salles. Arrivé à la porte du château, il raconta à sire Garnish ce qu'il avait vu et le mena sans bruit jusqu'au jardin. Quand le chevalier vit sa dame dans les bras d'un autre, il entra dans une grande fureur, ses veines éclatèrent et le sang lui coula du nez et de la bouche. Aveuglé par la rage, il tira son épée et trancha les têtes des amants endormis. Soudain, la rage disparut, il se sentit faible et dolent, et se mit à blâmer amèrement Balin.

– Vous n'avez fait que m'apporter chagrin sur chagrin. Si vous ne m'aviez pas amené ici, je n'aurais rien su.

Balin répondit avec colère :

– Ne valait-il pas mieux savoir ce qu'elle était vraiment et être ainsi guéri de votre amour pour elle ? Je n'ai fait que ce que j'aurais voulu que l'on fît pour moi.

— Vous avez doublé mon chagrin, dit sire Garnish. A cause de vous j'ai tué ce que j'aimais le plus au monde et je ne peux plus vivre.

Soudain, il se perça le cœur de son épée sanglante et tomba mort aux côtés des amants décapités.

Le château était désert. Balin savait que si on le trouvait là, on le désignerait comme étant le meurtrier. Il sortit rapidement et s'enfonça dans la forêt. Là, il sentit sur lui le poids de son noir destin, il lui sembla que les rideaux de sa vie se fermaient et qu'il chevauchait dans une brume de désespoir.

Au bout d'un moment, il parvint à une croix de pierre sur laquelle était gravée l'inscription suivante :

Aucun chevalier
ne doit s'aventurer seul ici

Tandis que Balin lisait l'inscription, un vieillard aux cheveux blancs s'approcha de lui et lui dit :

— Sire Balin, c'est là la frontière de votre vie. Tournez bride et vous pourrez vous sauver.

Puis le vieillard s'évanouit.

Alors Balin entendit dans un cor de chasse la sonnerie qui annonce la mort du cerf. Il dit d'un air sombre :

— Cette sonnerie de mort est pour moi. Je suis le gibier, mais je ne suis pas encore mort.

Soudain une foule de gens l'entoura, une centaine de belles dames et maints chevaliers vêtus de riches et brillantes armures, et tous lui firent bon accueil, et le calmèrent, et le chérirent, et l'emmenèrent dans un château voisin. Là, il fut désarmé puis, vêtu d'une douce et riche robe, il fut conduit dans la grande salle où il y avait musique, danse, gaieté et fragile joie.

Lorsque Balin fut réconforté, la Dame du Château vint à lui et lui dit :

— Sire Chevalier aux Deux Epées, c'est la coutume ici que tous les chevaliers de passage joutent avec un champion qui garde une île proche.

— Ce n'est pas, répondit Balin, une heureuse coutume que de forcer un chevalier à jouter contre sa volonté.

– Il n'y a qu'un adversaire. Est-ce que Balin le preux aurait peur d'un seul adversaire ?

– Dame, dit Balin, je ne crois pas que j'aie peur. Cependant, un homme qui vient de faire un long voyage peut être las et son cheval épuisé. J'ai le corps harassé, mais l'esprit frais.

Puis, sans espoir, il ajouta :

– Si je dois le faire, je le ferai, et je serai heureux de trouver ici la mort, le repos et la paix.

Alors un chevalier, qui se tenait près de lui, dit :

– J'ai examiné votre armure. Votre écu est petit et les poignées sont mal assujetties. Prenez le mien. Il est grand et bien fait.

Balin protesta, mais le chevalier insista en disant :

– Je vous prie de le prendre pour plus de sûreté.

Avec lassitude, Balin s'arma et le chevalier lui apporta un écu flambant neuf qu'il lui passa de force. Balin était trop las et avait l'esprit trop confus pour discuter, mais, se rappelant que son écuyer lui avait dit qu'il était un chevalier obstiné et que c'était là son défaut, il accepta l'écu, enfourcha sa monture et se dirigea lentement vers un lac au milieu duquel il y avait une petite île, si proche du château que les remparts la surplombaient. Dames et chevaliers étaient massés sur les remparts pour assister au combat.

Une barque assez grande pour embarquer cheval et cavalier attendait sur la rive. Balin y monta et fut, à la rame, conduit jusqu'à l'île où l'attendait une demoiselle, qui lui dit :

– Sire Balin, pourquoi n'avez-vous pas un écu à vos armes ?

– Je ne le sais pas, répondit Balin. Je suis moulu par le malheur et mon esprit n'y voit plus clair. Je regrette d'être venu dans ce lieu, mais puisque j'y suis, j'irai de l'avant. Je serais honteux de revenir en arrière. Non. J'accepterai ce qui viendra, ma vie ou ma mort.

En habitué des champs de bataille, il vérifia ses

armes et resserra la sangle de sa selle. Puis il enfourcha sa monture et, après avoir dit une prière et abaissé la visière de son heaume, il se dirigea vers une petite habitation qui se trouvait sur l'île, observé de la tour par les chevaliers et les dames.

Alors un chevalier en armure rouge, monté sur un cheval harnaché de rouge, vint à sa rencontre. C'était Balan. Quand il vit que son adversaire portait deux épées, il pensa que c'était son frère, mais à la vue des armes peintes sur l'écu, il fut certain que ce ne pouvait pas l'être.

Dans un effrayant silence, les deux fer-vêtus couchèrent leur lance et se rencontrèrent. Les deux lances frappèrent juste, aucune ne se rompit et les deux chevaliers furent projetés sur le sol. La chute fut douloureuse pour Balin, et il avait le corps moulu de fatigue. Balan fut le premier à se remettre. Il se leva et courut sus à Balin, qui l'affronta en chancelant.

Balan porta le premier coup mais, levant son écu, Balin le para et, frappant par-dessous, il perça le heaume de son adversaire, puis frappa une nouvelle fois et fit chanceler Balan. Alors ils rompirent et poursuivirent le combat avec plus de prudence, frappant et parant jusqu'à ce qu'ils fussent hors d'haleine.

Levant les yeux vers les tours, Balin vit les dames en brillants atours qui les regardaient, et s'approcha de nouveau de son adversaire. Puisant dans la rage du combat des forces nouvelles, ils frappèrent férocement d'estoc et de taille, et les lames entaillèrent les armures, et le sang commença à couler à flots. Ils se reposèrent un moment, puis le combat mortel reprit, chacun essayant de tuer l'autre avant d'avoir perdu trop de sang; l'un et l'autre s'infligèrent de mortelles blessures, puis Balan chancela et s'effondra sur le sol, trop faible pour lever la main.

Alors Balin s'appuya sur son épée et dit :

— Qui êtes-vous ? Je n'ai jamais rencontré nulle part un chevalier capable de me résister.

Et le mourant répondit :

— Je me nomme Balan et je suis le frère du fameux chevalier Balin.

A ces mots, Balin eut un vertige et tomba sur le sol, pâmé. Quand il reprit ses sens, rampant sur les mains et les genoux, il délaça le heaume de Balan, et quand il vit son visage tailladé et couvert de sang, il ne le reconnut pas. Alors il posa la tête sur la poitrine de son frère et, les yeux ruisselants de larmes, s'écria :

— Oh! mon frère, mon cher, cher frère! Je vous ai tué et vous m'avez blessé à mort.

— J'ai vu les deux épées, répondit Balan d'une voix faible, mais il y avait sur l'écu des armes que je ne connaissais pas.

— C'est un chevalier de ce château qui m'a fait prendre cet écu. Il savait que vous auriez reconnu le mien. Si je survis, je détruirai ce château et ses funestes coutumes.

— Je souhaite que vous puissiez le faire, dit Balan. Ils m'ont fait combattre sur cette île, et lorsque j'ai défait leur champion, ils m'ont forcé à prendre sa place et ne m'ont pas laissé partir. Si vous vivez, mon frère, ils vous garderont ici pour que vous combattiez pour leur plaisir, et vous ne pourrez pas fuir sur l'eau.

La barque amena sur l'île la Dame du Château et sa suite, et les deux frères la prièrent de les ensevelir ensemble.

— Nous sommes issus d'un seul ventre, dirent-ils, et nous entrerons dans une seule tombe.

La dame promit qu'il serait fait selon leur désir.

— A présent, faites venir un prêtre, dit Balin. Nous voulons recevoir en sacrement le corps sacré de Notre-Seigneur Jésus-Christ.

Ceci fut fait, et Balin dit :

— Faites écrire sur notre tombe comment le mauvais sort fit que deux frères s'entre-tuèrent, de façon à ce que les chevaliers de passage puissent prier pour nous.

Alors Balan mourut, mais la vie de Balin en lui

paressa jusqu'à l'heure de minuit, et dans les ténèbres les deux frères furent enterrés ensemble.

Le lendemain matin, Merlin apparut et, grâce à son art, éleva aux deux frères un tombeau sur lequel, en lettres d'or, il écrivit leur histoire.

Puis il fit maintes prophéties pour les temps à venir : comment viendraient Lancelot, puis Galahad. Puis il prédit des événements tragiques : comment Lancelot tuerait Gauvain, son meilleur ami.

Après avoir fait maintes prédictions étranges, Merlin se rendit chez le roi Arthur et lui conta l'histoire des deux frères. Alors le roi fut rempli de tristesse et dit :

– Deux pareils chevaliers, il n'y en a pas d'autres dans le monde entier.

Ainsi s'achève le conte de Balin et Balan
deux frères nés en Northumberland
qui furent preux chevaliers
comme jamais en ce temps-là

Explicit

LE MARIAGE DU ROI ARTHUR

Comme les conseils de Merlin s'étaient si souvent révélés précieux, le roi Arthur avait pris l'habitude de le consulter, tant au sujet de la guerre et du gouvernement, que pour ses projets personnels. C'est ainsi qu'un jour il appela Merlin et lui dit :

– Vous savez que certains de mes barons sont toujours rebelles. Il serait peut-être bon que je prenne femme pour assurer la succession de ma couronne.

– C'est un bon raisonnement, dit Merlin.

– Mais je ne veux pas choisir une reine sans votre avis.

– Merci, mon seigneur, dit Merlin. Quelqu'un dans votre position doit absolument prendre femme. Y a-t-il une dame qui vous plaise plus que toutes les autres ?

– Oui, dit Arthur. J'aime Guinevere, la fille du roi Lodegrance de Camylarde. C'est la plus belle et la plus noble demoiselle que j'aie jamais vue. Ne m'avez-vous pas dit que mon père, le roi Uther, a jadis donné une grande table ronde au roi Lodegrance ?

– Cela est vrai, dit Merlin. Et Guinevere est sûrement aussi belle que vous le dites, mais si vous ne l'aimez pas d'amour, je pourrai vous en trouver une autre dont la grâce et la beauté vous plairont autant. Cependant, si votre cœur s'est fixé sur Guinevere, vous ne regarderez personne d'autre.

– C'est la vérité, dit le roi.

– Si je vous prévenais que le choix de Guinevere est malheureux, changeriez-vous d'avis ?

– Non.

– Alors, si je vous disais que Guinevere vous sera infidèle avec votre plus cher et plus sûr ami...

– Je ne vous croirais pas.

– Bien sûr que non, dit tristement Merlin. Tout homme croit dur comme fer que les détours de la destinée sont annulés par l'amour. Même moi, qui sais sans le moindre doute que ma mort sera causée par une petite bécasse, je n'hésiterai pas quand je la verrai passer. Vous épouserez donc Guinevere. Vous ne voulez pas mes conseils. Seulement mon accord. Parfait, donnez-moi une escorte d'honneur et j'irai dans les formes faire votre demande au roi Lodegrance et à Guinevere.

Et Merlin, royalement escorté, chevaucha jusqu'à Camylarde et demanda à ce souverain s'il était prêt à accorder la main de sa fille à Arthur.

– Qu'un roi aussi noble, aussi brave et aussi puissant qu'Arthur, dit Lodegrance, veuille faire de ma fille sa reine, voilà la meilleure nouvelle que j'aie jamais entendue. Je pourrais, s'il le désire, la doter en terres, mais il en a suffisamment. Je lui enverrai un don qui lui plaira plus que toute autre chose : la table ronde qu'Uther Pendragon m'a donnée. La table comprend cent cinquante sièges, et je lui enverrai cent chevaliers pour le servir. Je ne peux lui en fournir la totalité, car nombreux sont ceux qui ont été tués dans les guerres.

Alors Lodegrance confia Guinevere à Merlin, ainsi que la table ronde et cent chevaliers richement vêtus et armés, et la royale compagnie reprit le chemin de Camelot.

Transporté de joie, le roi Arthur dit :

– Cette belle dame est plus que bienvenue pour moi, car je l'ai aimée quand je l'ai vue pour la première fois. Et les cent chevaliers et la table ronde me plaisent plus que n'importe quelles richesses.

Arthur épousa Guinevere, qui fut couronnée reine avec tous les honneurs dus à son rang, et il y eut maintes réjouissances à la cour.

Après la cérémonie, Arthur se tint près de la table ronde et dit à Merlin :

– Parcourez tout mon royaume et trouvez cinquante chevaliers qui soient dignes d'appartenir à la confrérie de la Table ronde.

Merlin passa le pays au peigne fin, mais n'en trouva que vingt-huit qu'il ramena à la cour. Alors l'archevêque de Canterbury bénit les sièges de la table et Merlin dit aux chevaliers :

– Allez maintenant jurer allégeance au roi Arthur et rendez-lui hommage.

Lorsqu'ils revinrent à la table, chacun vit que son nom était écrit en lettres d'or sur son siège, mais deux sièges n'avaient pas de nom. Tandis qu'ils s'asseyaient à la table ronde, le jeune Gauvain vint à la cour et demanda que son vœu fût exaucé en l'honneur du mariage d'Arthur et de Guinevere.

– Formulez-le, dit le roi.

– Je vous demande de m'adouber, dit Gauvain.

– Je le ferai avec plaisir, répondit Arthur. Vous êtes le fils de ma sœur et je me dois de vous honorer.

Alors parut à la cour un pauvre homme accompagné d'un jouvenceau de belle tournure chevauchant une jument étique.

– Où trouverai-je le roi Arthur ? demanda le pauvre homme.

– Il est là-bas, dit un chevalier. Voulez-vous quelque chose de lui ?

– Oui, c'est pour cela que je suis venu.

Le pauvre homme s'approcha du roi, le salua, et dit :

– Meilleur des rois, que Jésus vous bénisse. On m'a dit que pour votre mariage vous ne repousseriez pas les requêtes justifiées.

– C'est vrai, dit le roi. C'est ce que j'ai promis, et je

tiendrai ma promesse si votre requête ne blesse ni ma dignité ni mon royaume. Que désirez-vous ?

– Je vous remercie, mon seigneur, dit le pauvre homme. Je désire que vous fassiez de mon fils ici présent un chevalier.

– Vous demandez une bien grande chose, dit Arthur. Quel est votre nom ?

– Sire, je me nomme Aryes et je suis vacher.

– Avez-vous pensé à cela ?

– Non, sire, dit Aryes. Je vais vous dire ce qu'il en est. J'ai treize fils et tous les autres travaillent comme je leur ai dit que de bons fils devaient le faire. Mais ce garçon ne veut pas exécuter les tâches journalières. Il passe son temps à tirer des flèches, à manier des lances et à courir les tournois pour regarder combattre les chevaliers; nuit et jour il n'a de repos, car il ne cesse de songer à la chevalerie.

Le roi se tourna vers le jeune homme.

– Quel est ton nom ? demanda-t-il.

– Sire, je me nomme Torre.

Le roi regarda le jeune homme et vit qu'il était beau, grand et bien fait; il dit alors à Aryes :

– Amène tes autres fils.

Lorsque les frères furent devant Arthur, il vit que c'étaient de simples journaliers, comme Aryes, et qu'ils n'avaient ni le même visage ni la même allure que Torre. Alors le roi dit au vacher :

– Où est l'épée avec laquelle je l'armerai chevalier ?

Torre rejeta son manteau en arrière et montra son épée.

– On ne peut être armé chevalier que si on le demande, dit Arthur. Tirez votre épée et demandez-le.

Torre descendit de sa jument étique et, tirant son épée, s'agenouilla devant le roi et le pria de l'armer chevalier et de l'adjoindre à la confrérie de la Table ronde.

– Je vais t'armer chevalier, dit le roi.

Prenant l'épée de Torre, il lui frappa symboliquement la nuque du plat de la lame en disant :

— Que Dieu fasse de vous un preux chevalier. Si vous faites preuve de bravoure et de droiture, vous appartiendrez à la Table ronde.

Puis le roi s'adressa à Merlin :

— Vous qui connaissez l'avenir, dites-nous si sire Torre deviendra un preux chevalier.

— Sire, dit Merlin, il le deviendra, car il est de sang royal.

— Comment est-ce possible ? demanda le roi.

— Je vais vous le dire, répondit l'Enchanteur. Aryes le vacher n'est ni son père ni son parent. Torre est le fils du roi Pellinore.

— Ce n'est pas vrai, dit Aryes avec colère.

Alors Merlin ordonna :

— Faites venir votre femme ici.

Et lorsqu'elle vint à la cour, on vit que c'était une personne belle et bien faite, et elle parla avec dignité. Elle raconta au roi et à Merlin que, lorsqu'elle était jeune pucelle, elle était un soir sortie pour aller traire les vaches.

— Un hautain chevalier me vit, dit-elle, et presque de force me ravit ma virginité, c'est comme cela que j'ai conçu mon fils Torre. J'avais un lévrier avec moi et ce chevalier l'emmena, disant qu'il le garderait pour l'amour de moi.

— Je voudrais que cette histoire ne soit pas vraie, dit le vacher, mais je la crois, car Torre n'a jamais été ni comme moi, ni comme mes autres fils.

Alors sire Torre, avec colère, s'adressa à Merlin :

— Messire, vous déshonorez ma mère.

— Non, répondit Merlin, je ne l'insulte pas, je l'honore. Car votre vrai père est un preux chevalier et un roi. Et il vous fera grand honneur, à vous et à votre mère. Vous avez été conçu avant son mariage avec Aryes.

— C'est la vérité, dit la femme.

Et le vacher dit :

— Je ne lui en tiendrai pas grief si cela est arrivé avant que je la connaisse.

Le lendemain matin, sire Pellinore vint à la cour. Arthur lui raconta l'histoire et lui dit comment il avait armé Torre chevalier. Lorsque Pellinore regarda son fils, il fut grandement satisfait et se réjouit.

Alors Arthur adouba Gauvain, son neveu, mais sire Torre fut le premier à l'être au cours de la fête où fut créée la confrérie de la Table ronde.

Arthur regarda la grande table, puis il demanda à Merlin :

– Pourquoi y a-t-il des sièges vacants qui ne portent pas de nom ?

– Deux de ces sièges, répondit Merlin, sont réservés à des chevaliers d'exception. Le dernier est le siège périlleux. Un seul chevalier s'y assiéra et ce sera le chevalier le plus parfait qui vivra jamais. Si quelqu'un d'autre osait s'asseoir sur ce siège, il serait détruit.

Merlin prit Pellinore par la main et le conduisit à l'un des sièges vacants.

– Voici votre siège, messire. Nul ne le mérite plus.

Voyant cela, Gauvain, rempli de rage et de jalousie, dit à voix basse à son frère Gaheris :

– Ce chevalier qui reçoit tant d'honneurs a tué notre père, le roi Lot. La lame de mon épée est prête. Je vais le tuer.

– Patientez, mon frère, conseilla Gaheris. Ce n'est pas le moment. Je ne suis pour l'instant que votre écuyer, mais lorsque je serai armé chevalier, nous le tuerons tous les deux et nous échapperons à la vengeance de la cour. Il nous en cuirait d'apporter de la violence dans cette fête.

– Peut-être avez-vous raison, dit Gauvain. Attendons notre heure.

Lorsque les préparatifs du mariage du roi Arthur et de la reine Guinevere furent enfin terminés, la royale cité de Camelot fut envahie par ce qu'il y avait de meilleur, de plus brave et de plus beau dans le royaume. Les chevaliers, les barons et leurs dames s'assemblèrent dans l'église St. Etienne, où le mariage fut célébré avec une pompe royale et une religieuse solennité. Puis tous se rendirent à la fête, hôtes et suivantes, chacun occupant la place qui lui était assignée dans le monde.

Alors Merlin dit :

– Que tout le monde fasse silence et que personne ne bouge de son siège. Voici venu le temps des merveilles, vous allez voir d'étranges événements.

Tous restèrent assis immobiles sur leurs sièges, comme des statues de sel, et la grande salle se remplit de silence et d'attente. Le temps des préparatifs était terminé : Arthur était roi et la Table ronde était fondée, avec son code d'honneur, de bravoure et de courtoisie. Tous étaient là, chacun occupant son siège, le roi au-dessus, rigide et silencieux, Merlin près de lui, à l'écoute. Ils auraient pu être endormis, comme ils l'ont été et le seront bien des fois, endormis mais à l'écoute du besoin, de la peur et de la détresse, ou de la pure aventure dorée qui les tirerait de leur sommeil. Le roi Arthur et ses chevaliers, attendant silencieux dans la grande salle de Camelot.

Alors se fit entendre le bruit rapide de sabots fourchus frappant les dalles : un cerf blanc bondit dans la grande salle, serré de près par une chienne d'un blanc pur, et suivi par une hurlante meute noire. D'un bond, le cerf franchit la table ronde, la chienne sur les talons et, tandis qu'il passait à toute allure près d'un buffet, la chienne blanche s'accrocha à son flanc et lui arracha un morceau de chair. De douleur, le cerf blanc bondit en l'air et renversa un chevalier assis. Alors le chevalier prit la chienne dans ses bras et la transporta hors de la salle, puis enfourcha sa monture et s'éloigna, portant toujours la chienne, tandis que le cerf blanc disparaissait en quelques bonds, la meute de chiens noirs toujours à ses trousses.

Tandis que la grande salle reprenait vie, une dame montée sur un palefroi blanc parut à la cour et interpella le roi.

— Sire, ce chevalier a pris ma chienne blanche. Ne tolérez pas cette insulte, mon seigneur.

— Cela ne me regarde pas, dit le roi.

Un chevalier en armes, monté sur un grand cheval de guerre, arriva au galop et, saisissant les rênes du palefroi, obligea la dame à quitter la salle, malgré ses cris de rage et ses plaintes. Lorsqu'elle fut partie, le roi se réjouit, car elle faisait grand bruit, mais Merlin lui fit des reproches.

— Vous ne pouvez pas savoir comment une aventure commence, dit-il. La grandeur naît petite. Ne déshonorez pas votre fête en ignorant ce qui s'y passe. Telle est la loi de la quête.

— Très bien, répondit Arthur. Je suivrai la loi.

Il ordonna à sire Gauvain de tuer le cerf blanc et de l'apporter au festin. Puis il envoya sire Torre à la recherche du chevalier qui avait pris la chienne blanche. Enfin, il donna l'ordre à sire Pellinore de se mettre en quête de la dame et du chevalier violent, et de les ramener à la cour.

— Telles sont vos quêtes, dit Arthur. Puissiez-vous avoir des aventures merveilleuses à raconter quand vous reviendrez.

Les trois chevaliers acceptèrent leur quête, puis ils s'armèrent et partirent au galop. Le conte va narrer séparément leurs aventures.

Ici est relaté le premier combat que sire Gauvain livra après avoir été armé chevalier

Sire Gauvain et son frère, Gaheris, qui lui servait d'écuyer, chevauchaient dans la campagne verdoyante lorsqu'ils tombèrent sur deux chevaliers engagés dans une joute sans merci. Les deux frères les séparèrent et leur demandèrent la raison de leur querelle.

— C'est une querelle personnelle, dit l'un des chevaliers. Nous sommes frères.

— Il n'est pas bien que des frères s'entre-tuent, dit Gauvain.

— C'est votre opinion, dit le chevalier. Nous chevauchions vers la fête que donne le roi Arthur à sa cour, lorsque nous avons vu passer un cerf blanc, poursuivi par une chienne blanche et une meute de chiens noirs. Nous avons compris que c'était là une étrange aventure, digne d'être racontée à la cour, et je me suis préparé à prendre le cerf en chasse afin de me faire du renom devant le roi. Mon frère a dit alors que c'était lui qui irait, car il était meilleur chevalier que moi. Nous avons discuté un moment pour savoir qui de nous deux était le meilleur, puis nous avons décidé que les armes étaient la seule manière de le savoir.

— C'est une mauvaise raison, dit Gauvain. Vous devriez prouver votre valeur contre des étrangers, pas en luttant entre frères. Allez à la cour d'Arthur et demandez-lui pardon de cette folie, ou je vous combattrai tous les deux et vous y emmènerai moi-même.

— Sire chevalier, répondirent les deux frères, de par notre obstination, nous sommes épuisés et nous avons perdu beaucoup de sang. Nous ne pourrions pas combattre contre vous.

— Alors faites ce que je vous dis... Allez chez le roi.

— Nous le ferons. Mais sur la demande de qui ?

— Vous direz que vous avez été envoyés par le chevalier qui suit la quête du cerf blanc. Quels sont vos noms ?

— Sorius de la Forêt et Brian de la Forêt.

Ils partirent vers la cour et Gauvain poursuivit sa quête avec son frère.

Ils chevauchaient près d'une vallée boisée lorsque le vent leur apporta les abois d'une meute en chasse; piquant des deux, ils suivirent la meute le long de la pente jusqu'à une rivière en crue où ils aperçurent le cerf blanc qui traversait. Gauvain se préparait à le suivre, lorsqu'un chevalier s'avança sur l'autre rive et l'interpella :

– Sire chevalier, si vous voulez suivre cette chasse, il vous faudra d'abord jouter avec moi.

– Je suis en quête, répondit Gauvain. Je prends toutes les aventures qui viennent.

Il poussa son cheval dans le courant rapide, vers la rive où le fer-vêtu l'attendait, visière baissée et lance couchée. Ils joutèrent. Gauvain désarçonna son adversaire et lui demanda de se rendre.

– Non, répondit le chevalier. Vous m'avez battu à cheval, mais je vous prie, vaillant chevalier, de mettre pied à terre et de prouver que vous pouvez faire aussi bien à l'épée.

– J'y consens, dit Gauvain. Quel est votre nom ?

– Sire Alardine des Iles Lointaines.

Gauvain descendit de cheval, se couvrit de son écu, et du premier coup fendit le heaume et la cervelle du chevalier qui tomba mort devant lui.

Sans s'attarder, Gauvain et son frère reprirent la chasse : après une longue traque, le cerf épuisé passa les portes d'un château et les deux frères l'y poursuivirent, l'acculèrent dans la grande salle et l'y achevèrent. Alors un chevalier sortit d'une pièce voisine, une épée à la main, tua deux chiens, parmi les plus acharnés, puis chassa de la salle le reste de la meute. Quand il revint, il s'agenouilla près du beau cerf et dit avec tristesse :

– Mon doux ami blanc, ils t'ont tué. La souveraine de mon cœur t'avait donné à moi et je n'ai pas pris soin de toi.

Puis il releva la tête avec colère.

– C'est une mauvaise action, dit-il. Je te vengerai, ma beauté.

Il courut à sa chambre, s'arma, et ressortit plein de fureur.

Sire Gauvain s'avança vers lui et lui dit :

— Pourquoi avez-vous passé votre colère sur les chiens ? Ils n'ont fait que ce qu'ils ont l'habitude de faire. J'ai tué le cerf. Passez votre colère sur moi, pas sur une bête muette.

— Cela est vrai, s'écria le chevalier. Je me suis vengé des chiens, maintenant je vais me venger de vous.

Le combat commença, chacun frappant d'estoc et de taille, parant les coups de l'autre et le blessant, si bien que le sang gicla sur le sol, mais peu à peu la force de Gauvain finit par prévaloir et, d'un dernier coup pesant, il étendit son adversaire, qui se rendit et le pria de lui laisser la vie sauve.

— Vous mourrez pour avoir tué mes chiens, dit Gauvain.

— Je ferai ce que vous me demanderez pour m'amender, dit le chevalier vaincu.

Mais sire Gauvain était sans pitié et il lui délaça le heaume pour lui couper la tête. Il levait son épée lorsqu'une dame sortit en courant de la chambre, trébucha sur le chevalier à terre, et tomba de tout son long sur lui. L'épée qui s'abaissait brisa la nuque de la dame qui mourut sur le corps du chevalier.

Alors Gaheris dit amèrement :

— Vous avez commis un acte déloyal, mon frère, un acte honteux qui restera attaché à votre mémoire. Il a crié merci et vous avez refusé ! Un chevalier sans merci est un chevalier sans honneur.

Gauvain était frappé de stupeur par l'accident mortel survenu à la dame.

— Levez-vous. Je vous fais grâce, dit-il au chevalier.

— Comment pourrais-je vous croire, alors que vous venez de tuer comme un lâche la dame de mon cœur ?

— J'en suis affligé, dit Gauvain. Je n'ai pas voulu la frapper. Le coup vous était destiné. Je vous fais grâce à une condition : que vous vous rendiez à la cour du roi Arthur et que vous lui racontiez toute l'histoire en lui disant que vous êtes envoyé par le chevalier de la quête du cerf blanc.

– Pourquoi me soucierais-je de vos conditions, dit le chevalier, alors que je ne me soucie pas de vivre ou de mourir ?

Mais lorsque Gauvain se prépara à le tuer, il changea d'idée et accepta les conditions; Gauvain lui fit porter un chien mort devant lui sur sa selle, et l'autre derrière, pour qu'il prouve la véracité de son histoire.

– Avant de partir, dites-moi votre nom, demanda Gauvain.

– Je suis sire Blamoure des Mares, répondit le chevalier, et il s'en fut en direction de Camelot.

Lorsqu'il fut parti, Gauvain rentra dans le château et, dans une chambre, il commença à ôter son armure, car il était las et souhaitait prendre du repos. Gaheris le suivit et lui dit :

– Que faites-vous là ? Vous ne pouvez vous désarmer en cet endroit. Les nouvelles de votre acte vont faire surgir des ennemis partout.

Il n'avait pas plus tôt prononcé ces paroles que parurent quatre chevaliers, armés d'un écu et d'une épée, qui maudirent Gauvain en disant :

– Vous venez d'être adoubé et il y a déjà une tache sur votre honneur, car un chevalier sans merci est déshonoré. Vous avez également tué une belle dame, et votre nom portera à jamais ce fardeau. Vous qui êtes sans pitié, vous allez en avoir besoin.

L'un des chevaliers porta à Gauvain un coup qui le fit chanceler, mais Gaheris vint à l'aide de son frère, et ils se défendirent tous les deux contre les quatre adversaires qui les attaquèrent en même temps. Reculant de quelques pas, l'un des chevaliers prit un arc et planta une flèche à pointe d'acier dans le bras de Gauvain, qui ne put plus se défendre; les deux frères allaient être vaincus lorsque quatre dames pénétrèrent dans la salle et demandèrent grâce pour eux. A leur requête, les chevaliers firent grâce aux deux frères, qui se retrouvèrent prisonniers.

Tôt le lendemain, alors que Gauvain gémissait sur sa couche, l'une des dames l'entendit et vint le trouver.

– Comment vous sentez-vous ? lui demanda-t-elle.

– Guère bien, répondit Gauvain. J'ai grand-peine et je crois que je suis brisé pour la vie.

– C'est de votre faute, dit la dame. Vous avez agi de manière déloyale en tuant la dame du château. N'êtes-vous pas l'un des chevaliers du roi Arthur ?

– J'en suis un.

– Quel est votre nom ?

– Belle dame, je suis sire Gauvain, fils du roi Lot d'Orkney. Ma mère est la sœur du roi Arthur.

– Vous êtes un neveu du roi, dit la dame. Je vais plaider votre cause.

Lorsqu'elle dit aux chevaliers qui il était, ils le laissèrent aller, car ils étaient loyaux envers Arthur, et ils lui donnèrent la tête du cerf blanc pour qu'il pût prouver que la quête était achevée. Mais en punition de son acte, ils lui pendirent autour du cou la tête de la dame qu'il avait tuée, et lui firent porter le corps décapité en travers de sa selle.

Lorsqu'il parvint enfin à Camelot et parut devant le roi et la confrérie, Gauvain raconta humblement toute l'histoire.

Le roi et la reine furent fâchés qu'il eût occis la dame. Alors Guinevere le chargea d'une quête éternelle : sa vie durant, Gauvain devrait défendre toutes les dames et combattre pour leur cause. Et elle lui ordonna en outre de se montrer toujours courtois et de faire grâce quand on le lui demanderait.

Et Gauvain jura sur les quatre Evangiles de ne pas manquer à sa quête.

Et ainsi se termina l'aventure
entreprise par sire Gauvain
lors du mariage d'Arthur

A présent le conte narre la quête de sire Torre.

Lorsqu'il se fut armé et préparé, il se mit à la poursuite du chevalier qui avait enlevé la chienne blanche et, en chemin, rencontra un nain qui lui barra le passage; sire Torre voulut forcer le passage, mais le nain, d'un coup de bâton, frappa les naseaux du cheval qui recula et faillit tomber en arrière.

– Pourquoi avez-vous fait cela? demanda Torre.

– Vous ne passerez pas avant d'avoir jouté contre les deux chevaliers qui sont là-bas, dit le nain.

Dans une clairière, sire Torre aperçut deux tentes. Deux lances étaient appuyées contre les arbres, et deux écus suspendus aux branches.

– Je ne peux pas m'arrêter, dit Torre. Il faut que je poursuive ma quête.

– Vous ne passerez pas, répéta le nain, qui souffla dans sa corne et en tira une sonnerie perçante.

Un chevalier en armes sortit de derrière les tentes, prit une lance et un écu, et fonça sur sire Torre, mais le jeune homme le désarçonna.

Alors le vaincu demanda grâce et l'obtint.

– Mon compagnon, dit-il, va demander à jouter contre vous.

– Il sera le bienvenu, dit Torre.

Le second fer-vêtu arriva ventre à terre; sa lance se rompit sous le choc, mais celle de Torre passa sous l'écu et le blessa au côté. Tandis qu'il se relevait avec peine, Torre mit rapidement pied à terre et lui assena un formidable coup sur le heaume, qui le terrassa si bien qu'il demanda grâce.

– Je vous laisse la vie sauve, dit Torre, à condition que vous vous rendiez à la cour du roi Arthur et que vous vous soumettiez à lui comme étant mes prisonniers.

– Par qui dirons-nous que nous avons été défaits? demandèrent-ils.

– Dites que vous êtes envoyés par celui qui est en quête du chevalier à la chienne blanche. Maintenant, allez, et que Dieu nous aide, vous et moi.

Alors le nain s'approcha et demanda une faveur.

— Que veux-tu ? demanda Torre.

— Seulement vous servir, dit le nain.

— Très bien, prends un cheval et viens avec moi.

— Si vous cherchez le chevalier à la chienne blanche, dit le nain, je sais où le trouver.

— Alors mène-moi à lui, dit Torre.

Ils traversèrent une forêt, puis parvinrent à un prieuré près duquel deux tentes étaient dressées; l'une était ornée d'un écu rouge, l'autre d'un écu blanc.

Sire Torre mit pied à terre et, après avoir donné sa lance au nain, il se dirigea vers la tente où était suspendu l'écu blanc et vit à l'intérieur trois demoiselles qui dormaient. Il regarda à l'intérieur de l'autre tente : une dame y dormait, mais près d'elle était la chienne blanche de sa quête, qui se mit à pousser de furieux aboiements. Il la prit et revint vers le nain avec la chienne hurlante. Le bruit réveilla la dame, qui sortit de sa tente ainsi que les trois demoiselles.

— Pourquoi avez-vous pris ma chienne ? s'écria la dame.

— Cette chienne est l'objet de ma quête, dit Torre. Je l'ai suivie depuis la cour du roi Arthur.

— Sire chevalier, dit la dame, vous n'irez pas loin.

— Dame, répondit Torre, par la grâce de Dieu, j'accepterai ce qui viendra.

Enfourchant sa monture, il reprit le chemin de Camelot et, quand la nuit vint à tomber, il demanda au nain s'il ne connaissait pas quelque abri dans le voisinage.

— Il n'y a qu'un ermitage, dit le nain. Nous devons prendre ce que nous trouverons.

Et il mena sire Torre à une sombre cellule de pierre, près d'une chapelle. L'ermite leur donna ce qu'il avait, un peu de pain rassis pour souper, et ils dormirent sur les dalles froides de la cellule. Le lendemain matin, ils entendirent la messe dans la chapelle, puis sire Torre demanda sa bénédiction à l'ermite, et se mit en route vers Camelot.

Ils n'étaient pas depuis longtemps partis qu'ils entendirent derrière eux le galop d'un cheval.

– Messire, cria un chevalier, rendez-moi le chien que vous avez pris à ma dame.

Torre fit volte-face et vit que le chevalier était un bel homme, bien monté et armé de pied en cap. Alors il demanda sa lance au nain, se couvrit de son écu et chargea : le choc fut si violent que les deux montures roulèrent sur le sol. Les deux chevaliers s'en libérèrent et, tirant l'épée, se battirent comme des lions. Déchirant écu et armure, leurs épées pénétrèrent dans les chairs, un épais sang chaud jaillit des cottes de mailles fendues, et une grande fatigue s'abattit sur eux. Cependant Torre sentit que son adversaire faiblissait et, rassemblant ses jeunes forces, il poursuivit son avantage pour, d'un ultime coup puissant, étendre le chevalier sur le sol et lui faire crier grâce.

– A moins que vous me rendiez la chienne blanche, je ne crierai pas grâce tant que j'aurai un souffle de vie.

– Je ne le puis, dit sire Torre. J'ai fait vœu de vous ramener, vous et la chienne blanche, au roi Arthur.

Alors une demoiselle qui galopait sur un palefroi s'arrêta devant eux et dit :

– Doux sire, je vous prie de m'accorder une faveur. Et si vous aimez le roi Arthur, vous me l'accorderez.

– Quelle que soit la faveur, je vous l'accorderai, répondit Torre sans réfléchir.

– Merci, noble sire. Ce chevalier vaincu se nomme sire Arbellus. C'est un meurtrier et un félon. Je demande sa tête.

– A présent, je regrette ma promesse, dit Torre. S'il vous a fait injure, peut-être peut-il s'amender.

– Seule sa mort me donnera réparation, dit la demoiselle. Il a livré combat à mon frère, l'a vaincu, et mon frère a crié merci. Je me suis agenouillée dans la boue et je l'ai supplié de l'épargner, mais il a refusé et l'a tué sous mes yeux. C'est un félon qui a blessé maints preux chevaliers. Maintenant, tenez votre promesse, ou je vous ferai honte à la cour d'Arthur en racontant comment vous vous êtes parjuré.

Quand Arbellus entendit cela, il fut rempli de terreur et demanda grâce à Torre, qui fut abasourdi.

– Tout à l'heure, dit-il, j'ai offert de vous faire grâce et vous avez refusé de vous rendre si je ne vous donnais pas la chienne blanche de ma quête. Mais à présent que j'ai fait cette triste promesse, vous vous rendez et demandez la grâce que vous avez refusée !

Pris de panique, Arbellus fit demi-tour et s'enfuit sous les arbres; Torre le poursuivit, le tua d'un coup d'épée, puis il se pencha avec lassitude au-dessus du corps.

La demoiselle le rejoignit et dit :

– Très bien. C'était un meurtrier. La nuit tombe et vous êtes las. Venez vous reposer dans ma demeure.

– J'y consens, dit Torre. Mon cheval et moi avons eu peu de repos et encore moins de nourriture depuis que nous avons quitté Camelot pour cette quête.

Il la suivit et, à son logis, fut accueilli par son époux, un vieux et loyal chevalier; après s'être restauré de bonne nourriture et de boisson, il fut conduit à une couche agréable où il s'endormit d'un sommeil sans rêves. Le lendemain, après avoir entendu la messe, alors qu'il se préparait à les quitter, le vieux chevalier et sa jeune épouse lui demandèrent son nom.

– Je suis sire Torre, dit-il. Je viens d'être adoubé et c'était ma première quête : ramener Arbellus et la chienne blanche à la cour du roi Arthur.

– En vérité, vous avez accompli votre quête, dit la dame. Et quand à l'avenir vous passerez par ici, sachez que cette demeure est la vôtre et que nous sommes vos serviteurs pour vous y accueillir.

Torre chevaucha en direction de Camelot et y parvint le troisième jour à midi; le roi, la reine et toute la compagnie étaient assis dans la grande salle, et tous furent heureux de son retour. Selon la coutume, il raconta son aventure et en fournit comme preuves la chienne blanche et le corps d'Arbellus – et le roi comme la reine furent satisfaits de lui.

Alors Merlin dit :

– Il est parti en quête sans aide et sans serviteur. Pellinore, son père, lui a donné un vieux cheval, et Arthur une armure hors d'usage ainsi qu'une épée. Mais ceci n'est rien en comparaison de ce qu'il accomplira. Il deviendra un noble et valeureux chevalier, galant et courtois, et aucune tache ne souillera jamais sa chevalerie.

Lorsque Merlin eut parlé, le roi Arthur donna à sire Torre un comté et une place d'honneur à la cour.

Et ici se termine la quête de sire Torre
le fils du roi Pellinore

A présent le conte narre la quête de sire Pellinore qui devait ramener la dame enlevée de force à la cour.

Tandis que le roi Arthur et ses preux chevaliers étaient assis dans la grande salle sombrement éclairée, festoyant et écoutant le chant des ménestrels, Pellinore se rendit à son logis, s'arma et, quand il vit que son cheval était prêt, équipé et caparaçonné, il se mit en selle et partit d'un trot rapide à la poursuite de la dame qui, contre sa volonté, avait été enlevée par un chevalier inconnu. Il pénétra dans la forêt et parvint à une petite vallée ombragée où, près d'une source jaillissante, il vit une demoiselle assise sur le sol recouvert de mousse, qui tenait un chevalier blessé dans ses bras. Quand elle aperçut Pellinore, la demoiselle l'appela :

– Sire chevalier, pour l'amour de Dieu, aidez-moi.

Impatient de poursuivre sa quête, Pellinore ne s'arrêta pas. La demoiselle continua de le supplier, mais quand elle comprit qu'il ne s'arrêterait pas, elle pria tout haut Dieu que Pellinore fût un jour dans une situation aussi désespérée que la sienne et qu'il ne trouvât nulle part aucune aide.

(Le conte dit que, peu après, le chevalier blessé mourut dans les bras de la demoiselle qui, de désespoir, se tua.)

Pellinore descendit le sentier de la vallée et rencontra un pauvre homme à qui il demanda s'il n'avait pas vu un fer-vêtu emmenant une dame contre sa volonté.

– Pour ça, oui, dit l'homme. Je les ai vus tous les deux, et la dame se plaignait tant que sa voix résonnait dans toute la vallée. Un peu plus bas, poursuivit l'homme, vous verrez deux tentes. L'un des chevaliers là-bas a défié le compagnon de la dame en disant qu'elle était sa cousine. L'un a dit que la dame était sienne en vertu de la force, l'autre qu'elle l'était en vertu du sang; ils ont discuté, puis ils se sont insultés et défiés; enfin, ils se sont décidés à combattre. Alors je me suis éloigné, car il n'est pas sage qu'un pauvre homme demeure à proximité de chevaliers à l'humeur belliqueuse. Mais si vous vous hâtez, vous les trouverez toujours en train de combattre. La dame est sous la tente, gardée par deux écuyers, elle attend l'issue du combat.

– Je te remercie, dit Pellinore.

Il mit son cheval au galop et arriva bientôt devant les tentes où les deux chevaliers combattaient toujours sous les yeux de la dame, à l'abri de la tente.

Pellinore s'approcha d'elle et lui dit :

– Belle dame, vous devez m'accompagner à la cour du roi Arthur. J'ai fait vœu de vous y ramener.

Mais les écuyers s'interposèrent, et l'un dit :

– Messire, vous voyez de vos yeux que ces deux chevaliers se battent pour cette dame. Allez les séparer et, s'ils en conviennent, vous pourrez faire de la dame ce qu'il vous plaira. Sans cela, nous ne pouvons pas la laisser aller.

– Je vois que vous obéissez aux ordres, dit Pellinore.

Il s'éloigna et, faisant avancer son cheval entre les deux combattants, leur demanda courtoisement pourquoi ils se battaient.

– Sire chevalier, dit l'un, cette dame est ma cousine, et lorsque j'ai ouï dire qu'elle avait été enlevée de force, j'ai défié son ravisseur.

– Je me nomme sire Ontelake de Wenteland, dit l'autre d'un ton rude. J'ai pris cette dame grâce à ma bravoure et par la force des armes comme c'est mon droit.

– Cela n'est pas vrai, dit Pellinore. J'étais là et je vous ai vu. Vous êtes venu en armes au mariage du roi Arthur, où il n'était permis ni d'user de violence ni de porter des armes, et vous avez ravi cette dame avant que quiconque ait pu aller chercher une épée pour vous en empêcher. Parce que vous avez violé la loi de la cour du roi, j'ai fait vœu d'y ramener cette dame, et vous-même si vous étiez encore vivant. Je vous prie donc de me croire, messire, j'ai promis au roi Arthur de la ramener à la cour. Aussi cessez de combattre, car ni l'un ni l'autre n'aurez la dame. Bien sûr, si l'un de vous désire se battre avec moi pour elle, je ne refuserai pas sa requête.

Alors les deux chevaliers qui s'étaient engagés dans une lutte à mort unirent leurs forces et s'écrièrent :

– Il faudra nous combattre tous les deux avant de l'emmener !

Comme sire Pellinore essayait de dégager sa monture, sire Ontelake plongea son épée dans le flanc du cheval et cria :

– A présent, vous serez à pied comme nous.

Quittant rapidement la bête abattue, sire Pellinore tira son épée et dit d'un ton amer :

– Voilà un acte de lâche. Gardez-vous, car j'ai ici de quoi répondre à un homme qui poignarde un cheval.

Et à ces mots, Pellinore porta de taille un coup si terrible qu'il fendit le heaume et la tête d'Ontelake jusqu'au menton. Puis il se tourna vers son second adversaire, mais le chevalier, qui avait vu la force terrible du coup de Pellinore, s'agenouilla sur le sol et dit :

— Prenez ma cousine et accomplissez votre quête, mais je vous demande, en vrai chevalier, de ne pas lui apporter le déshonneur.

— Ne combattrez-vous pas pour elle ?

— Non, pas contre un chevalier tel que vous.

— Bien, dit Pellinore. Il n'est pas dans mon habitude de faillir à mes vœux de chevalerie. La dame ne sera pas molestée — cela, je vous le promets. A présent, j'ai besoin d'un cheval. Je vais prendre celui d'Ontelake.

— Non, dit le chevalier. Venez vous restaurer à mon logis, je vous donnerai une bien meilleure monture que celle-ci.

— J'y consens, dit Pellinore.

Cette nuit-là, il fit bonne chère, but du bon vin et dormit dans une couche moelleuse, et le lendemain matin, après la messe, son hôte lui demanda :

— Je dois savoir votre nom. Vous prenez ma cousine comme objet de votre quête.

— Cela est juste. Je me nomme sire Pellinore, roi des Iles et chevalier de la Table ronde.

— Je suis honoré qu'un chevalier de si grand renom escorte ma cousine. Je me nomme Meliot de Logurs et ma cousine a nom Nyneve. Le chevalier de l'autre tente, qui est mon frère d'armes, se nomme sire Bryan des Iles, et c'est un homme au cœur pur. Il ne combat aucun chevalier à moins d'y être contraint.

— Je me demandais pourquoi il n'était pas sorti combattre contre moi, dit Pellinore. Amenez-le à la cour, un jour. On vous y fera bon accueil.

— Nous viendrons tous les deux, dit sire Meliot.

Accompagné de la dame, Pellinore se mit en selle et ils chevauchèrent vers Camelot. Mais comme ils traversaient une vallée pierreuse, le cheval de la dame fit un écart, et elle fut meurtrie dans la chute.

– Mon bras me fait mal, dit-elle. Je ne peux pas aller plus loin pour le moment.

– Très bien, nous nous reposerons ici, dit Pellinore.

Il la mena dans un endroit agréablement verdoyant, à l'ombre d'un arbre, et ne fut pas plus tôt allongé près d'elle qu'il tomba dans un profond sommeil et ne se réveilla qu'à la nuit tombée. Il voulut alors partir, mais la dame dit :

– Il fait trop sombre. Nous ne pourrons pas trouver notre chemin. Enlevez votre armure et reposez-vous jusqu'à l'aube.

Un peu avant minuit, ils entendirent le trot d'un cheval.

– Ne bougez pas, dit Pellinore. Il se passe quelque chose d'étrange. Les hommes ne chevauchent pas la nuit.

Il endossa rapidement son armure. Ils restèrent tous les deux silencieux et, dans l'obscurité proche, aperçurent, dans le sentier qui courait devant leur retraite, les silhouettes indistinctes de deux chevaliers, l'un venant de Camelot, l'autre du nord.

– Quelles sont les nouvelles de Camelot ? dit l'un.

– J'ai été à la cour, répondit l'autre, et personne n'a deviné que j'y étais venu comme espion. Le roi Arthur a rassemblé une confrérie de chevaliers comme il n'en est pas d'autre au monde. Et les prouesses de ces chevaliers de la Table ronde se répandent partout. Je vais vers le nord avertir nos chefs de la puissance du roi Arthur.

– J'ai avec moi un remède contre cette puissance, dit l'autre. Une petite poudre qui fera s'évanouir son pouvoir. Nous avons auprès du roi un homme sûr qui, contre une récompense, lui versera ce poison dans sa coupe... Alors son pouvoir sera détruit.

– Méfiez-vous de Merlin, avertit le premier chevalier. Il peut deviner de telles choses.

– J'y prendrai garde, mais je ne crains rien, répondit l'autre.

Puis ils se séparèrent et chacun reprit sa route.

Lorsqu'ils furent partis, Pellinore et sa dame s'apprêtèrent rapidement et suivirent le sentier jusqu'à l'aube. Il faisait jour lorsqu'ils arrivèrent à la source où Pellinore avait refusé son aide à la demoiselle et au chevalier blessé. Les bêtes sauvages les avaient mis en pièces et avaient dévoré leurs corps, n'épargnant que leurs têtes.

Pellinore versa des larmes lorsqu'il les vit.

– J'aurais pu sauver la vie de cette demoiselle, dit-il. Mais je brûlais de suivre ma quête et je n'ai pas écouté ses suppliques.

– Pourquoi êtes-vous affligé ? Ce n'était pas votre quête, dit Nyneve avec le détachement qu'ont les dames envers les autres dames.

– Je ne sais pas, dit Pellinore, mais j'ai le cœur navré de voir que cette demoiselle, si jeune et si belle, est morte alors que j'aurais pu l'aider.

– Alors je vous conseille d'enterrer les restes du chevalier et d'apporter la tête de la demoiselle au roi Arthur, qui jugera si vous avez bien agi.

– Elle a lancé sur moi une terrible malédiction, dit Pellinore.

– N'importe qui peut le faire. Vous étiez lié par un vœu, dit Nyneve d'un air pincé. J'étais l'objet de votre quête.

Pellinore alla quérir un saint ermite dans le voisinage et lui demanda d'enterrer les os du chevalier en terre bénite et de prier pour son âme. Puis il prit la tête de la demoiselle aux cheveux d'or et fut grandement affligé quand il baissa les yeux sur le jeune et beau visage.

A midi, ils arrivèrent à Camelot, au moment où Arthur, Guinevere et toute la noble compagnie se trouvaient dans la grande salle pour le festin. Pellinore raconta sa quête et jura sur les quatre Evangiles que chaque mot de son récit était vrai.

Alors la reine Guinevere dit :

– Sire Pellinore, vous êtes grandement à blâmer pour n'avoir pas sauvé la vie de cette demoiselle.

Et le chevalier répondit :

– Madame, vous seriez à blâmer de ne pas sauver votre vie si vous le pouviez. Ma tristesse est plus grande que votre déplaisir, car j'étais si absorbé par ma quête que je n'ai pas voulu attendre, et cela sera un poids sur ma conscience tous les jours de ma vie.

Tous les yeux se tournèrent vers la place où Merlin était assis à la haute table, car ce récit avait la résonance du destin.

Lorsqu'il parla les yeux de Merlin étaient embrumés de tristesse :

– Vous avez toutes raisons de vous repentir de votre brusque hâte. La demoiselle était Alyne, votre propre fille, née de vos amours avec la Dame de Rule. Et le chevalier était sire Myles des Terres, son loyal fiancé. Ils venaient se marier à la cour lorsqu'un chevalier félon, Loraine le Sauvage, attaqua sire Myles parderrière et lui planta une lance dans le dos. Lorsque vous avez refusé votre aide, Alyne, de désespoir, s'est tuée avec l'épée de son ami.

Merlin fit une pause, puis poursuivit :

– Souvenez-vous qu'elle vous a maudit... Cette malédiction sera votre destin. Votre meilleur ami vous manquera au moment où vous en aurez le plus besoin, comme vous avez manqué à votre fille. L'homme en qui vous avez le plus confiance vous abandonnera et vous serez tué.

– Ce que vous me dites m'afflige, dit Pellinore, mais je crois que Dieu peut changer le destin. Je dois avoir foi en cela.

Ainsi prirent fin les quêtes du mariage du roi Arthur. A la dernière, furent édictées les règles de la Table ronde, que chaque chevalier jura de respecter. Ils jurèrent de ne jamais avoir recours à la violence sans bonne raison, de ne jamais commettre meurtre ni trahison. Ils jurèrent sur l'honneur de faire grâce quand grâce serait demandée, de protéger demoiselles, dames, dames d'honneur et veuves, de faire respecter leurs droits et de ne jamais charnellement les contraindre. Et ils promirent de ne jamais combattre pour une cause injuste ou un gain personnel. Tous les chevaliers de la Table ronde firent ce serment. Et chaque année, à la grande fête de la Pentecôte, ils le renouvelèrent.

Explicit le mariage du roi Arthur

LA MORT DE MERLIN

Lorsque Merlin vit Nyneve, la demoiselle que sire Pellinore avait ramenée à la cour, il sut qu'il avait rencontré son destin : dans sa vieille poitrine son cœur se mit à battre comme celui d'un jouvenceau, et son désir balaya sagesse et années. Comme il l'avait prévu, Merlin désira Nyneve plus que sa vie. Il la poursuivit de ses désirs et ne lui laissa aucun repos. Et Nyneve usa de son pouvoir sur le vieux sage pour qu'il lui enseignât ses arts magiques en échange de sa compagnie, car, étant l'une des demoiselles de la Dame du Lac, elle était déjà instruite en merveilles.

Merlin savait ce qui lui arrivait et connaissait l'issue fatale, mais il ne pouvait empêcher son cœur de brûler pour la Demoiselle du Lac.

Allant trouver le roi Arthur, il lui dit que le temps dont il avait une fois parlé était arrivé, et que sa fin était proche. Il parla au roi des événements à venir et l'instruisit sur la conduite à tenir. Puis il lui recommanda de garder précieusement son épée, Excalibur, et plus précieusement encore, le fourreau.

– Il vous sera volé par quelqu'un en qui vous avez toute confiance, dit Merlin. Vous avez des ennemis que vous ne connaissez pas.

Et il ajouta :

– Vous me regretterez et vous souhaiterez mes

conseils. Le temps viendra où vous donnerez votre royaume pour m'avoir de nouveau près de vous.

— Ceci passe mon entendement, dit le roi. Vous êtes l'homme le plus sage du monde. Vous savez ce qui se prépare. Pourquoi n'échafaudez-vous pas un plan pour vous sauver ?

— Parce que je suis sage, répondit calmement Merlin. Dans la lutte qui oppose la sagesse au sentiment, la sagesse ne gagne jamais. Je vous ai prédit ce qui vous attend dans l'avenir, mon seigneur, mais que vous le sachiez n'y changera rien. Lorsque le moment sera venu, le sentiment vous conduira à votre perte.

Et Merlin dit adieu au roi qu'il avait créé.

Il quitta la cour en compagnie de Nyneve. Quel que fût le sentier qu'elle empruntât, Merlin l'empruntait aussi. Connaissant son pouvoir sur lui, elle lui refusa les faveurs de sa personne si bien que, fou de désir, il fit appel à la magie pour vaincre sa résistance. Mais Nyneve l'avait prévu et lui dit que s'il voulait la posséder, il devait jurer de ne pas employer ses pouvoirs dans ce but. Et Merlin, brûlant de désir, et gâteux, fit ce serment qui scella son destin.

Le couple mal assorti voyagea sans cesse, traversa la Manche et se rendit à Benwick, en France, dans le royaume du roi Ban toujours en guerre avec Claudas.

La femme de Ban, la reine Elaine, une belle et gente dame, pria Merlin de les aider à mettre fin à la guerre. Et tandis qu'ils parlaient, vint le jeune fils d'Elaine, et Merlin le regarda.

— Ne vous tourmentez pas, dit-il, dans moins de vingt ans cet enfant aura maté Claudas. Mieux encore, il est destiné à être le meilleur chevalier du monde, sa mémoire et son renom seront la douceur et la force des âges à venir. Je sais que vous l'avez d'abord appelé Galahad, mais que son nom de baptême est Lancelot.

— Cela est vrai, dit la reine Elaine. Je l'ai d'abord appelé Galahad. Mais, dites-moi, Merlin, vivrai-je pour voir ses prouesses ?

– Vous les verrez, je vous le jure, et vous vivrez encore longtemps après.

Mourant d'ennui et d'impatience, Nyneve quitta la cour de Ban, Merlin toujours pantelant et la suppliant d'apaiser son désir, mais elle s'était lassée de lui et se montrait vive comme doit l'être une demoiselle envers un vieillard; elle le craignait aussi car on disait qu'il était le fils du Démon, mais elle n'arrivait pas à se débarrasser de lui, car il la suivait partout, la poursuivant, où qu'elle allât, de ses suppliques et de ses gémissements.

Alors, avec la rouerie innée des jeunes filles, Nyneve commença à questionner Merlin sur sa magie, promettant plus ou moins de lui accorder ses faveurs en échange. Et Merlin, avec la faiblesse innée des hommes, bien qu'il eût deviné son but, ne put s'empêcher de lui livrer ses secrets. Lorsqu'ils revinrent en Angleterre, chevauchant lentement de la côte vers la Cornouailles, Merlin lui montra maintes merveilles, et lorsqu'il vit qu'elle était enfin intéressée, il lui enseigna ses tours, lui donna le pouvoir de produire des enchantements, d'envoûter et de désenvoûter, et enfin, dans la luxurieuse folie de sa vieillesse, lui enseigna les sortilèges qui ne pouvaient pas être brisés. Et lorsqu'elle se mit, telle une enfant, à battre des mains, le vieillard pour lui plaire créa à l'intérieur d'une grande falaise rocheuse une chambre remplie d'incroyables merveilles, un lieu étincelant de richesse et de beauté, une chambre glorieuse pour la consommation de leur amour. Ils pénétrèrent tous les deux dans un passage menant à la pièce merveilleuse, tendue d'or et éclairée de maintes bougies. Merlin y entra le premier, mais Nyneve recula d'un pas et lança le terrible sortilège; le passage se referma sur Merlin, qui demeura pris au piège à jamais. Nyneve entendit sa voix lointaine à travers le roc, implorant la délivrance, mais elle enfourcha son cheval et s'éloigna.

Et Merlin est toujours enfermé là, comme il savait qu'il le serait.

⁂

Peu après les fêtes de son mariage, le roi Arthur transporta sa cour à Cardolle, où il reçut de sombres nouvelles. Cinq rois – celui de Danemark et son frère, le roi du Val, le roi de Sorleyse et le roi de l'île de Longtaynse – avaient réuni leurs forces et envahi l'Angleterre, détruisant tout sur leur passage : châteaux, villes, bétail, et tuant ceux qui ne pouvaient pas fuir.

Quand il entendit ces nouvelles, Arthur dit d'un ton las :

– Depuis que je règne, je n'ai pas eu un seul mois de répit. A présent, il faut que je combatte à nouveau et que je vainque ces envahisseurs. Je ne peux les laisser massacrer mon peuple. Vous tous qui allez vous joindre à moi, préparez-vous.

Certains barons furent secrètement courroucés, car ils aspiraient à l'oisiveté. Mais Arthur envoya un message à Pellinore, lui demandant de rassembler toutes les forces qu'il pouvait, et de se hâter de le rejoindre. Puis il se rendit chez Guinevere et lui dit de se préparer à l'accompagner.

– Je ne puis supporter d'être loin de vous, dit-il. Votre présence me donnera du courage sur le champ de bataille, mais je ne veux pas vous mettre en danger.

– Sire, répondit la reine, vos désirs sont des ordres. Je serai prête quand vous le désirerez.

Le lendemain matin, le roi, la reine et tous les chevaliers qui se trouvaient à la cour, gagnèrent le Nord à marches forcées et atteignirent la frontière, où ils campèrent près de la rivière Humber.

Un espion avertit les cinq rois qu'Arthur était déjà dans le Nord; alors le frère de l'un des rois tint ce discours au conseil :

– Vous devez savoir, dit-il, qu'Arthur a avec lui la fleur de la chevalerie, ainsi qu'il l'a prouvé en combattant les onze barons rebelles. A présent, ses forces sont peu nombreuses, mais les renforts ne vont pas manquer d'arriver. Nous devons le rencontrer le plus tôt possible : plus nous attendons, plus il se renforce et plus nous nous affaiblissons. Il est si brave qu'il acceptera la bataille, même contre des forces supérieures en nombre. Attaquons-le avant l'aube et taillons ses chevaliers en pièces avant l'arrivée des renforts.

Les cinq rois en convinrent; ils traversèrent rapidement les Galles du Nord et tombèrent la nuit sur Arthur, alors que ses chevaliers dormaient sous leurs tentes. Le roi Arthur était couché en compagnie de la reine Guinevere. Lorsqu'il se vit attaqué, il se leva d'un bond, en criant :

– Aux armes ! Nous sommes trahis !

Et il endossa rapidement son armure tandis que les ténèbres résonnaient de bruits et de cliquetis d'armes.

Un chevalier blessé se traîna jusqu'à la tente du roi et cria :

– Sire, sauvez votre vie et celle de la reine. Nous sommes débordés, et nos pertes sont nombreuses.

Arthur prit Guinevere en croupe, puis, seulement escorté de trois chevaliers, Kay, Gauvain et Gryfflet, il chevaucha jusqu'à la rivière pour tenter de la traverser et se mettre en sécurité sur l'autre rive, mais le courant était si rapide qu'ils ne purent s'y engager. Alors Arthur dit :

– Nous devons nous défendre, ou risquer la traversée. Soyez sûrs que nos ennemis ne feront pas de quartier.

– Je préférerais mourir dans l'eau que d'être capturée et tuée par nos ennemis, dit la reine.

Tandis qu'ils parlaient, Kay aperçut les cinq rois qui chevauchaient seuls, sans escorte.

– Regardez, dit-il. Voilà les chefs. Attaquons-les.

– Ce serait folie, dit Gauvain, ils sont cinq et nous quatre.

– J'en combattrai deux, dit Kay, si chacun de vous en combat un.

A ces mots, il coucha sa lance et, tel un trait de foudre, fondit sur eux; la pointe de sa lance atteignit sa cible et perça le corps d'un roi qui tomba mort sur le sol. Gauvain engagea le combat avec un second roi et le tua d'un coup de lance. Gryfflet en désarçonna un troisième en lui portant un tel coup que le roi se brisa la nuque dans sa chute. Arthur abattit le quatrième; alors, comme il l'avait promis, Kay se retourna contre le cinquième roi et, d'un coup d'épée, lui trancha la tête sous le heaume.

– C'est de la belle besogne, dit Arthur. Vous avez tenu votre promesse et je veillerai à ce que vous soyez récompensé.

Ils découvrirent une barque sur la rive, la reine y monta et dit à Kay :

– Si vous aimez une dame, il faudrait qu'elle soit bien folle pour ne pas vous aimer en retour. Vous avez fait une noble promesse et l'avez noblement tenue. Je veillerai à ce que ce fait d'armes soit connu dans tout le pays.

La barque mise à l'eau, la reine passa sur l'autre rive de l'Humber.

Arthur et ses trois chevaliers partirent dans la forêt à la recherche des hommes qui avaient survécu à l'embuscade. Ils en trouvèrent un grand nombre et leur dirent que les cinq rois étaient morts.

– Restons cachés ici jusqu'à ce que le jour vienne, dit Arthur. Quand l'ennemi verra ses chefs morts, il sera découragé.

Tout se passa comme Arthur l'avait prévu. En découvrant les corps de leurs rois, les envahisseurs furent pris de panique; beaucoup mirent pied à terre et s'interrogèrent sur ce qu'il convenait de faire. C'est ce moment que choisit Arthur pour passer à l'attaque, frappant de droite et de gauche les hommes découragés, en tuant beaucoup et mettant le reste en fuite. Lorsque la bataille fut terminée, le roi Arthur s'agenouilla sur le sol et remercia Dieu de la victoire. Il envoya quérir la reine et l'accueillit avec grande joie. On apporta la nouvelle que Pellinore approchait avec une troupe nombreuse. Il salua le roi et s'émerveilla de toutes les prouesses accomplies. Quand ils comptèrent leurs morts, ils s'aperçurent que deux cents hommes avaient été tués au combat et que huit chevaliers de la Table ronde avaient été massacrés sous leur tente avant de pouvoir s'armer.

Pour remercier Dieu, Arthur ordonna qu'une abbaye fût construite sur le champ de bataille et il la dota de terres pour qu'elle pût subsister. Lorsque les nouvelles de la victoire parvinrent au-delà de la frontière, les ennemis prirent peur, et ceux qui avaient projeté d'attaquer Arthur abandonnèrent leur projet.

De retour à Camelot, Arthur dit à Pellinore :

– Il y a huit sièges vacants à la Table ronde. Huit de nos plus valeureux chevaliers sont morts. Il sera difficile de les remplacer.

– Sire, dit Pellinore, il ne manque pas d'hommes valeureux à cette cour, à la fois jeunes et vieux. Vous devriez choisir quatre chevaliers parmi les plus vieux, et quatre parmi les plus jeunes.

– C'est un bon conseil, dit le roi. Qui suggérez-vous parmi les plus vieux ?

– D'abord sire Uryens, le mari de votre sœur Morgane la Fée, qui s'est rallié à vous. Puis le chevalier connu comme étant le roi du Lac. Le troisième pourrait être sire Hervis de Revel et le dernier sire Galagars.

– C'est un bon choix, dit Arthur. Qui préférez-vous parmi les plus jeunes ?

– D'abord votre neveu, sire Gauvain. Il n'y a pas de meilleur chevalier dans ce pays. Puis sire Gryfflet, qui vous a bien servi pendant deux guerres, puis Kay le sénéchal, votre frère de lait, dont la renommée est de plus en plus grande.

– Vous avez raison, dit le roi. Même s'il ne devait plus jamais combattre, sire Kay est digne de la Table ronde. Qui sera le quatrième ? Il y a encore un siège vacant.

– Je vous suggère deux noms, sire, mais vous devrez choisir entre eux : sire Bagdemagus et mon fils, sire

Torre. Puisqu'il est mon fils, je ne puis faire son éloge, mais s'il ne l'était pas, je dirais que pour son âge, il n'y a nulle part meilleur chevalier.

Alors Arthur sourit à Pellinore :

– Vous avez raison de ne pas faire son éloge, dit-il. Mais comme ce n'est pas mon fils, je puis dire qu'il est aussi vaillant que tous les candidats que vous avez énumérés. Je l'ai vu faire ses preuves. Il parle peu, mais fait de grandes choses. Il est de noble naissance et très semblable à son père quant au courage et à la courtoisie. C'est lui que je choisis. Le tour de sire Bagdemagus viendra plus tard.

Et Pellinore dit :

– Merci, mon seigneur.

Alors les huit chevaliers furent présentés à la confrérie et acclamés par leurs pairs. Ils trouvèrent leurs noms écrits en lettres d'or à leurs places et siégèrent à la Table ronde.

Quand il sut que Torre avait été choisi, Bagdemagus éprouva colère et dépit. Il s'arma et quitta la cour, suivi de son écuyer. Tous les deux s'enfoncèrent loin dans la forêt et parvinrent à une croix dressée à la croisée d'un chemin. Bagdemagus mit pied à terre et récita ses prières avec dévotion, mais l'écuyer lut sur la croix une inscription, disant que sire Bagdemagus ne retournerait pas à la cour avant qu'il eût défait un chevalier de la Table ronde en combat singulier.

– Regardez, dit l'écuyer. Cette inscription vous concerne. Vous devez revenir à la cour et défier l'un des chevaliers du roi.

– Je n'y reviendrai que lorsque l'on parlera de moi comme d'un preux, et que l'on dira que je suis digne d'être un chevalier de la Table ronde.

Là-dessus, il se remit en selle et chevaucha obstinément; dans une petite clairière il découvrit une plante symbolisant le Saint-Graal et son cœur s'allégea, car aucun chevalier ne pouvait découvrir un tel signe s'il n'était brave et vertueux.

Maintes aventures advinrent à sire Bagdemagus et il

les mena toutes à bien. Un jour, il arriva à proximité du gros rocher où Merlin était enfermé et entendit la voix de l'Enchanteur à travers la pierre. Il fit de son mieux pour forcer l'entrée, mais Merlin lui cria que c'était impossible. Personne ne pouvait le faire que celle qui l'avait enfermé. A contrecœur, le chevalier passa son chemin, et dans maints pays il prouva sa valeur et sa chevalerie, si bien que sa renommée grandit et que lorsqu'il retourna enfin à la cour d'Arthur, il fut désigné pour occuper un siège depuis peu vacant, ayant, par ses prouesses, conquis sa place à la Table ronde.

Explicit la mort de Merlin

MORGANE LA FÉE

La demi-sœur du roi Arthur, Morgane la Fée, était une belle femme, sombre et passionnée, mais elle était aussi cruelle qu'ambitieuse. Ayant, dans un couvent, étudié la nécromancie, elle devint experte en magie noire, qui est l'arme des jaloux. En se servant de sa beauté ou en jetant des sorts, elle s'amusait à soumettre les hommes à sa volonté perverse, employant, lorsque ses plans échouaient, les arts plus sombres de la trahison et du meurtre. C'était son plaisir de dresser les hommes les uns contre les autres, de forger avec leurs faiblesses des armes pour sa force. Etant mariée à Uryens, elle se promit à Accolon des Gaules et le prit si bien au piège de ses rêves et de ses enchantements, qu'oubliant honneur et volonté, il devint l'instrument de son plus funeste dessein. Car Morgane la Fée haïssait son frère Arthur, haïssait sa noblesse et jalousait sa couronne. Elle prépara le meurtre de son frère avec un soin maniaque. Elle donnerait la couronne à Uryens et garderait pour elle le pouvoir. Le malheureux Accolon serait l'arme du meurtre.

Par magie, elle créa une épée et un fourreau exactement semblables à Excalibur et les substitua secrètement à l'épée d'Arthur. Puis elle berça Accolon de promesses, le rendit fou de désir, et lui expliqua ce qu'elle attendait de lui. Il accepta et, la regardant, crut que ses yeux étaient brillants d'amour, alors qu'ils flambaient de triomphe, car Morgane la Fée n'aimait personne. La haine était sa passion, la destruction son plaisir.

Sur son ordre, Accolon prit place aux côtés d'Arthur et ne le quitta jamais.

Lorsqu'il n'y avait ni guerre ni tournoi, chevaliers et prud'hommes chassaient dans les forêts qui couvraient la plus grande partie de l'Angleterre. En galopant à bride abattue par monts et vaux, forêts et marécages, collines semées de rocs et d'ornières, ils tempéraient leurs ardeurs guerrières, et en affrontant les charges meurtrières des sangliers, ils entretenaient leur courage et exerçaient leur adresse. Leurs entreprises hardies faisaient également tourner les broches des cuisines, où rôtissaient des viandes succulentes servies aux longues tables de la grande salle.

Un jour qu'Arthur et ses chevaliers écumaient la forêt en quête de gibier, le roi, Uryens et Accolon levèrent un beau cerf et lui donnèrent la chasse. Leurs montures étaient si fringantes que, sans s'en apercevoir, ils laissèrent dix miles en arrière le reste de la compagnie. Le fier dix-cors courait toujours; à coups de cravache et d'éperons, ils poussèrent leurs montures écumantes à travers épais taillis et traîtresses fondrières, sautèrent ruisseaux et arbres morts, si bien qu'ils finirent par crever leurs chevaux, qui s'effondrèrent, les flancs sanglants.

Les trois chevaliers, à présent démontés, regardèrent s'éloigner le cerf épuisé.

— Voilà qui est assez plaisant, dit Arthur. Nous sommes à des miles de toute aide.

— Nous n'avons, dit Uryens, d'autre choix que de continuer à pied et de chercher un abri où attendre de l'aide.

Ils s'engagèrent d'un pas lourd sous les chênes et atteignirent la berge d'une large et profonde rivière, où ils aperçurent le cerf épuisé, cerné par les chiens, un brachet lui fouaillant déjà la gorge. Le roi Arthur dispersa les chiens et tua le cerf, puis il leva son cor de chasse et sonna la curée.

Alors seulement les chevaliers examinèrent les alentours. Sur l'eau immobile et sombre, ils aperçurent une petite nef dont les bords étaient recouverts de soieries qui trempaient dans l'eau. La nef, qui se rapprochait silencieusement de la berge, vint bientôt s'échouer sur un haut-fond sableux. Entrant dans l'eau, Arthur s'approcha de la nef, souleva les tentures de soie, mais ne vit personne à l'intérieur et appela ses compagnons. Tous les trois montèrent à bord et découvrirent que la nef était luxueusement fournie en moelleux coussins et riches tapisseries. Mais ils n'aperçurent aucun occupant. Harassés de fatigue, les trois hommes s'étendirent sur les coussins et se reposèrent, tandis que la nuit tombait et que la forêt devenait sombre. Des oiseaux de nuit lancèrent leur appel, des canards sauvages vinrent s'abattre sur la rivière, et la muraille noire de la forêt s'éleva au-dessus d'eux.

Comme les compagnons somnolaient, un cercle de torches flamboya soudain, et de la cabine sortirent douze demoiselles d'une grande beauté, vêtues de longues robes de soie. Elles firent au roi la révérence, lui souhaitèrent la bienvenue, le saluèrent par son nom, et Arthur les remercia pour tant de courtoisie. Alors elles emmenèrent les trois compagnons dans une cabine tendue de tapisseries, et à une riche table leur servirent tant de viandes, de vins et de mets délicats qu'ils furent émerveillés par la variété et la profusion du souper. Et après qu'ils se furent longuement et agréablement restaurés, que les vins eurent embrumé leurs yeux, les demoiselles les conduisirent chacun dans une cabine où les attendait une couche profonde et moelleuse. Là, les trois hommes sombrèrent instantanément dans un profond sommeil artificiel.

A l'aube, Uryens ouvrit ses paupières alourdies par les libations et s'aperçut qu'il était couché dans son lit, dans son logis de Camelot, et que Morgane la Fée était près de lui, paraissant dormir. Il s'était endormi à deux journées d'étape de là et ne se souvenait plus de rien. Il examina sa femme par les fentes de ses paupières. Il y avait bien des choses qu'il ne savait pas, et bien d'autres qu'il ne voulait pas savoir. Il garda ainsi le silence et cacha son étonnement.

Le roi Arthur revint à lui sur les pierres froides d'un cachot. Une lumière sombre, tombant d'une haute meurtrière dans le mur, lui montra les silhouettes agitées d'autres prisonniers.

– Où suis-je ? demanda le roi en s'asseyant. Et qui êtes-vous ?

– Nous sommes des chevaliers captifs, lui répondirent les prisonniers. Nous sommes au nombre de vingt, et certains d'entre nous sont dans ce noir cachot depuis huit ans.

– Pour quelle raison ? demanda le roi. Est-ce pour une rançon ?

– Non, dit l'un des chevaliers. Je vais vous dire pourquoi. Le seigneur de ce château, Damas, est un traître, un renégat et un lâche. Son frère cadet, Outlake, est au contraire un preux, un noble et un loyal chevalier. Damas a refusé de partager leur héritage commun, à l'exception d'un petit manoir et de terres qu'Outlake défend contre les agressions de son frère. Les gens de cette région aiment Outlake, qui est juste et clément, mais détestent Damas, qui est cruel et vindicatif, comme la plupart des lâches. Pendant des années, les deux frères se sont fait la guerre. Pour en finir, Outlake a défié en combat singulier son frère, ou le champion que Damas désignerait. Mais Damas n'a pas le courage de combattre, et il est si haï qu'il ne trouve aucun chevalier qui veuille combattre pour lui. C'est pourquoi, avec une troupe de malandrins, il tend des embuscades aux chevaliers qui s'aventurent seuls dans ce pays et les jette dans ce cachot. Il offre la liberté à celui qui combattra pour lui. Jusqu'à présent, tous ont refusé. Certains ont été torturés, d'autres sont morts de faim. Affaiblis par les privations et le noir, nous serions incapables de combattre même si nous le désirions.

– Que le Dieu de miséricorde vous délivre! dit Arthur.

Alors une demoiselle, s'approchant de la grille de fer du cachot, fit signe à Arthur.

– Vous plaisez-vous ici? demanda-t-elle d'une voix douce.

– Suis-je censé me plaire dans une geôle? dit Arthur. Pourquoi me demandez-vous cela?

– Parce que vous pouvez choisir, répondit la demoiselle. Si vous acceptez de combattre pour mon seigneur, vous serez libéré. Si vous refusez, comme ces fous, vous passerez ici le reste de vos jours.

– C'est une bien étrange manière de se trouver un champion, dit le roi, mais pour ma part je préfère combattre un chevalier que croupir dans un cachot. Si je consens à combattre, libérerez-vous aussi les autres prisonniers?

– Oui, dit la demoiselle.

– Alors je suis prêt, dit le roi. Mais je n'ai ni destrier ni armure.

– Messire, vous aurez tout ce qu'il vous faudra.

Le roi la regarda avec attention et dit :

– Il me semble vous avoir vue à la cour du roi Arthur.

– Non. Je n'y ai jamais été. Je suis la fille du seigneur de ce château.

Tandis que la demoiselle allait porter sa réponse, Arthur fouilla dans sa mémoire et fut à peu près sûr de l'avoir vue au service de sa sœur, Morgane la Fée.

Sire Damas accepta l'offre d'Arthur : il fit serment de délivrer les prisonniers, et le roi jura de combattre son ennemi à outrance. Les vingt chevaliers affaiblis et mourants de faim furent sortis de leur geôle; on leur donna de la nourriture et tous restèrent pour assister au combat.

Accolon, le troisième chevalier qui avait dormi du sommeil enchanté, se réveilla près d'un puits profond, où il serait tombé s'il avait fait le moindre mouvement dans son sommeil. Du puits sortait un tuyau d'argent qui faisait jaillir l'eau dans une fontaine de marbre. La magie de Morgane s'étant affaiblie durant son absence, Accolon se félicita et dit à voix haute :

– Que Jésus protège mon suzerain le roi Arthur et sire Uryens ! Ce n'étaient pas des demoiselles dans la nef, mais des démons de l'enfer. Si j'arrive à tirer au clair cette aventure, je les détruirai ainsi que toutes les sorcières qui pratiquent la magie noire.

A cet instant, un nain hideux aux lèvres épaisses et au nez camus sortit de la forêt et salua Accolon.

– Je suis l'envoyé de Morgane la Fée, dit le nain.

Alors le sortilège opéra de nouveau.

– Elle vous salue et souhaite que vous ayez le cœur vaillant. Demain matin vous aurez à combattre un chevalier. Parce qu'elle vous aime, elle vous envoie cette épée, Excalibur, et son fourreau. Pour l'amour d'elle, vous combattrez à outrance, comme vous le lui avez promis. La tête du roi sera la preuve que vous n'avez pas failli à votre serment.

Accolon était de nouveau complètement ensorcelé.

– Je comprends, dit-il. Je tiendrai ma promesse, et avec Excalibur, je réussirai. Quand avez-vous vu ma dame ?

– Il y a peu de temps, dit le nain.

En extase, Accolon prit le nain hideux dans ses bras, l'accola et lui dit :

– Saluez pour moi ma dame, et dites-lui que je tiendrai ma promesse ou que je mourrai. Je comprends à présent la nef et le sommeil. C'étaient là manigances de ma dame, n'est-ce pas ?

– Vous pouvez le croire, messire, répondit le nain.

Là-dessus, il se glissa dans la forêt et laissa Accolon rêver près de la fontaine d'argent.

Bientôt y vint un chevalier, accompagné par une dame et six écuyers, qui pria Accolon de se rendre dans un manoir proche, pour dîner et prendre quelque repos. Tout ceci était prévu par Morgane la Fée, car le seigneur du manoir était sire Outlake, qui avait reçu un coup de lance à la cuisse. Et tandis qu'Accolon était assis en sa compagnie, on apporta la nouvelle que sire Damas avait trouvé un champion.

Alors sire Outlake entra dans un grand courroux. Il y avait longtemps qu'il avait réclamé l'épreuve des armes et sa blessure l'empêchait d'enfourcher son destrier.

Protégé par Excalibur, Accolon avait confiance et s'offrit de combattre pour son hôte.

Outlake se réjouit, le remercia de grand cœur et envoya à son frère un message disant que son champion combattrait pour lui.

Ce combat était ce que l'on appelait le jugement de Dieu. Pour prouver leur droit, les combattants s'en remettaient à Dieu, qui rendrait son jugement en désignant le vainqueur. Et, comme Damas était autant haï qu'Outlake était aimé, tout le pays – chevaliers et hommes libres, manants et serfs – s'assembla autour de la lice pour assister à l'épreuve des armes. Douze prud'hommes furent choisis pour servir les champions qui, sur leur destrier, attendaient le signal, écu dressé, visière baissée, lance à la botte. Le soleil du matin traversait à l'oblique les feuilles des grands chênes qui entouraient la lice. La messe avait été chantée, chacun des deux champions avait prié pour la victoire, et à présent ils attendaient.

Alors une demoiselle à cheval pénétra dans la lice et, de sous son manteau, sortit une épée dans son fourreau : la fausse Excalibur.

– En signe d'amour, dit la demoiselle, votre sœur Morgane la Fée vous envoie Excalibur, mon seigneur : le fourreau pour vous protéger et l'épée pour vous donner la victoire.

– Quel être cher que ma sœur, dit Arthur. Vous la remercierez et lui direz combien je l'aime.

Il prit la fausse épée et la ceignit.

Au signal sauvage de la trompe, les deux chevaliers couchèrent leur lance et se heurtèrent au galop. Aucune des deux lances ne se rompit et les deux hommes vidèrent les étriers. Ils se relevèrent d'un bond, tirèrent leur épée, et le face à face commença, chacun tournant et feintant, éprouvant l'autre et cherchant un point faible ou une ouverture.

Et comme l'affrontement commençait, chevauchait bride abattue Nyneve du Lac, la demoiselle qui avait séduit Merlin et l'avait enfermé dans le roc. La nécromancie dont elle avait arraché l'art à son vieux soupirant lui avait donné de la puissance et, devenue rivale de Morgane la Fée, elle s'était mise à la soupçonner. Nyneve aimait le roi et détestait sa diabolique sœur. Connaissant le complot ourdi contre la vie d'Arthur, elle s'était hâtée afin de le sauver avant le début du combat, car toute intervention extérieure était alors interdite. Mais, arrivée trop tard, elle dut assister à l'inégale épreuve; bien que les deux chevaliers frappassent, Excalibur entaillait profondément et déchirait l'armure d'Arthur, alors que l'épée du roi ne faisait que ricocher sur l'écu et le heaume d'Accolon.

Quand Arthur sentit le sang couler à flots de ses blessures et qu'il vit que ses coups étaient tous émoussés, il fut troublé et commença à soupçonner une trahison. Puis la crainte l'envahit, car chacun des coups d'Accolon portait, alors qu'il avait beau frapper de toutes ses forces, l'épée contrefaite restait dans sa main un vil métal, mou et sans effet.

Accolon sentit son avantage et se fit plus pressant. Pour le repousser, le roi lui porta un coup si furieux qu'Accolon chancela sous le choc et recula pour souffler et remettre de l'ordre dans sa tête. Il revint bientôt à la charge et, sans plus se soucier des règles de l'esquive, les deux adversaires s'abreuvèrent d'une pluie de coups, si bien qu'Arthur finit par saigner de cent blessures alors qu'Accolon, protégé par le fourreau d'Excalibur, n'avait pas perdu une goutte de sang.

Un murmure d'admiration parcourut le cercle des spectateurs. Ils voyaient qu'Arthur se battait comme un lion mais n'arrivait pas à blesser son adversaire, et ils étaient stupéfaits qu'il pût continuer après avoir perdu autant de sang. Arthur rompit pour s'accorder une pause et reprendre des forces, mais Accolon s'écria sur un ton de triomphe :

– Allons ! Battez-vous ! Ce n'est pas le moment de prendre du repos !

Pour forcer le sort des armes, Accolon chargea, mais de désespoir Arthur bondit et lui porta sur le heaume un tel coup que son épée se brisa, lui laissant seulement le pommeau dans la main. Réduit à l'impuissance, il se couvrit de son écu, tandis qu'Accolon, pour tenter de l'achever, faisait pleuvoir une grêle de coups sur lui.

– C'est pour vous la fin, dit Accolon. Vous êtes perdu. Je n'ai pas le désir de vous tuer. Rendez-vous et abandonnez votre cause.

– Je ne le puis, dit le roi d'une voix faible. J'ai promis de me battre aussi longtemps que je vivrai. Je préfère mourir avec honneur que vivre dans la honte. Si vous tuez un homme désarmé, il y aura à jamais sur votre honneur une tache.

– Ne vous souciez pas de mon honneur, répondit Accolon. Vous êtes un homme mort.

Et il poussa son attaque à fond, sans souci de se défendre.

Arthur tenta l'unique parade possible. Lançant son écu contre l'épée de son adversaire, il lui immobilisa le bras et, avec le pommeau de son épée brisée, lui porta sur le heaume ainsi découvert, un coup si terrible qu'Accolon recula de trois pas en chancelant et fut pris de vertiges.

Nyneve avait assisté au combat, espérant que la justice de Dieu aurait raison de la trahison de Morgane la Fée, mais lorsqu'elle vit qu'après le dernier coup désespéré d'Arthur avec l'épée brisée, Accolon reprenait des forces et marchait sur le roi affaibli et désarmé, elle comprit que, sans son aide, il était perdu. Se remémorant les enseignements de Merlin, elle forgea un sortilège et, de ses prunelles, le lança sur le traître qui avançait vers le roi.

Tenant Excalibur, Accolon calcula la distance et

porta un dernier coup mortel, mais lorsque la lame toucha l'écu, la main qui la tenait lâcha prise et les doigts devinrent flasques. L'épée tomba sur le sol et, avec une indicible horreur, Accolon vit qu'Arthur s'en emparait.

Le roi sentit le bon pommeau dans sa main et sut qu'il tenait la véritable Excalibur.

– Ma bonne épée, dit-il, tu as été trop longtemps loin de ma main et tu m'as infligé des blessures. Sois de nouveau ma compagne, Excalibur.

Il regarda Accolon, aperçut le fourreau, et d'un bond en avant, l'arracha, et le lança aussi loin qu'il le put au-dessus du cercle des spectateurs.

– Sire chevalier, dit-il à Accolon, vous avez mangé votre pain blanc; moi, j'ai souffert mes blessures. Changeons de place à présent : à vous de subir ce que vous m'avez infligé.

Il se rua sur son adversaire, écu en avant pour lui faire lever sa garde, mais paralysé par la peur, Accolon s'effondra. Arthur fit sauter son heaume et, du plat de son épée, lui porta sur la tête un tel coup que le sang lui jaillit du nez et des oreilles.

– Maintenant, je vais vous tuer, dit Arthur.

– C'est votre droit, répondit Accolon. Je vois que Dieu est avec vous et que votre cause est la bonne. Mais, comme vous, j'ai promis de combattre à outrance et je ne peux crier merci. Faites ce que vous voulez.

Regardant le visage meurtri, couvert de poussière et de sang, Arthur dit :

– Je connais votre visage. Qui êtes-vous ?

– Sire chevalier, je suis de la cour du roi Arthur. Je me nomme Accolon des Gaules.

Alors Arthur songea à la nef enchantée et à la trahison grâce à laquelle Excalibur était parvenue aux mains de son adversaire.

– Dites-moi, sire chevalier, qui vous a donné cette épée ?

– Cette épée est mon malheur. Elle m'a apporté la mort, dit Accolon.

– Quoi que soit ce qu'elle vous a apporté, où vous l'êtes-vous procurée ?

Accolon soupira. Le pouvoir maléfique de sa dame avait disparu :

– Je ne vois maintenant aucune raison de rien vous cacher, dit-il sans espoir. La sœur du roi lui voue une haine mortelle, parce qu'il possède la couronne et qu'il est plus aimé et plus honoré qu'elle. Elle m'aime et je lui rends son amour jusqu'à me damner pour elle. Elle a trahi son époux, sire Uryens, et elle est devenue mon amie. Elle m'a promis que si je tuais Arthur avec son aide, elle se débarrasserait de son mari et me ferait roi, qu'elle serait mon heureuse reine, et que nous régnerions sur l'Angleterre.

Il se tut, la tête pleine de souvenirs, puis il dit :

– Tout cela est terminé. Mes plans ont provoqué ma mort.

Arthur parla derrière la visière baissée de son heaume :

– Si vous aviez gagné ce combat, savez-vous que vous auriez été roi ? Comment avez-vous pu vous charger du péché de trahir votre roi sacré ?

– Sire chevalier, je ne le sais, dit Accolon. J'ai eu l'esprit et l'âme si ensorcelés que même trahir me semblait peu de chose. A présent tout cela s'est éloigné comme un rêve. Dites-moi qui vous êtes avant que je meure.

– Je suis ton roi, dit Arthur.

Alors Accolon eut grande douleur et grand-peine.

– Sire, s'écria-t-il, je ne le savais pas. Je pensais combattre un champion. J'ai, comme vous, été trompé. Pouvez-vous accorder merci à un homme qui a été trompé et ensorcelé jusqu'à ourdir votre mort ?

Le roi réfléchit longtemps avant de répondre.

– Je le puis, car je crois que vous ne saviez pas qui j'étais. J'ai honoré Morgane la Fée, ma sœur. J'ai cédé à ses désirs et l'ai aimée plus que tous mes autres parents. J'avais foi en elle plus qu'en ma propre épouse, bien que je connusse sa jalousie, son appétit de luxure, sa faim de pouvoir et ses pratiques diaboliques. Si elle a été capable de me faire cela, je peux croire et pardonner ce qu'elle vous a fait. Mais, à elle, je ne pardonnerai pas. Ma vengeance sera la fable de la chrétienté. Maintenant levez-vous, sire Accolon, je vous accorde merci.

Arthur l'aida à se relever et cria au peuple massé autour de la lice.

– Approchez-vous.

Et lorsqu'ils se furent rassemblés autour de lui, il dit :

– Nous avons combattu et nous nous sommes infligé de graves blessures, mais si nous avions su qui nous étions, il n'y aurait pas eu de combat.

Alors Accolon s'écria :

– Ce chevalier est le plus brave et le meilleur du monde, mais il est plus que cela. Il est notre maître et suzerain, le roi Arthur. Par mauvaise chance, j'ai combattu contre mon roi. Lui peut me pardonner, mais je ne le puis, car il n'y a ni péché ni crime qui soit pire que celui de trahir son roi.

Alors tous s'agenouillèrent et implorèrent merci.

– Grâce vous aurez, dit Arthur, car vous ne saviez pas. Que cela vous rappelle simplement quelles étranges et fatales aventures peuvent advenir aux chevaliers errants. A présent, je suis faible et blessé, et je dois prendre du repos, mais d'abord voici mon jugement, ainsi que le sort des armes en a décidé.

» Sire Damas, j'ai été votre champion et j'ai fait triompher votre cause. Mais comme vous êtes aussi orgueilleux que lâche et plein de vilenie, écoutez ma décision. A votre frère, sire Outlake, vous ferez don de ce manoir, ainsi que des fermes et des maisons attenantes. Pour gages, il vous enverra chaque année un palefroi, car il vous sied mieux de monter sur une haquenée que sur un destrier. Je vous ordonne, sous peine de mort, de ne jamais nuire ni porter préjudice aux chevaliers errants qui passeront sur vos terres. Quant à ceux que vous avez emprisonnés, vous leur rendrez leur armure et toutes les autres choses que vous leur avez prises. Si l'un d'eux vient se plaindre de vous à ma cour, vous mourrez. Tel est mon jugement.

Arthur, affaibli par le sang perdu, se tourna ensuite vers sire Outlake.

– Parce que vous êtes brave, loyal et courtois, je vous ordonne de venir à ma cour, où vous vivrez dans l'aisance et l'honneur.

– Sire, grand merci, répondit Outlake. Je suis à vos ordres. Sachez seulement que si je n'avais pas été blessé, j'aurais moi-même mené mon propre combat.

– Plût au ciel qu'il en eût été ainsi, dit Arthur, car je n'aurais reçu ces blessures qui, par trahison et enchantement, m'ont été infligées par un proche.

– Sire, je ne puis imaginer quelqu'un complotant contre vous, dit Outlake.

– Je vais m'occuper de cette personne, dit le roi. A quelle distance suis-je de Camelot ?

– A deux journées d'étape. Vous ne pouvez pas vous y rendre, blessé comme vous l'êtes. Il y a une abbaye à trois miles d'ici, où vivent des nonnes et des hommes instruits dans l'art de soigner.

– J'irai m'y reposer, dit le roi.

Il dit adieu au peuple, aida sire Accolon à enfourcher sa monture, puis il se mit en selle et s'éloigna lentement.

A l'abbaye, leurs blessures furent soignées avec les meilleurs baumes et onguents, mais moins de quatre jours plus tard Accolon mourut des suites de l'ultime et terrible coup d'épée qu'il avait reçu sur la tête, après que le roi lui eut fait sauter son heaume.

Arthur ordonna que son corps fût emmené à Camelot par six chevaliers et livré à Morgane la Fée.

– Vous direz à ma chère sœur que je lui fais ce présent pour la remercier de la tendresse qu'elle me porte.

Cependant, Morgane croyait que son plan avait réussi et que le roi avait été tué avec sa propre épée. Le temps était venu, pensa-t-elle, de se débarrasser de son époux, Uryens. Durant la nuit, elle attendit qu'il fût endormi, puis appela l'une de ses servantes.

– Va me chercher l'épée de mon époux, dit-elle. Meilleure occasion de le tuer ne se représentera pas.

– Si vous tuez votre époux, vous n'en réchapperez pas, s'écria la servante épouvantée.

– Ne t'occupe pas de cela, dit Morgane. Dépêche-toi de m'apporter l'épée.

Effrayée, la servante rampa jusqu'au lit de sire Yvain, le fils de Morgane, et le réveilla.

– Levez-vous, murmura-t-elle. Votre mère va tuer votre père dans son sommeil. Elle m'a envoyée chercher une épée.

Yvain se réveilla en sursaut, se frotta les yeux et dit d'une voix calme :

– Obéis à ses ordres. Va chercher l'épée. Je vais m'occuper de cela.

Se glissant hors de son lit, il s'arma, s'en fut par d'obscurs corridors et se cacha dans la chambre de son père.

Les mains tremblantes, la demoiselle apporta l'épée; Morgane la Fée la prit et, se penchant au-dessus de son époux endormi, chercha froidement l'endroit le plus propice pour enfoncer la lame. Quand elle leva l'épée pour frapper, Yvain bondit hors de sa cachette, lui saisit le poignet et la maintint captive.

– Que faites-vous ? demanda-t-il. On raconte que Merlin fut engendré par un démon. Vous devez être un démon terrestre. Si vous n'étiez ma mère, je vous tuerais.

Mais Morgane prise au piège était doublement dangereuse. Elle regarda autour d'elle avec des yeux effarés, comme si elle avait été soudain tirée de son sommeil.

– Qu'est cela ? s'écria-t-elle. Où suis-je ? Qu'est-ce que c'est que cette épée ?... Oh ! mon fils, protégez-moi ! Un esprit maléfique s'est emparé de moi pendant mon sommeil. Ayez pitié de moi, mon fils ! Ne parlez de cela à personne. Protégez mon honneur, qui est également le vôtre.

Yvain dit à contrecœur :

— Je vous pardonne si vous me promettez de ne plus vous adonner à la magie noire.

— Je promets, dit Morgane. Je le jure. Vous êtes mon cher fils, mon cher et bon fils.

A demi convaincu, Yvain la relâcha et emporta l'épée.

Dans la matinée, l'un des espions de Morgane lui apporta la nouvelle que son plan avait échoué. Accolon était mort et Arthur, vivant, possédait de nouveau Excalibur. Rageant intérieurement contre son frère, elle plaignit la mort d'Accolon, mais n'en laissa rien paraître : son visage demeura d'une froideur et d'une immobilité de marbre. Elle ne montra ni colère ni peur, et ne versa pas une larme pour son amant. Elle savait parfaitement que si elle demeurait à la cour jusqu'au retour du roi, sa vie était forfaite, car il ne pouvait y avoir aucune clémence pour le crime inqualifiable qu'elle avait commis contre son frère et son roi.

Tout miel, Morgane alla trouver la reine Guinevere et demanda la permission de quitter la cour.

— Ne pouvez-vous attendre le retour du roi, votre frère ? demanda Guinevere.

— J'aimerais, mais ne le puis, dit Morgane. Me sont parvenues des nouvelles de révolte dans mes Etats, et je dois m'y rendre.

— Dans ce cas, je vous donne congé, dit la reine.

Alors, dans l'obscurité précédant l'aube, Morgane la Fée rassembla quarante fidèles et s'en fut, n'accordant repos à homme ni bête pendant un jour et une nuit. De bonne heure le matin du second jour, elle parvint à l'abbaye où elle savait que le roi Arthur était soigné.

Elle y pénétra hardiment et demanda à voir son frère.

— Il s'est enfin endormi, répondit une nonne. Pendant trois nuits ses blessures ne lui ont laissé aucun repos.

– Ne le réveillez pas, dit Morgane. Je vais sans faire de bruit voir le cher visage de mon frère.

Mettant pied à terre, elle entra dans la bâtisse avec une telle autorité que personne n'osa l'arrêter, car elle était la sœur du roi.

Elle trouva sa chambre et, dans un faible rai de lumière, vit le roi endormi sur sa couche, tenant dans sa main le pommeau d'Excalibur, dont la lame nue reposait près de lui. Morgane n'osa s'emparer de l'épée de crainte de le réveiller, car il dormait d'un sommeil agité. Mais elle aperçut le fourreau posé sur un coffre et le glissa sous son manteau, puis elle remercia les nonnes, se remit en selle et s'éloigna au galop.

Quand le roi s'éveilla, il s'aperçut que le fourreau manquait.

– Qui l'a pris ? demanda-t-il avec irritation. Qui est venu ici ?

– Seulement votre sœur, Morgane la Fée, qui est repartie.

– Vous n'avez pas veillé sur moi, s'écria-t-il. Elle m'a pris le fourreau de mon épée.

– Sire, dirent les nonnes, nous ne pouvions désobéir à votre sœur.

Sortant avec peine de son lit, Arthur commanda qu'on lui apportât le meilleur cheval possible, et il demanda à sire Outlake de s'armer et de l'accompagner à la poursuite de Morgane.

A un croisement, ils demandèrent à un vacher s'il avait vu une dame passer.

– Pour la voir, je l'ai vue. Il n'y a pas longtemps qu'elle est passée en compagnie de quarante cavaliers. Ils se dirigeaient vers cette forêt, là-bas.

Arthur et Outlake leur donnèrent la chasse. Ils ne furent pas longs à les apercevoir et cravachèrent leurs montures.

Morgane les vit venir; lançant son cheval à travers la forêt, elle déboucha dans une plaine ouverte, mais lorsqu'elle s'aperçut que ses poursuivants gagnaient du terrain, elle éperonna son cheval et le fit entrer dans un petit lac.

– Quoi qu'il m'arrive, il n'aura pas ce fourreau pour se protéger, dit-elle.

Et elle le lança dans l'eau aussi loin qu'elle le put. Ouvragé d'or et de joyaux, le fourreau s'enfonça rapidement sous la surface de l'eau brillante.

Puis Morgane rejoignit ses hommes et la troupe s'enfonça dans une vallée où de grands blocs de pierre dressés formaient des cercles. La magicienne jeta un sort qui la changea, ainsi que ses hommes, en pierre.

Pénétrant dans la vallée, Arthur vit les pierres, et dit :

– Elle a attiré sur elle la foudre de Dieu. Je n'ai plus besoin de me venger.

Il chercha son fourreau sur le sol et ne put le trouver, car il était au fond du lac. Au bout d'un moment, il se remit en selle et reprit lentement le chemin de l'abbaye.

Dès qu'il fut parti, Morgane la Fée reprit sa forme et libéra ses hommes de leurs corps de pierre.

– A présent vous êtes libres, dit-elle. Avez-vous vu le visage du roi ?

– Nous l'avons vu : il était glacé de rage. Nous aurions fui, si nous n'avions été changés en pierre.

– Je le crois volontiers, dit-elle.

Ils reprirent leur route et croisèrent un chevalier qui menait un prisonnier aux mains liées et aux yeux bandés.

– Qu'allez-vous faire de ce chevalier ? demanda Morgane.

– Je vais le noyer. Je l'ai surpris avec ma femme, que je vais également noyer.

– Est-ce la vérité ? demanda Morgane au prisonnier.

– Non, madame, ce n'est pas vrai.

– D'où venez-vous ? Quel est votre nom ? demanda-t-elle.

– Je viens de la cour du roi Arthur, dit-il. Je me nomme Manessen. Je suis le cousin de sire Accolon.

— J'ai aimé Accolon, dit Morgane la Fée. En mémoire de lui, je vais te délivrer et tu feras à cet homme ce qu'il voulait te faire.

Ses hommes le libérèrent et lièrent l'autre avec les mêmes cordes. Ayant revêtu l'armure et les armes de celui qui l'avait capturé, sire Manessen le mena à une source profonde et l'y jeta. Puis il revint vers Morgane.

— Je retourne à la cour d'Arthur. Avez-vous un message pour lui ?

Morgane sourit amèrement.

— J'en ai un, dit-elle. Tu diras à mon cher frère que je t'ai sauvé non pour l'amour de lui, mais pour l'amour d'Accolon. Et tu lui diras que je ne le crains pas, car je peux me changer et changer ma suite en pierre. Enfin, tu lui diras que je puis faire plus que cela, et que je le lui prouverai quand le temps sera venu.

Regagnant ses terres dans le pays de Gore, elle fortifia ses châteaux et ses villes, les arma et les approvisionna, car en dépit de son fier message, elle vécut dans la crainte du roi Arthur.

Explicit Morgane la Fée

GAUVAIN, YVAIN ET MARHALT

Le roi Arthur rapporta tristesse et rage à Camelot, car il n'existe pas de défense contre la perfidie. Seules la rage et la suspicion mesurent la profondeur de la blessure.

Les chevaliers de la cour furent contaminés par la colère du roi et l'amplifièrent. Comploter contre la personne du roi, c'est trahir, et chaque sujet ressent le coup. Morgane la Fée devrait être brûlée, proclamèrent-ils. Qu'elle fût la demi-sœur du roi rendait son crime plus horrible. Lorsque sire Manessen apporta l'arrogant message de Morgane, la confrérie gronda et attendit qu'Arthur donnât le signal de s'armer... Mais le roi dit amèrement :

— Vous voyez à présent ce que c'est que d'avoir une chère et aimante sœur. Je m'occuperai d'elle moi-même, et je vous promets que le monde entier parlera de ma vengeance.

A ces paroles, les chevaliers comprirent que leur roi était déconfit et qu'il n'avait conçu aucun plan.

Comme bien des femmes cruelles et mauvaises, Morgane la Fée connaissait les faiblesses des hommes et faisait peu de cas de leurs forces. Elle savait aussi que les actions les plus folles pouvaient réussir si elles étaient accomplies hardiment et sans hésitation, car jusqu'à preuve du contraire les hommes croient que le sang est plus épais que l'eau et qu'une femme belle ne peut être mauvaise. Ainsi Morgane, jouant sur l'honnêteté et l'innocence d'Arthur, lui tendit un piège mortel. Elle prépara pour son frère un cadeau : un manteau d'une beauté telle qu'à sa vue ses yeux brilleraient. Fleurs et feuilles d'étincelantes gemmes lui donnaient grand prix, et Morgane la Fée envoya ce cadeau à Arthur par l'entremise de l'une de ses demoiselles à qui elle fit répéter son message.

Lorsque la demoiselle fut devant le roi, elle frissonna en voyant sa rage froide.

– Sire, dit-elle, votre sœur sait à présent qu'elle a commis un crime terrible qui ne peut être pardonné. Elle est résignée à son destin, mais souhaite que vous sachiez que son acte n'est pas d'elle, mais l'œuvre d'un esprit maléfique qui s'était emparé d'elle.

Voyant les yeux du roi vaciller d'incertitude, elle poursuivit :

– Votre sœur Morgane vous envoie ce présent, mon seigneur, qui sied à votre réputation de justice, de sagesse et de miséricorde. Elle vous prie de porter ce manteau quand vous la jugerez, ayant en mémoire non le démon immonde qui l'a possédée, mais la sœur aimée que vous avez réchauffée de votre tendresse.

La demoiselle déroula le brillant manteau et l'étendit devant le roi, observant son visage en osant à peine respirer. Elle vit, devant la beauté du présent, passer une lueur de plaisir dans ses yeux.

– Il... Il y a des esprits malins, dit-il. Tout le monde connaît leur existence.

– Votre sœur a fait ce manteau de ses blanches mains, mon seigneur. Elle a piqué elle-même chaque joyau et n'a pas permis qu'on l'aide.

Arthur regarda le manteau.

– Elle n'a jamais manqué d'intelligence, dit-il. Je me rappelle qu'un jour, quand elle était petite fille...

Il tendit la main vers l'étincelante beauté.

Alors s'éleva un cri perçant :

– Sire, n'y touchez pas !

Et Nyneve du Lac s'avança et dit :

— Sire, je vous ai déjà sauvé de la trahison.

Les yeux du roi revinrent se poser sur le brillant manteau. Mais Nyneve dit :

— Sire, il ne sera pas difficile de vérifier si je me trompe. Que l'envoyée de Morgane porte ce manteau la première !

Arthur se tourna vers la demoiselle tremblante.

— Pas de danger s'il est inoffensif. Mettez-le !

— Je ne dois pas, répondit la demoiselle. Il ne serait pas séant que je porte le manteau du roi. Ma maîtresse serait furieuse.

— Je pardonnerai l'offense. Mettez-le !

Alors, comme la demoiselle reculait avec effroi, Nyneve du bout des doigts prit le manteau par ses bords et le lui lança sur les épaules. La peau de la demoiselle rougit puis devint noire. Elle s'effondra sur le sol et se tordit de douleur, tandis que le corrosif mangeait sa chair et la brûlait.

Arthur regarda l'horreur couverte de joyaux qui se tordait à ses pieds, et il ressentit l'étonnement et la douleur de la trahison.

— Ma sœur a cousu cette mort de ses propres mains, dit-il. Ma propre sœur.

Puis il jeta un coup d'œil soupçonneux autour de lui et demanda à sire Uryens, le mari de Morgane, de venir le voir en particulier.

Lorsqu'ils furent seuls, il dit :

— Messire, la trahison est le plus triste de tous les crimes. Même s'il faillit, le poison s'étend. Avant sa mort, sire Accolon a confessé son crime et juré que vous étiez innocent — vous, mon ami et mon frère. Mais l'innocence n'est pas un antidote. Je sais que vous avez refusé de conspirer contre moi, cependant comment pourrais-je oublier que vous saviez qu'il y avait un complot ? Je puis facilement vous excuser, car je sais que ma sœur a également voulu vous tuer. Je vais essayer de vous faire confiance... Mais peut-on réparer les accrocs de la confiance ? Je ne le sais. Quant à votre fils, mon neveu, sire Yvain, tout ce dont je puis me souvenir est qu'il a été nourri à un sein empoisonné. Les mains qui ont modelé sa jeunesse ont cousu des bijoux pour me faire mourir. Quel terrible moule que la suspicion ! Yvain doit quitter la cour. Je n'ai pas le temps d'observer et de suspecter les actes les plus innocents.

– Je comprends, dit Uryens. S'il y a un moyen de prouver ma loyauté, je suis prêt.

– Eloignez votre fils, dit Arthur.

Yvain accepta son bannissement et dit :

– Il n'y a qu'un seul moyen de me justifier. Je vais me mettre en quête, mes actes parleront pour moi. Les mots peuvent être traîtres, mais les actes plaident pour eux-mêmes.

Son ami et cousin, sire Gauvain, n'était pas si patient.

– Qui vous bannit me bannit, dit-il. Je pars avec vous. C'est une injustice.

Arthur, observant les deux jeunes et vaillants chevaliers qui se préparaient pour un long voyage, dit d'un air songeur :

– Lorsque j'avais Merlin, je ne suspectais personne. Il me sauvait toujours de l'incertitude. Je souhaite que Merlin soit de nouveau près de moi.

Il se souvint alors des prédictions de Merlin concernant Guinevere et ne fut plus certain de souhaiter savoir.

– Quand on sait, il n'y a plus d'espoir, dit-il. Et sans espoir, il n'y a plus qu'à rester immobile, à se rouiller comme une armure inutilisée.

Au petit matin, les jeunes chevaliers entendirent la messe, se confessèrent et reçurent l'absolution. L'âme aussi claire et brillante que leur épée, ils quittèrent Camelot et entrèrent hardiment dans un nouveau monde de merveilles. Jetant un regard en arrière sur les vieilles murailles de Camelot, qui se découpaient dans l'aube en haut de l'imprenable colline, et sur les quatre fossés profonds qui protégeaient les murailles, ils furent heureux et fiers, et humbles d'être des hommes dans un monde où l'homme était quelque chose de précieux. Ils franchirent des vallées et sur les collines virent les remparts incrustés d'herbe de forteresses tombées en ruine avant la naissance du monde. Dans un grand champ plat, ils virent des cercles de pierres géantes, peut-être élevées par d'anciennes peuplades, à moins que ce ne fût là l'œuvre des farfadets, mais comme ces choses étaient extérieures à leur quête, ils n'y prêtèrent pas attention et tournèrent bride.

Apercevant une forêt, ils se rapprochèrent d'une petite colline conique couronnée de pins sombres, et leurs montures s'arrêtèrent, puis se mirent à trembler, les oreilles rabattues et les yeux blancs de crainte. Reconnaissant les signes, Yvain et Gauvain firent un détour pour éviter le tumulus. Ce n'était ni leur quête ni leur monde. Le leur était rempli de merveilles.

Ils pénétrèrent avec soulagement sous le couvert des grands chênes et quittèrent le lieu hanté. Les troncs d'arbres, aussi épais que des chevaux, s'élevaient sombrement et masquaient le ciel d'une voûte de feuilles frémissantes que perçait une faible lumière verte. Le bruit des sabots était assourdi par le sol moussu et aucun oiseau ne chantait dans les hautes branches. On n'entendait que le bruit sec des écus contre les cuirasses, le grincement du cuir tendu et le cliquetis des molettes d'éperons. Les chevaux trouvèrent leur chemin car – chacun le sait – un cheval à qui on lâche la bride passe là où d'autres chevaux sont passés. Dans les hauteurs, les feuilles de chêne tremblaient, froissées par un vent qui ne touchait pas le sol. L'obscurité et le calme pénétrèrent le cœur des jeunes chevaliers, qui demeurèrent silencieux. Arrivant au sommet d'une colline, ils furent tout heureux d'apercevoir au-dessous d'eux une prairie au fond de laquelle, à la lisière d'un bois, s'élevait une tour de pierre avec maints créneaux et meurtrières, car même si le danger y rôdait, c'était là quelque chose qui leur était familier.

Gauvain et son cousin se redressèrent sur leur selle, firent avancer leur écu et, de la main droite, tâtèrent la garde de leur épée. De la prairie, montaient des cris de femmes, aigus et vindicatifs. Les chevaliers vérifièrent leur harnais, abaissèrent la visière de leur heaume et se dirigèrent vers la tour.

Au bord du pré, ils s'arrêtèrent. Douze femmes allaient et venaient en courant autour d'un petit arbre auquel était suspendu un écu blanc. Chaque fois qu'une femme passait devant l'écu, elle lançait une motte de boue, criait un anathème et repartait chercher de la boue. Du sommet de la tour proche, deux fer-vêtus observaient l'étrange scène.

Les jeunes cousins s'approchèrent des dames, et sire Yvain leur demanda d'un ton sévère :

– Pourquoi souillez-vous et insultez-vous un écu sans champion ?

Les dames éclatèrent de rire, et l'une d'elles dit :

– Puisque vous nous le demandez, je vais vous le dire. Le chevalier qui détient cet écu hait les dames. Comme c'est pour nous une insulte, nous insultons son écu en retour. C'est de bonne guerre.

Ses compagnes rirent affreusement en poussant des cris d'orfraie.

– Il ne sied pas à un chevalier de mépriser les dames, j'en conviens, dit Gauvain, mais s'il le fait, c'est peut-être qu'il a quelque bonne raison. Ou qu'il a donné son cœur à quelque autre dame. Savez-vous comment il se nomme ?

– Certes, nous le savons. Il se nomme Marhalt et il est l'un des fils du roi d'Irlande.

– Je le connais bien, dit Yvain. Il est aussi bon chevalier que d'aucuns, et je l'ai vu le prouver dans un tournoi dont il a remporté le prix.

– Je pense que vous êtes à blâmer, dit Gauvain, d'un ton sévère. Ce n'est pas le rôle d'une dame de déshonorer l'écu d'un prud'homme. Il reviendra le défendre, et ne prisera pas plus les dames lorsqu'il découvrira ce que vous avez fait. Ce n'est pas ma querelle, mais je ne puis supporter de voir déshonorer l'écu d'un chevalier... Venez, mon cousin, quittons ces lieux. J'ai déplaisir à voir de telles dames.

Comme ils approchaient de la lisière de la forêt, Marhalt apparut, monté sur un immense destrier, et il galopa vers les dames qui s'enfuirent en poussant des cris, courant et trébuchant vers la tour pour se mettre à l'abri.

Sire Marhalt regarda son écu souillé, puis il le jeta sur son épaule et à ce moment-là l'un des chevaliers sortit de la tour et cria :

– Défendez-vous.

– Avec joie, répondit Marhalt.

Se penchant hardiment sur sa lance couchée, il fit voler à la fois l'homme et le cheval dans un grand désordre de harnais et de sabots. Marhalt ne s'était pas retourné que déjà l'autre fer-vêtu, remonté, le chargeait; se tournant sur sa selle, il dévia le coup de lance et abattit son adversaire.

Tournant alors son écu, Marhalt gratta la boue de la surface blanche. Puis il le leva vers la tour où les demoiselles, tremblantes de peur, s'étaient réfugiées.

– Part de l'insulte est vengée, cria-t-il. Une dame m'a fait don de cet écu blanc et je le garderai tel qu'il est. Même souillé, il est plus pur que vous.

Apercevant les cousins à la lisière de la forêt, il s'approcha d'eux sur ses gardes et leur demanda quel était leur bon plaisir.

– Nous sommes de la cour d'Arthur, dit Gauvain, et en quête d'aventures. Avez-vous quelque chose à nous suggérer ?

– Non, dit Marhalt, à moins que vous ne vouliez éprouver vos lances. Je ne refuserai pas l'aventure, si votre requête est courtoise.

Il fit volte-face et se tint prêt à jouter au centre du pré.

– Abandonnons l'affaire, dit Yvain. C'est un prud'homme. Qu'avons-nous à gagner ? Nous n'avons pas de querelle avec lui.

Gauvain leva les yeux vers le soleil.

— Il n'est pas encore midi, dit-il. Comme vous le savez, ma force augmente le matin et diminue l'après-midi. Il serait honteux de ne pas le combattre, mais il faut le faire très vite ou pas du tout.

— Nous pourrions peut-être tourner bride, dit Yvain.

— Pas après son défi. Nous ne susciterions qu'éclats de rire et mépris.

— Alors, très bien, mon cousin, dit Yvain. Je ne suis ni aussi fort ni aussi expérimenté que vous. Laissez-moi jouter le premier. Si je suis vaincu, vous me vengerez.

— Comme vous voudrez, dit Gauvain, mais souffrez que je vous dise que pour un combattant votre attitude est fâcheuse.

Yvain chargea, mais son adversaire le désarçonna et lui fit une entaille au côté. Revenant au centre du pré, Marhalt, sévère et immobile sur son destrier, attendit de rencontrer son prochain adversaire.

Gauvain s'assura que son cousin n'était pas gravement blessé, puis il regarda le soleil et vit que c'était l'heure. Enfant du matin, sa force et son courage croissaient avec le soleil et décroissaient avec lui. Son cœur, de joie, battait à grands coups. Lance en arrêt, il mit son cheval au trot, puis au petit galop, et chargea avec fureur. Marhalt le rencontra à mi-course. Chacune des deux lances frappa au centre de l'écu et se courba sous le choc, hampe de frêne contre hampe de frêne, puis la lance de Gauvain vola en éclats, et cheval comme chevalier furent projetés au sol.

Lorsque Marhalt arrêta sa monture et fit volte-face, il vit Gauvain debout près de son cheval mort, l'écu dressé, l'épée dansant dans la main.

— Sire chevalier, cria-t-il, descendez de votre monture et venez combattre à pied, ou je tuerai votre cheval et vous n'aurez plus l'honneur de choisir.

Sire Marhalt tira sur les rênes.

— Je vous remercie de la leçon dit-il. Vous amendez les lois de la courtoisie.

Il se dirigea vers un petit arbre, appuya sa lance

contre le tronc et, après avoir lentement mis pied à terre, il attacha son cheval à une branche et desserra la sangle. Puis il vérifia posément les courroies de son écu, resserra son ceinturon, tira son épée et examina la lame, pendant que Gauvain l'attendait avec impatience et que le soleil grimpait vers midi.

A présent sire Marhalt s'approchait d'un pas lourd, l'épée prête à parer, l'écu levé et légèrement oscillant. Gauvain bondit vers lui, frappant et chargeant comme un forcené pour essayer de porter un coup mortel pendant que sa force croissait. Mais Marhalt était un combattant éprouvé. Il garda son heaume baissé, se couvrit de son écu mouvant et, feignant d'accepter la charge, la laissa s'épuiser d'elle-même en reculant.

– Pourquoi avez-vous tant de hâte? demanda-t-il. Nous avons tout le jour pour combattre.

La question exaspéra Gauvain. Passant sous la garde de Marhalt, il le blessa au côté, mais pris au dépourvu par la riposte, il sentit la pointe de l'épée de son adversaire lui percer la cuisse. Il dansa autour du chevalier qui se défendait habilement, assenant une pluie de coups sur l'écu levé et le heaume incliné en avant.

– Vous êtes un homme fort, dit calmement Marhalt. Vous le devenez plus à chaque instant. Epargnez vos forces et votre souffle, le combat sera long. Venez, reposons-nous un moment.

Mais Gauvain vit que sous lui son ombre s'allongeait et il tenta un nouvel assaut en faisant tournoyer son épée brillante comme une roue. Il blessa Marhalt et reçut plusieurs blessures rapides en retour, s'épuisant à briser la défense de son redoutable et habile adversaire. Fonçant comme un bélier impétueux, Gauvain s'accrocha à l'infranchisable écu, vit son ombre disparaître et recula sous la poussée. Alors il sentit que ses forces commençaient à l'abandonner, et ses poumons sifflèrent d'épuisement. La joie du combat se retira, remplacée par une douleur sourde. Il recula et se mit à tourner avec circonspection.

Tout ce temps-là, Marhalt avait ménagé ses forces. Il

s'avança lentement puis, sans avertissement, décocha un coup cinglant qui fit sauter de côté l'écu que Gauvain ne tenait plus que d'une main faible. Il se préparait à aveugler Gauvain de son écu et à lui plonger son épée dans le ventre, mais il vit que le jeune chevalier avait sa garde ouverte et n'était pas en état de parer le coup. Il hésita, attendant que l'écu revint couvrir son adversaire, mais l'écu resta inutilement pendu à son côté.

Craignant une ruse, Marhalt recula avec prudence et, quinze pas plus loin, lorsqu'il fut à l'abri d'une botte, il posa la pointe de son épée sur le sol et dit :

– Jeune sire, vous étiez tout à l'heure le plus vaillant chevalier que j'aie jamais affronté. Maintenant vous êtes à bout de forces. Si je vous tuais, ce serait un meurtre, et je ne suis pas un meurtrier. Je puis vous laisser le temps de vous remettre, puis vous me tuerez peut-être, ou je vous tuerai. Vous n'avez pas avec moi si grande querelle que l'un de nous deux doive mourir sous peine de faillir à l'honneur. Seriez-vous satisfait si nous faisions la paix sans que nous prétendions, ni l'un ni l'autre, à la victoire ?

Gauvain trembla d'émotion.

– Gentil chevalier, vous êtes l'homme le plus noble que j'aie jamais rencontré. Je ne puis proposer cela, car je suis affaibli, mais vous, qui êtes fort et alerte, le pouvez et c'est chevaleresque courtoisie. J'accepte la paix, sire chevalier, et vous en remercie.

Pour prouver sa loyauté, Gauvain posa son épée, puis délaça et enleva son heaume. Marhalt fit de même et ils s'accolèrent comme des frères, jurant qu'ils vivraient de même. Yvain s'approcha, se tenant le côté, et ils l'aidèrent à se désarmer, puis Marhalt les conduisit dans son manoir, qui n'était pas très éloigné, et là ses serviteurs baignèrent leurs blessures et leur firent prendre leurs aises.

Et ces trois chevaliers se lièrent de loyale amitié, si bien que peu après, alors qu'ils étaient tranquillement assis dans la grande salle, une coupe de vin à la main, les os rongés de leur souper autour d'eux, Gauvain dit :

– Une chose me trouble, messire. Vous êtes brave, je le sais, et aussi courtois que galant chevalier, vous l'avez prouvé contre moi. Comment se fait-il que vous haïssiez les dames ?

– Moi ? Haïr les dames ? demanda Marhalt.

– C'est ce qu'ont dit celles qui salissaient de boue votre écu.

Alors Marhalt éclata de rire.

– N'avez-vous pas remarqué, dit-il, que si vous n'aimez pas certaine demoiselle, elle répand le bruit que vous n'aimez pas les dames ? Elle préserve ainsi sa vanité et prouve que vous n'êtes pas un homme.

– Mais celles qui ont déshonoré votre écu blanc ? demanda Gauvain.

– Elles avaient raison de dire que je les haïssais, dit Marhalt. Mais elles n'auraient pas dû étendre ce sentiment à toutes les dames. Certaines femmes éprouvent pour les hommes une haine et une jalousie profondes. Elles font leur proie des faiblesses des hommes et, par toutes sortes de tours mauvais, tentent de détruire leurs forces. Telles étaient les haïssables dames de la tour. Mais je suis au service de toute pucelle ou gente dame, comme un bon chevalier doit l'être. De telles dames ne souilleraient pas l'écu d'un chevalier en son absence, ne proféreraient pas des malédictions derrière son dos et ne fuiraient pas comme des poules apeurées à son retour. Non... il y a des dames vivantes qui pourront vous parler différemment de moi.

Alors ils parlèrent de chevalerie et d'aventures, et sire Yvain dit :

– Je dois me remettre en quête dès que je le pourrai. Bien que je n'aie commis aucune faute, le roi m'a banni. Je dois prouver mon honneur et ma chevalerie devant le monde entier afin qu'il entende parler de mes prouesses.

– Je ne suis pas banni, dit Gauvain, mais je trouve

que mon cousin a subi une injustice et je ne le quitterai pas dans sa quête d'honneur.

Marhalt s'assombrit :

– Je n'aimerai pas vous voir partir, dit-il. Nous sommes de bons compagnons. Ne demeurerez-vous pas ici avec moi ?

– Je ne le puis, messire, dit Yvain. Il faut que par mes prouesses et mes hauts faits, j'efface la honte de mon nom.

– Bien, dit Marhalt. En ce cas, je vous dirai que tout près commence un grand bois mystérieux qu'on appelle la forêt d'Arroy. Personne ne l'a jamais traversée sans rencontrer merveilles et dangers, et plus d'aventures qu'il n'en puisse mener à bien. Vos paroles ont enflammé mon sang. Si vous le permettez, je chevaucherai avec vous à travers la forêt et partagerai l'excitation de votre quête. J'avais oublié combien partir en quête est bon.

– Nous serons heureux de votre compagnie, dit Gauvain, et plus heureux encore de la force de votre bras.

Et ils continuèrent à parler d'aventures tard dans la nuit, rêvant de gloire et de renom dans le monde.

– Messire, dit Yvain, parlez-nous de la dame qui vous a fait don de l'écu blanc souillé avec tant de dépit.

Marhalt demeura silencieux et Gauvain dit :

– Mon cousin, votre question était discourtoise. Les choses dont un preux ne parle pas de son plein gré, sont des choses dont il ne souhaite pas parler. Peut-être à cause d'un serment, peut-être d'un mari jaloux.

– A cause d'un serment, dit rapidement Marhalt.

– Pardonnez-moi, messire, dit Yvain. Et vous, mon cousin, je vous remercie.

Le lendemain matin, les trois compagnons se préparèrent pour leur quête; ils polirent leur armure, vérifièrent le tranchant de leur épée, choisirent parmi leurs lances de frêne les plus droites et les mieux équilibrées, car c'est de ces choses que la vie et la victoire dépendent. Lorsqu'ils enfourchèrent leurs montures et se dirigèrent vers la forêt d'Arroy, qui s'élevait sombrement à l'horizon, Gauvain demanda :

— Messire, connaissez-vous cette forêt? Quelles aventures pouvons-nous espérer y trouver?

— Je ne la connais pas, répondit Marhalt. Si je la connaissais, il n'y aurait pas d'aventure. Mais les chevaliers qui l'ont traversée racontent qu'elle abrite des merveilles.

C'était une forêt de chênes et de hêtres, bordée d'aubépine, d'épine noire et de ronces inextricables. N'apercevant aucune ouverture dans la lisière sombre, ils durent se tailler un chemin à coups d'épée, mais suivirent bientôt une coulée que les daims avaient frayée sous le couvert, sachant qu'elle les mènerait à un point d'eau et de pacage, car les daims doivent boire et paître.

Au bout d'un moment, ils atteignirent une vallée jonchée de pierres carrées, comme si quelque ancienne ville avait été pillée et détruite. Parmi les ruines, ils virent des huttes de pierres semblables à des bergeries au toit de branches. Un ruisseau turbulent descendait en babillant de la colline proche. Après s'y être désaltérés et avoir fait boire leurs chevaux, ils en remontèrent le cours jusqu'à la source qui jaillissait du flanc moussu de la colline. Au-dessus de la source, sur une corniche de fougères, trois dames étaient assises à l'ombre d'un bosquet de bouleaux. Lorsque les chevaliers furent suffisamment près, elles se redressèrent et regardèrent l'étrange trio. L'une, d'âge plus que mûr et n'ayant plus que des souvenirs de sa beauté, portait une lourde guirlande d'or dans ses cheveux blancs. Près d'elle était assise une femme dans tout son éclat, un cercle d'or dans ses cheveux brun clair. La troisième était une adorable enfant nubile qui avait des fleurs piquées dans ses boucles d'or. Toutes les trois portaient de nobles vêtements brodés de fils d'or et d'argent, et derrière elles, sur le sol, étaient posés leurs manteaux fourrés.

Les chevaliers s'approchèrent lentement, et par courtoisie délacèrent leur heaume et saluèrent les trois assises.

– Dames, dit sire Marhalt, nous sommes des chevaliers errants en quête de toute aventure que Dieu voudra nous envoyer. Vous n'avez rien à craindre de nous car nous avons fait vœu de chevalerie, c'est-à-dire vœu de servir les dames.

– Vous êtes les bienvenus, répondit la plus vieille.

– Si vous n'avez pas fait vœu contraire, dit Gauvain, pouvez-vous nous dire pourquoi vous êtes assises ici, comme si vous attendiez ?

– Ce n'est pas un mystère, répondit la seconde dame. Nous nous asseyons ici pour attendre des chevaliers errants tels que vous. C'est notre coutume, tout comme partir en quête est la vôtre. Nous pouvons vous mener à des aventures, si vous suivez notre coutume : chacun d'entre vous devra choisir l'une de nous comme guide. Lorsque cela sera fait, nous vous conduirons à un endroit où trois chemins se rencontrent. Là, chacun de vous choisira un chemin. Vous avez donc deux choix à faire pour rencontrer votre destin, et seul Dieu peut en diriger le cours. Alors chacune partira avec celui qui l'aura choisie, mais vous devez jurer que dans douze mois, si vous vivez, vous vous retrouverez de nouveau ici. Que Dieu protège vos vies et vous accorde chance.

– Voilà qui est bien parlé, s'écria Marhalt. C'est ainsi que l'aventure doit être. Mais comment choisirons-nous nos dames ?

– En écoutant le choix de votre cœur et de votre esprit, dit la demoiselle.

Elle regarda le jeune Yvain, puis baissa les yeux et rougit.

Mais Yvain dit :

– Je suis le plus jeune des trois, le moins fort et le moins expérimenté. Laissez-moi choisir la dame la plus vieille. Elle a vu beaucoup de choses et pourra le mieux m'aider lorsque j'en aurai besoin, car nul doute que j'aurai plus que les autres besoin d'aide.

La colère empourpra les joues de la demoiselle.

– Très bien, dit Marhalt, s'il n'y a pas de vœu contraire, je choisirai la dame pleine de grâce et de maturité. Nous aurons beaucoup de choses en commun : n'étant ni très jeunes ni très vieux, nous serons délivrés des vanités et pas trop exigeants l'un envers l'autre.

– Beaux, doux compagnons, je vous remercie, dit joyeusement Gauvain. Au risque de vous offenser, j'aurais choisi la demoiselle. Elle est la plus jeune et la plus belle de toutes, et c'est elle que je préfère.

– Soit que le hasard, soit que Dieu nous ait favorisés, dit Marhalt, il n'y a dans nos choix ni dissension ni colère. A présent, dames, conduisez-nous à notre point de départ.

Les dames se levèrent, chacune prit la bride de son chevalier, et là où le chemin se divisait en trois, ils promirent de revenir dans douze mois; puis ils se donnèrent l'accolade, chacun prit sa dame en croupe, et ils partirent gaiement pour leur triple quête, sire Yvain vers l'ouest, sire Marhalt vers le sud, et Gauvain sur le sentier qui menait vers le nord.

Le conte suit d'abord sire Gauvain chevauchant joyeusement dans la verte forêt, la belle demoiselle ahanant derrière lui. Gauvain entretenait sa compagne d'un gai bavardage.

– Heureusement, j'ai pu vous choisir, dit-il. J'aurais lutté pour vous s'il n'en avait pas été ainsi. Vous ne répondez pas ? C'est facile à comprendre. Vous êtes très jeune et n'avez jamais été en compagnie d'un galant chevalier du grand monde. Vous rougissez, je le sais, bien que je ne voie pas votre visage. Cela convient à une si jeune demoiselle. Peut-être l'honneur qui vous a été fait vous a-t-il lié la langue – ou peut-être vous a-t-on appris à garder le silence lorsqu'un chevalier parle. C'est l'ancienne politesse. Trop rarement pratiquée maintenant. Vous ne devez pas avoir peur ou être trop impressionnée par moi. Malgré ma royale position et l'aura de ma chevalerie, je suis aussi humain que vous – un homme, en fait, en dépit des apparences. Vous êtes éblouie, ma chère, je puis facilement le comprendre.

Derrière lui, la demoiselle faisait laide mine et donna un coup de talon dans les flancs du cheval, qui fit un écart.

– Un animal, sans doute, ou un serpent, dit Gauvain. Si vous avez peur, passez votre bras autour de moi. Je vous empêcherai de tomber. Vous savez, j'apprécie une demoiselle qui ne bavarde pas tout le temps.

– Est-ce que sire Yvain est votre frère ?

– Non, mon cousin. Un gentil damoiseau. Je vois que vous pensez qu'il est trop jeune et trop inexpérimenté pour être intéressant... C'est vrai qu'il sort à peine de l'enfance, mais quand il aura couru autant d'aventures que moi, ce sera un preux chevalier. Il est d'un noble lignage. Mais, bien sûr, les demoiselles préfèrent les hommes plus vieux.

Le cheval fit un nouvel écart.

– Je ne comprends pas, dit Gauvain. C'est une monture très calme. Si vous aimez la musique, je peux chanter pour vous. Je ne le crois pas, mais l'on dit que j'ai une belle voix. Quelle ballade voulez-vous entendre ?

– Je n'aime pas le chant, dit la demoiselle. Regardez, il y a un beau manoir devant nous. J'ai soif, messire.

– Tout à fait d'une demoiselle, dit Gauvain. Soif, faim, froid, chaud, triste, gaie, aimant, haïssant... toujours quelque chose pour attirer l'attention. Eh bien, c'est peut-être cela qui fait le charme des demoiselles.

Un vieux chevalier était assis près du sentier devant le manoir et Gauvain se redressa.

– Messire, dit-il, Dieu fasse que la fortune vous sourie. Savez-vous s'il y a des aventures dans ces parages pour un noble chevalier en quête ?

– Dieu fasse qu'elle vous sourie d'abord, s'il en manque, répondit courtoisement le vieux chevalier. Des aventures ? Oui, plus que vous ne pourrez rompre de lances, mais le jour décroît. Ce qui est aventureux dans la lumière est tout à fait différent la nuit. Demain matin, je vous ferai quêter l'aventure.

– Nous devons poursuivre notre route, dit Gauvain. Mieux vaut que nous nous reposions sous la ramure d'un arbre.

– Absurde, dit la demoiselle. Je suis lasse et j'ai grand soif.

– Elle est très jeune, expliqua Gauvain. Très bien, ma chère, si vous le voulez.

La demoiselle soupa seule dans une petite chambre, ferma à clef la porte et ne répondit pas aux heurts légers de Gauvain. Il revint s'asseoir près du feu, en compagnie de son vieil hôte, et ils parlèrent de destriers et d'armures, et se demandèrent s'il valait mieux qu'un écu fût plat ou bombé pour dévier un coup de lance. Ils devisèrent ainsi de choses qui leur étaient familières jusqu'à ce que le sommeil vînt.

Le lendemain matin, lorsqu'ils furent en selle et de fer vêtus, sire Gauvain dit :

– Et maintenant, messire, quelle aventure m'avez-vous réservée ?

– Il y a dans la forêt, près d'ici, une clairière au sol uni et gazonné, avec une croix de pierre et, en lisière, une fontaine d'eau froide et pure. Ce lieu attire les aventures comme un quartier de viande les mouches. Je ne sais ce que nous y trouverons, mais si un événement merveilleux se prépare, c'est là qu'il aura lieu.

La clairière au vert tapis de velours était déserte lorsqu'ils y parvinrent et, après avoir mis pied à terre, ils s'assirent près de la vieille croix de pierre. Très bientôt, ils entendirent une voix maudissant l'iniquité du sort, et dans le pré parut un haut chevalier en armes, de fort belle et noble allure.

Quand il vit sire Gauvain, il cessa de se plaindre, le salua et pria Dieu de lui envoyer gloire et renom.

– Je vous remercie, dit Gauvain. Que gloire et renom soient également vôtres !

— Je ne dois plus y songer, messire, répondit le fervêtu. Pour moi, il n'y a plus que tristesse et honte, comme vous allez le voir.

A ces mots, il chevaucha vers l'autre extrémité de la clairière, immobilisa son cheval et attendit. Il n'eut pas à attendre longtemps : dix fer-vêtus sortirent l'un après l'autre de la forêt. Le premier coucha sa lance et le chevalier triste le rencontra, qui lui fit vider les étriers au milieu du champ. Puis, un par un, il rencontra les neuf autres et, avec une seule lance, les désarçonna tous. Lorsque cela fut fait, il immobilisa son cheval d'un air découragé. Alors les dix chevaliers s'approchèrent à pied et le mirent à bas de sa selle sans qu'il opposât la moindre résistance. Après lui avoir lié chevilles et poignets, ils l'attachèrent sous le ventre de son cheval, et la bête partit, portant tel un sac le chevalier mélancolique.

Gauvain observa la scène avec étonnement.

— Qu'est cela? demanda-t-il. Il les a tous battus, puis il leur a permis de le prendre.

— C'est la pure vérité, dit le vieux. S'il l'avait voulu, il aurait pu les défaire à pied, comme il les a défaits à cheval.

La demoiselle dit d'une voix pointue :

— Il me semble que vous auriez pu l'aider si vous étiez aussi vaillant que vous le dites. C'est l'un des meilleurs et des plus beaux chevaliers que j'aie jamais vu.

— Je l'aurais aidé s'il me l'avait demandé. Mais il me semble qu'il désirait ce qu'il a eu. Il n'est ni sage ni courtois de se mêler des affaires des autres quand on ne vous le demande pas.

— Je pensais que vous ne vouliez pas l'aider, dit la demoiselle. Peut-être êtes-vous jaloux de lui. Ou bien vous avez peur.

— Vous n'êtes qu'une petite demoiselle mal élevée, dit Gauvain. Moi, peur? Laissez-moi vous dire que je n'ai jamais peur.

Et tandis qu'ils se disputaient, le vieux chevalier dit :

— Silence! Le jour n'est que peu avancé, une foule

d'autres aventures se préparent. Regardez, sur la droite du champ, un chevalier en armes, mais la tête nue.

– Je le vois, dit la demoiselle. Il a sur le visage grande beauté.

Tandis qu'elle parlait, un autre cavalier pénétra dans la clairière, venant de la gauche, un nain en armure, lui aussi tête nue, aux épaules aussi larges qu'une porte, à la grande bouche de crapaud, au nez camus de singe, aux yeux de jais lançant des éclairs, un monstre si parfaitement laid qu'il en était presque beau.

Il s'adressa au chevalier qui attendait.

– Où est la dame ?

Une belle demoiselle sortit du couvert des arbres et s'écria :

– Je suis là.

– Il est absurde de la poursuivre, dit le chevalier. Allons, nabot, arme-toi et viens te battre pour elle.

– Je le ferais avec plaisir, répondit le nain, s'il n'y avait d'autre moyen. Mais je vois un bon chevalier assis près de la croix. Laissons-le décider lequel de nous deux l'aura.

– Très bien. A condition que tu jures de te conformer à sa décision.

Quand ils consultèrent Gauvain, il répondit :

– Il me semble qu'il n'y a guère le choix. Puisque vous vous en remettez à moi, je laisse à la dame le soin de décider qui elle choisit et je défendrai son choix.

La dame n'hésita pas. Elle se dirigea vers le nain à face de crapaud et tendit les bras vers lui; alors il se pencha sur sa selle, la souleva du sol et l'installa devant lui, et elle l'accola et lui baisa les lèvres. Le nain sourit avec sagacité, puis s'inclina ironiquement devant la compagnie et disparut dans la forêt, emportant la dame dans ses bras.

Le chevalier défait vint tristement s'asseoir près de la croix de pierre, et tous furent incapables de croire ce qu'ils avaient vu. Dégoûté, le vieux chevalier remonta en selle et s'en fut vers son manoir.

Alors un étrange fer-vêtu, armé de pied en cap, apparut dans la clairière et cria :

– Sire Gauvain, je vous ai reconnu à votre écu. Venez jouter avec moi en l'honneur de votre chevalerie.

Voyant Gauvain hésiter, la demoiselle lui dit :

– Vous aviez une raison d'éviter les dix chevaliers, quelle raison aurez-vous d'éviter celui qui vous défie ?

Gauvain se leva avec colère.

– Aucune raison, j'accepte.

Il sauta en selle, jouta contre son adversaire et tous les deux roulèrent sur le sol. Alors ils tirèrent laborieusement leurs épées et engagèrent le combat sans se presser, ne frappant que quelques coups, puis se reposant, comme si le cœur n'y était pas.

Cependant, à la croix, le chevalier déçu dit à la demoiselle :

– Je n'arrive pas à comprendre pourquoi elle est partie avec ce nain hideux.

– Qui sait ce qui touche le cœur d'une pucelle ? Une femme ne se laisse pas abuser par les traits d'un homme. Elle place plus profondément son amour.

– Vous n'en avez nul besoin, répliqua-t-il. Le vôtre n'a rien à envier à la beauté de quiconque.

Et il regarda les deux chevaliers qui feintaient et paraient sur l'herbe de la clairière.

– Cela prouve ce que j'ai dit, remarqua timidement la demoiselle. Il n'est pas mon amour. Je dirais même qu'il me déplaît. Votre visage n'a peut-être pas l'arrogante perfection du sien, mais je le trouve plus fier.

– Voulez-vous dire que, si vous aviez le choix, c'est moi que vous choisiriez ?

– Qu'ai-je dit ? murmura la demoiselle en rougissant. C'est un hâbleur. Il se croit meilleur que tout le monde. Il pense qu'une dame n'a qu'à le voir pour se pâmer d'amour pour lui. Un tel homme a besoin d'une leçon.

Le chevalier dit avec passion :

— Venez avec moi. Laissons-les combattre et partons.

— Ce ne serait pas convenable, dit-elle.

— Mais vous m'avez dit que votre cœur ne battait pas pour lui.

— C'est vrai. Je vous préfère de beaucoup.

— Je prendrai soin de vous et vous donnerai mon cœur.

— Il ne songe qu'à lui.

— Pensez-vous qu'il nous suivra ?

— Je ne crois pas qu'il oserait. C'est un niais.

Les deux chevaliers combattirent longtemps et le soleil qui frappait durement leur armure fit couler plus de sueur que de sang, si bien que le provocateur finit par rompre d'un pas et, s'appuyant sur son épée, dit :

— Pour ma part, je pense que nous avons tous les deux combattu selon les règles de la chevalerie. Si vous n'avez aucun grief particulier contre moi, faisons la paix. Comprenez bien que je ne vous en prie pas.

— Je comprends, dit Gauvain. Il n'y a aucun déshonneur à conclure un accord mutuel, et nous avons tous les deux fait honneur à notre blason. En convenez-vous ?

— J'en conviens, dit le chevalier.

Après avoir délacé leur heaume, ils se donnèrent l'accolade et se dirigèrent vers la fontaine où ils burent à grands traits et lavèrent la sueur salée qui leur piquait les yeux. Puis Gauvain regarda alentour et dit :

— Où est ma demoiselle ? Je l'ai laissée assise près de la croix.

— C'était la vôtre ? Je l'ai vue partir en croupe avec l'autre chevalier. J'ai cru que c'était la sienne.

Gauvain se renfrogna un moment, puis rit d'un air gêné :

— Cela pourra vous sembler peu galant, mais je suis content qu'elle soit partie. Je l'ai tirée au sort, c'est une oie blanche, jolie maintenant, mais du genre à grossir.

— Je ne l'ai pas vue de près.

— Vous n'avez pas perdu grand-chose. Elle m'a presque rendu fou avec son caquetage. Je préfère une dame plus mûre, ayant un peu l'expérience du grand monde, pas une stupide petite oie blanche.

– Une vraie crécelle ? Je vois le genre.

– Elle n'arrêtait pas, dit Gauvain. Et ce malheureux pense probablement qu'il me l'a enlevée. Il va déchanter.

– J'en suis heureux pour vous, dit le chevalier. Mon fief n'est pas loin d'ici. Venez loger chez moi. Peut-être quelque fille de ferme vous fera oublier votre crécelle.

– Avec joie, dit Gauvain.

Et comme ils en chevauchaient vers le logis, il ajouta :

– Si vous vivez dans ces parages, peut-être pourrez-vous me dire quel est ce chevalier qui peut désarçonner dix hommes avec une seule lance et se laisser ensuite emmener par eux, pieds et poings liés, sans faire un geste de défense ?

– Je le connais bien, répondit l'hôte. Et je connais son histoire. Désirez-vous l'entendre ?

– Oui, dit Gauvain. Mon cœur a souffert pour lui.

– Il se nomme Pelleas et c'est l'un des meilleurs chevaliers du monde.

– J'ai vu cela à sa manière de jouter... Avec une seule lance, faire mordre la poussière à dix chevaliers !

– Oh ! il a fait mieux. Lorsque dame Ettarde, qui a de nombreux fiefs et un château près d'ici, a annoncé un tournoi de trois jours, sire Pelleas a pénétré dans la lice où cinq cents chevaliers se disputaient le prix et a vaincu tous ceux qui se sont adressés à lui. Le prix du vainqueur était une belle épée et une guirlande d'or pour la dame de son cœur. L'attribution du prix ne faisait aucun doute. Lorsque Pelleas vit Ettarde, il s'éprit d'elle, lui donna la guirlande et proclama qu'elle était la plus belle dame du pays, ce qui est discutable, et qu'il défiait à outrance quiconque prétendrait le contraire. Mais cette Ettarde était une curieuse créature, aussi fière que vaine. Elle n'a pas voulu de lui. Je ne comprendrai jamais les femmes.

– Moi non plus, dit Gauvain. Pas plus tard qu'aujourd'hui une dame a choisi un nain à face de crapaud.

– Cela ne m'étonne pas, dit l'autre. Il y a, dans le château, maintes dames plus belles qu'Ettarde et aucune n'aurait refusé un chevalier aussi beau et aussi bien fait de sa personne que Pelleas, qui avait en outre réussi la prouesse de triompher de cinq cents chevaliers en trois jours. Mais sire Pelleas ne voulut regarder aucune autre femme. Il suivit Ettarde en gémissant comme un jeune chien, et plus il la suppliait, plus elle le repoussait, l'insultant, et faisant tout pour s'en débarrasser. Je n'arrive pas à comprendre ce qu'il pouvait aimer en elle.

– Qui connaît les mystères du cœur d'un homme ? dit Gauvain. Il devait l'aimer très profondément.

– C'est peu dire. Il veut la suivre jusqu'au bout de la terre et ne lui laisser aucun repos avant qu'elle lui retourne son amour.

– C'est parfois le plus mauvais moyen de s'y prendre, dit Gauvain. Mieux vaut s'éloigner après avoir envoyé un baiser. Certaines dames sont incapables de priser ce qu'elles ont.

– Il n'y a pas de doute qu'elle le fait exprès. Elle a essayé tous les moyens de se débarrasser de lui. Mais il a pris ses quartiers dans un prieuré proche du château et passe son temps sous la fenêtre de la dame à crier sa douleur et à implorer grâce, jusqu'à ce qu'Ettarde, hors d'elle, envoie des chevaliers contre lui. Alors il les défait l'un après l'autre à cheval, puis les laisse s'emparer de lui.

– C'est ce qu'il a fait aujourd'hui. Mais pourquoi ?

– C'est la seule manière de la voir. Elle a beau l'insulter et le déshonorer, il ne l'en aime que plus et la supplie d'être son prisonnier pour pouvoir la voir. Elle le fait jeter dehors, et de nouveau il revient aboyer sous sa fenêtre comme un chien malade d'amour.

– C'est une honte de voir un homme tomber si bas, dit Gauvain.

– Il a misé sur le fait qu'en étant tenace il viendrait

à bout de sa résistance, mais le résultat est que l'aversion qu'elle éprouvait pour lui est devenue une haine brûlante. Il lui a causé tant de troubles qu'elle adorerait l'homme qui le tuerait... Mais elle ne trouve aucun chevalier capable de le défaire en champ clos, et personne ne veut le tuer.

– Quel malheur ! dit Gauvain. Demain j'irai le trouver et j'essaierai de l'aider.

– Vous n'y réussirez pas, dit l'hôte. Il ne voudra pas entendre raison.

– En tout cas, vous m'avez donné une idée, dit Gauvain.

Le lendemain matin, Gauvain demanda le chemin du prieuré où habitait Pelleas et le trouva meurtri et abattu.

– Comment permettez-vous qu'on vous outrage ainsi sans vous défendre ? demanda Gauvain.

– J'aime une dame qui... commença Pelleas.

– Je connais l'histoire. Mais je ne comprends pas pourquoi vous lui permettez de vous fouler aux pieds.

– Parce que j'espère qu'elle finira par avoir pitié de moi. L'amour inflige à un chevalier maintes épreuves avant d'être accepté. Hélas ! je suis infortuné.

– La pitié est un ornement rare chez les dames, dit Gauvain.

– Si je peux lui prouver combien mon amour est profond, elle se laissera fléchir.

– Cessez de gémir, dit Gauvain. Votre méthode est douloureuse, insultante et inefficace. Si vous me laissez faire, j'ai un plan pour vous gagner le cœur de la dame.

– Qui êtes-vous ?

– Je suis sire Gauvain, neveu d'Arthur, fils de sa sœur et du roi Lot d'Orkney.

– Je suis sire Pelleas, seigneur des Iles. Je n'ai jusqu'à présent aimé ni dame ni demoiselle.

– Cela se voit, dit Gauvain. Vous avez besoin de l'aide d'un ami.

– Je mourrai si je ne la vois point. Elle m'insulte et me maudit, mais je ne souhaite rien d'autre que la voir, même si elle désire me voir mort ou aux cent diables.

– Si vous pouviez cesser de gémir pour m'écouter, voilà mon plan. Elle souhaite votre mort. Donnez-moi votre armure. Je me rendrai chez elle et lui dirai que je vous ai tué. Elle s'apercevra avec douleur de ce qu'elle a perdu, et lorsqu'elle vous pleurera je vous amènerai à elle et vous connaîtrez son amour.

– Est-ce la bonne méthode ? demanda Pelleas.

– Je crois que les dames adorent ce qu'elles n'ont pas, dit Gauvain.

– Serez-vous loyal envers moi ? N'agirez-vous pas contre moi ?

– Pourquoi le ferais-je ? dit Gauvain. Je reviendrai ici dans un jour et une nuit. Si je ne suis pas là, vous saurez que quelque chose s'est mal passé.

Ce plan arrêté, ils échangèrent armure et écu, se donnèrent l'accolade et Gauvain s'en fut vers le château d'Ettarde.

Les tentes des dames étaient dressées dans la prairie qui s'étendait devant l'enceinte du château. Ettarde et ses demoiselles jouaient, dansaient et chantaient dans la douceur des fleurs des champs.

Lorsque Gauvain, portant le blason de Pelleas sur son écu, fut en vue, les dames, consternées et craintives, se levèrent d'un bond et se précipitèrent vers la porte du château. Mais Gauvain annonça qu'il n'était pas Pelleas.

– Je suis un autre chevalier, cria-t-il. J'ai tué Pelleas et j'ai pris son armure.

Méfiante, Ettarde s'arrêta.

– Délacez votre heaume, dit-elle. Laissez-moi voir votre visage.

Lorsqu'elle vit que ce n'était pas Pelleas, elle le pria de mettre pied à terre.

– Avez-vous vraiment tué Pelleas ?

– Oui, dit Gauvain. C'est le meilleur chevalier que j'aie rencontré, mais j'ai fini par le défaire et, comme il ne voulait pas se rendre, je l'ai tué. Comment aurais-je autrement pu porter son armure?

– Cela est vrai, dit Ettarde. C'était un merveilleux combattant, mais je le haïssais car je ne pouvais m'en débarrasser. Il criait, pleurait et gémissait comme un veau malade, tant que je souhaitais le voir mort. J'aime les hommes de décision. Puisque vous l'avez tué pour moi, je vous accorderai tout ce que vous désirez.

Et Ettarde rougit en disant cela.

La regardant, Gauvain vit qu'elle était belle; il se rappela avec dégoût sa perfide petite demoiselle, et sa vanité réclama une conquête. Il sourit avec assurance :

– Dame, je vous prends au mot, dit-il.

Il vit avec plaisir que ses joues devenaient roses d'excitation.

Elle le mena dans son château et lui fit préparer un bain avec de l'eau parfumée, et lorsqu'il eut revêtu une ample robe de drap pourpre, elle lui apporta des mets et du vin, et s'assit si près de lui que son épaule toucha la sienne.

– A présent, dites-moi ce que vous désirez de moi, dit-elle d'une voix douce. Vous verrez que je paie mes dettes.

Gauvain lui prit la main.

– Très bien, dit-il. J'aime une dame qui ne me le rend pas.

– Oh! s'exclama Ettarde, confuse et jalouse. C'est une sotte. Vous êtes fils de roi, neveu de roi, jeune, beau et brave. Qu'est-ce qu'a votre amour? Aucune femme au monde n'est trop bonne pour vous. Elle doit être idiote.

Elle regarda dans les yeux rieurs de Gauvain.

– Comme récompense, dit-il, je veux votre promesse que vous ferez tout ce qui est en votre pouvoir pour m'obtenir l'amour de ma dame.

Ettarde se contrôla pour cacher sa déception.

– Je ne sais pas ce que je pourrais faire, dit-elle.

– Ai-je votre promesse, sur l'honneur?

— Eh bien... Oui... oui. Je promets, puisque je vous l'ai dit. Qui est la dame et que puis-je faire?

Gauvain la regarda longtemps avant de répondre :

— C'est vous, et vous savez ce que vous pouvez faire. Je vous prends au mot.

— Oh! s'écria-t-elle. Vous m'avez dupée. Aucune femme n'est à l'abri avec vous. Vous m'avez tendu un piège.

— Votre promesse!

— Je suppose que je ne puis plus rien, dit Ettarde. Si je ne vous donne pas ce que vous demandez, je faillirai à mon serment, et je mets mon honneur plus haut que ma vie, mon amour.

C'était le mois de mai. Les champs étaient vert et or, tapissés de fleurs, doux et chauds sous le soleil de l'après-midi. Gauvain et Ettarde sortirent du château et, main dans la main, flânèrent dans le pré où les tentes aux brillantes couleurs avaient été dressées dans l'herbe. Ils soupèrent assis dans l'herbe puis, quand le soir tomba, un trouvère qui avait traversé la mer chanta des chansons d'amour et de chevalerie. Les chevaliers d'Ettarde et ses demoiselles flânèrent dans la soirée, écoutant les airs, puis s'éclipsèrent dans d'autres tentes dressées non loin de là.

Et lorsque la froideur de la nuit les fit frissonner, Gauvain et Ettarde pénétrèrent dans leur demeure de soie et laissèrent retomber la porte de drap. Ils s'allongèrent sur une molle couche sous des courtepointes de plumes, et furent pris d'amour et de langueur et d'amour de nouveau, et le temps passa sans qu'ils y prissent garde. Dans le matin doré, ils rompirent le jeûne et s'aimèrent et dînèrent et s'aimèrent et soupèrent et s'aimèrent et dormirent pour au réveil s'aimer — et trois jours passèrent comme passe une heure.

Dans son prieuré, sire Pelleas attendit nerveusement que se fût écoulé le délai d'un jour et d'une nuit, mais Gauvain ne revint pas. « Quelque chose l'a retardé », se dit Pelleas, et il l'attendit sans dormir un autre jour et une autre nuit. Alors, les joues creuses et l'air égaré, il se mit à arpenter sa cellule en disant :

– Peut-être est-il blessé, peut-être malade. Cependant si j'y vais maintenant, je risque de ruiner son plan subtil. Mais supposons qu'elle l'ait fait prisonnier...

Avant l'aube de la troisième nuit, il ne put plus y tenir. Il s'arma et chevaucha vers le château silencieux, sombre masse non gardée, et aperçut, dans la prairie, les tentes dont les toiles rayées s'agitaient doucement dans la brise du matin. Attachant en silence son cheval, il se dirigea vers la première tente et y vit trois chevaliers endormis. Dans la seconde, dormaient quatre demoiselles ébouriffées et contentes. Soulevant la porte de toile de la troisième, il vit Gauvain et sa dame dans les bras l'un de l'autre, dormant du profond sommeil de l'amour rassasié.

Le cœur de Pelleas se brisa. « Il était donc félon, pensa-t-il. Avait-il prévu sa trahison ou a-t-il été ensorcelé ? » Souffrant mille maux, il s'éloigna et enfourcha sa monture. Lorsqu'il eut chevauché un demi-mile, l'image des amants toujours devant les yeux, la colère monta en lui : « Il n'est pas mon ami, mais mon ennemi. Je vais revenir et le tuer comme traître à sa promesse. Je les tuerai tous les deux. » Tournant bride, il refit le même chemin. Alors maintes années d'honneur et d'innocence l'assaillirent. « Je ne puis tuer dans son sommeil un chevalier désarmé », pensa-t-il. « Ce serait un crime pire que le sien, un crime contre mon honneur et celui de la chevalerie tout entière. » Et il tourna de nouveau bride en direction du prieuré. En chemin, la rage se mit à vociférer dans sa poitrine : « Au diable la chevalerie, au diable l'honneur ! L'ont-ils respecté ? Je les tuerai tous les deux, comme les êtres abominables qu'ils sont, et débarrasserai le monde de cette infamie. » Et faisant volte-face, il galopa vers le château.

Il attacha sa monture, et dans l'aube grandissante se glissa doucement vers la tente. En retenant son souffle, les narines frémissantes de violence contenue, il tira silencieusement son épée du fourreau. Entré dans la tente, il se pencha au-dessus des amants endormis. Ettarde se tourna dans son sommeil, ses lèvres murmurant quelque doux rêve, et Gauvain, en dormant, l'attira près de lui. De sa vie, Pelleas n'avait commis d'acte cruel ou injuste, et bien qu'il en eût, il n'arrivait pas à lever son épée. Alors il déposa la lame nue sur leur gorge, puis sortit en silence et regagna le prieuré sans pouvoir retenir ses larmes. Il trouva ses écuyers qui s'inquiétaient de son absence et, lorsqu'ils furent rassemblés autour de lui, Pelleas leur dit :

– Vous avez, dans un monde sans foi, été fidèles et loyaux envers moi. Je vous fais don de mes biens, de mon armure et de tout ce que je possède. Ma vie est terminée. Je vais m'allonger dans mon lit et ne me relèverai pas. Je vais bientôt mourir car mon cœur est brisé. Quand je serai mort, vous devez me promettre de m'arracher le cœur, puis de l'apporter à Ettarde dans ce plat d'argent et de lui dire que je l'ai vue dormir dans les bras de mon faux ami Gauvain.

Les écuyers protestèrent, mais il les apaisa et gagna sa couche, où il resta pâmé pendant des heures sous le choc du chagrin.

Lorsqu'elle s'éveilla, Ettarde sentit la lame de l'épée sur sa gorge. Se levant en sursaut, elle reconnut à sa garde l'épée de Pelleas et fut saisie de crainte et de colère. Elle secoua Gauvain et lui dit :

– Ainsi, vous m'avez menti. Vous n'avez pas tué Pelleas. Voici son épée. Il est vivant et il est venu ici et ne nous a pas tués. Vous nous avez trahis tous les deux. S'il vous avait rendu ce que vous lui avez fait, vous devriez être mort, car vous ne pardonneriez pas à un autre ce dont vous vous êtes rendu coupable. A présent, je sais qui vous êtes. Je préviendrai toutes les dames contre votre amour et tous les chevaliers contre votre amitié.

Gauvain essaya de répondre, mais elle l'arrêta net :

– Ne cherchez pas d'excuses. Vous ne feriez qu'aggraver les choses.

Gauvain la quitta en souriant d'un air sombre et alla chercher son armure au château. Lorsqu'il se fut armé, il enfourcha sa monture et s'éloigna, se disant à lui-même : « Elle était loin d'être des plus jolies. Quant à Pelleas... Telle est ma récompense pour l'avoir vengé de cette femme qui l'avait rendu si malheureux. Eh bien, voilà. Il n'y a plus de gratitude dans le monde. Un homme ne doit compter que sur lui-même. C'est ce que je ferai à partir d'aujourd'hui. Que cela me serve de leçon. »

Dans la forêt de l'Aventure, Nyneve du Lac voyageait sans cesse. Elle n'était plus la demoiselle impatiente qui avait ravi à Merlin ses secrets avant de lui ravir sa vie. Ce qu'elle désirait alors, c'était un pouvoir et une position échappant à toute dépendance. Mais dans les années qui suivirent, son pouvoir exerça sa propre dépendance. Elle était capable d'accomplir des choses que les autres ne pouvaient faire, mais loin de la rendre libre, cela fit d'elle l'esclave des malheureux. Ayant le don de guérir, elle devint la servante des malades; son pouvoir sur la fortune la lia aux infortunés, tandis que son savoir, qui lui rendait le mal visible quel que fût son masque, lui fit mener une guerre constante contre les intrigants, les cupides et les traîtres. Plus encore, elle comprit tristement que si sa force l'obligeait vis-à-vis des faibles, ils ne se sentaient nullement obligés vis-à-vis d'elle, car on n'offre pas son amitié en paiement d'une dette. Elle se retrouva ainsi seule et à l'écart, louée mais délaissée, et souvent elle eut la nostalgie du temps ancien où l'amour et la tendresse étaient entre tous librement partagés, car terrible est la solitude de celui qui ne peut que donner, et terrible la colère de ceux qui, ne pouvant que recevoir, haïssent le poids de leur dette. Ainsi Nyneve restait peu de temps au même endroit, car toujours la joie procurée par ses services devenait malaise face à ses pouvoirs.

Tandis qu'elle voyageait dans la forêt, elle rencontra

un jeune écuyer qui pleurait, et quand elle lui demanda la cause de son chagrin, il lui dit que son maître bien-aimé avait été trahi par sa dame et un autre chevalier, qu'il en avait le cœur brisé et n'attendait plus que la mort.

– Mène-moi à ton seigneur, dit Nyneve. Il ne mourra pas d'amour à cause d'une femme infidèle. Si elle est en amour sans merci, la punition qu'elle encourt est d'aimer sans être aimée.

L'écuyer se réjouit et la conduisit jusqu'à la couche où gisait Pelleas, les joues creuses, les yeux fixes et enfiévrés. Nyneve pensa qu'elle n'avait jamais vu de chevalier aussi beau ni d'aussi belle prestance.

– Pourquoi le bien se laisse-t-il piétiner par le mal ? dit-elle.

Posant sa main fraîche sur le front de Pelleas, elle sentit le sang battre dans ses tempes brûlantes. Alors elle lui chanta une chanson à mi-voix et le calma jusqu'à ce que sa magie répétée lui procurât la paix et l'enchantement d'un sommeil sans rêves. Puis elle chargea ses écuyers de veiller sur lui et de ne pas le réveiller avant son retour. Elle se rendit chez Ettarde, brisa sa volonté et la ramena au chevet de Pelleas endormi.

– Comment osez-vous faire mourir un tel homme ? dit-elle. Qu'êtes-vous donc pour être incapable de bonté ? Je vais vous faire le cadeau de la douleur que vous avez infligée à autrui. Déjà vous sentez mon sortilège et vous aimez cet homme. Vous l'aimez plus que tout au monde. Vous l'aimez. Vous voudriez mourir pour lui, vous l'aimez...

Et Ettarde répéta après elle :

– Je l'aime. O Dieu que je l'aime ! Comment puis-je aimer ce que j'ai tant haï !

– C'est une petite miette de l'enfer que vous aviez coutume d'offrir aux autres, dit Nyneve. Vous allez à présent connaître l'autre face.

Elle chuchota longtemps dans l'oreille du chevalier endormi, puis le réveilla et s'écarta pour écouter et observer.

Pelleas jeta des regards effarés autour de lui et ses yeux tombèrent sur Ettarde, et plus il la regardait, plus elle lui inspirait de répugnance, si bien que lorsqu'elle avança amoureusement la main vers lui, il eut un mouvement de dégoût.

– Allez-vous-en, dit-il. Je ne puis supporter votre vue. Vous êtes aussi laide qu'horrible, partez et que mes yeux ne vous voient plus jamais.

Ettarde s'effondra sur le sol en pleurant. Alors Nyneve la releva et la fit sortir en disant :

– Maintenant vous savez ce qu'est la douleur d'amour. C'est ce qu'il éprouvait pour vous.

– Je l'aime ! hurla Ettarde.

– Il en sera ainsi tant que vous vivrez, dit Nyneve. Et vous mourrez d'amour insatisfait, ce qui est une mort desséchante. Partez maintenant. Votre œuvre ici-bas est achevée. Allez vers votre mort aride.

Puis Nyneve se retourna vers Pelleas et dit :

– Levez-vous et recommencez à vivre. Vous trouverez votre amie et elle vous trouvera.

– Je ne suis plus capable d'aimer, dit-il. C'est fini.

– Non pas, dit Nyneve du Lac. Prenez ma main. Je vous aiderai à trouver votre amie.

– Resterez-vous avec moi jusqu'à ce que je la trouve ? demanda-t-il.

– Oui. Je promets de rester avec vous jusqu'à ce que vous trouviez votre amie.

Et ils vécurent heureux ensemble tout le reste de leur vie.

Le conte à présent retourne au carrefour des trois chemins et accompagne vers le sud sire Marhalt et sa dame, assise derrière lui en amazone et lui entourant la taille d'un bras bien rond. Marhalt dit :

– Je suis heureux de vous avoir préférée. Vous semblez être une femme compétente et agréable. Lorsqu'on atteint un certain âge, il est déjà suffisamment ardu de se concentrer sur sa quête sans que les chauds et froids de la passion juvénile viennent encore compliquer une situation déjà confuse.

– Quêter est une curieuse aventure, dit-elle. On peut en faire ce que l'on veut.

– Dame, avez-vous déjà couru l'aventure?

– Maintes fois, messire.

Elle éclata d'un rire superbe.

– Les merveilles de la quête me sont plus que familières. Il n'est pas désagréable de chevaucher avec un bon compagnon.

– J'espère que je le serai, dit Marhalt. J'ai le vague souvenir qu'autrefois j'aurais combattu pour le petit minois triste, les cheveux d'or, l'esprit aussi menu que les seins... oui, je m'en souviens.

– Mais maintenant c'est moi que vous trouvez plus séduisante ?

– Je vous trouve agréable. Mais je me demande pourquoi une femme charmante part en quête. Les nuits froides, le sol dur et humide pour dormir, la nourriture mauvaise ou le manque de nourriture...

– On peut rendre une quête agréable. Vous avez vu que chacune de nous avait un sac. Le mien est attaché à l'arçon de votre selle. Vous gêne-t-il ?

– Pas le moins du monde. D'évidence, il contient les mille petites choses dont une femme a besoin.

– Oui, dit-elle. Mais à femmes différentes, besoins différents. La demoiselle avait également un sac, et il contenait des parfums, des mouchoirs, des gants, un miroir, de la terre rouge pour les lèvres et les joues, et le plus important : une poudre blanche aux vertus médicinales pour se purger le corps des graisses et garder le teint clair.

– Et vous, dame, qu'avez-vous dans votre sac ?

– Je suis comme vous. Quelques agréments ne font pas de mal. J'ai une petite bouilloire pour l'eau, des herbes et de la viande fumée en cas d'urgence, des cendres et de la graisse pour faire du savon, car on se salit beaucoup, un bon onguent contre les blessures et les piqûres d'insectes, et une couverture légère et bien tissée pour nous protéger de la pluie. Et, bien sûr, la même poudre blanche aux vertus médicinales.

– Et comme nécessaire ?

– Des vêtements de rechange pour l'hygiène de la peau, un peigne, et un poignard au cas...

– Au cas où je vous importunerais ?

– Je ne pense pas en avoir besoin, sauf peut-être pour éplucher des oignons sauvages.

– J'ai grande joie de vous avoir pour guide. Vous êtes non seulement sage, mais de bonne compagnie.

– Et vous, dit-elle, racontez-moi. Etes-vous un redoutable champion ?

– J'ai eu de la chance, dit Marhalt. J'ai, dans les années qui viennent de s'écouler, plus souvent vaincu que crié merci. Il est vrai que j'avais l'avantage de milliers de jours de pratique. Il est possible que je combatte bien parce que j'ai combattu souvent.

– Vous n'êtes point vaniteux, messire.

– J'ai vu trop de preux mordre la poussière. Et je ne me permets pas d'oublier qu'un jour, par mauvaise chance ou sous la charge d'un chevalier plus jeune et plus fort que moi, je mordrai moi aussi la poussière.

– Alors pourquoi recherchez-vous les aventures ? Vous devez avoir des terres. Vous pourriez y demeurer en compagnie d'une bonne et aimable épouse.

– Oh non ! J'en ai tâté, mais je suis de noble naissance, et de noble éducation, façonné comme le bois d'une lance pour la vie que je mène. Faire perdre ses vertus à un chevalier est aussi difficile que d'arrêter un destrier en pleine charge. Est-ce que les chiens de meute suivent la piste des biches ? On les tuerait s'ils le faisaient.

– Ecoutez ! dit-elle. J'entends le bruit d'une eau courante, source ou ruisselet. Si vous trouvez du bois sec pour faire un feu, je ferai bouillir de l'eau. J'ai une petite boîte de fleurs de camomille séchées pour une tisane, ainsi qu'un pâté et un morceau de fromage.

– Dame, vous êtes plus qu'agréable, dit Marhalt.

Après qu'ils eurent mangé et que la boisson les eut réchauffés, la dame dit :

– L'heure semble tout à fait propice pour dormir un peu.

– Ne devrions-nous pas poursuivre notre quête ?

– Nous avons une année. Je pense que nous pourrions prendre le temps de dormir un peu. Ici, mon seigneur, je vais vous faire de mon manteau plié un oreiller.

Marhalt s'appuya sur le coude et la regarda.

– Ma foi, vous avez de jolis yeux, dit-il. Noisette, ce me semble, et chauds.

– Etendez-vous, mon seigneur, dit-elle. Quand j'avais l'âge de la jeune demoiselle que vous avez vue tout à l'heure, je pêchais les compliments à toute source. Mais j'ai appris. Si vous aviez vu mes yeux alors, vous n'auriez pas eu besoin de les voir deux fois, mais maintenant... c'est différent, n'est-ce pas ?

– Oui, dit-il en bâillant. Oui, dame, très différent.

Lorsqu'ils se réveillèrent et reprirent leur route, la forêt se clairsema; l'après-midi était vert doré, chaud, sans un souffle de vent, et les touffes de thym répandaient leur senteur sous les sabots des chevaux.

– Messire, dit la dame, je ne parle pas car je vais dormir un peu. Si vous le voulez bien, je vais poser ma tête contre votre dos.

– N'avez-vous pas dormi ?

– Non, j'ai veillé. Mais à présent vous allez veiller pour moi.

– Pouvez-vous dormir à cheval ? N'allez-vous pas tomber ?

– Dans certaines de mes aventures je n'ai dormi qu'à cheval.

Mais Marhalt dit :

– J'ai peur que le cheval fasse un écart. Entourez-vous la taille de votre écharpe et passez-moi les bouts.

Et il noua l'écharpe devant lui, de manière à ce qu'ils fussent attachés ensemble.

— A présent, dormez, douce amie. Vous ne tomberez pas.

A l'approche du soir, le couvert devint de plus en plus dense, et la forêt plus hostile, comme si des ennemis rampaient à la lisière de l'ombre. La dame frissonna, puis se réveilla et éternua.

— J'ai dormi longtemps, dit-elle. Vous pouvez me délier maintenant. Nous arrêterons-nous bientôt ?

— J'espère trouver quelque logis où nous nous arrêterons même si nous voyageons dans le noir. Avez-vous peur de l'obscurité ?

— Non, dit-elle. Autrefois j'avais peur, et puis j'ai réfléchi. Je vois aussi bien qu'eux dans le noir.

— Eux ?

— Tout ceux qui peuplent le noir.

— Les dragons voient la nuit, comme les chats, dit-il.

— Oui, je crois. Je n'en aï jamais vu. Ma sœur, beaucoup, mais elle a tout vu. Les chats ne me gênent pas et je ne me risquerais pas à aller déranger les dragons pour en voir. Il fait sombre, messire. Verrez-vous une maison si nous passons à proximité ?

— Je sens une odeur de fumée, dit Marhalt, et là où il y a un feu il y a peut-être un abri.

Ils aperçurent bientôt une masse noire qui se découpait contre les ténèbres inhospitalières, et des rais de lumière filtrant à travers les fentes de la porte. Des chiens se ruèrent en aboyant et firent cercle autour du cavalier éreinté de fatigue. La porte s'ouvrit d'un seul coup et une silhouette noire, tenant à la main un épieu, parut sur le seuil.

— Qui va là ?

— Un chevalier errant et sa dame, dit Marhalt. Rappelez vos chiens. Nous désirons un abri pour la nuit.

— Ne restez pas ici.

— Ce n'est pas courtois, dit Marhalt.

— La courtoisie va mal avec l'obscurité.

— Vous ne parlez pas comme un gentilhomme.

— Ce que je ne suis pas n'a que peu de rapport avec

le fait que j'ai les deux pieds bien plantés sur mon seuil et un épieu à la main pour les y garder.

– Garde pour tes enfants ton épieu à cochons, dit Marhalt avec colère. Et dis-nous, si tu le sais, où un chevalier et sa dame peuvent trouver abri.

– Un chevalier en quête d'aventures...

L'homme sombre éclata de rire.

– Je sais ce que c'est : un puéril monde de rêve reposant sur les épaules des moins favorisés. Oui, je peux vous indiquer la route à suivre, si contre une aventure vous voulez un logis pour la nuit.

– Quel genre d'aventure ?

– Ça, vous le verrez quand vous y serez. Chevauchez en direction de l'étoile rouge jusqu'à ce que vous voyiez un pont, si vous ne le manquez pas et ne vous noyez pas dans le noir.

– Ecoute, manant. Je suis las, lasse est ma dame, et las mon cheval. Je te paierai si tu nous guides.

– Payez d'abord.

– Bien, mais si tu n'es pas un guide loyal, je reviendrai brûler ton cher logis.

– Je sais. C'est ce que les gentilshommes font toujours, dit l'homme.

Cependant il apporta une lanterne aux vitres de corne et passa devant eux, éclairant le chemin. Une heure plus tard ils arrivèrent en vue d'un château de pierre blanche qui se découpait contre les bois noirs. Le guide tira sur la corde d'une cloche et une petite poterne s'ouvrit.

– Simon, dit le guide, je t'ai amené un chevalier errant qui demande l'hospitalité.

Les deux hommes gloussèrent et le portier dit :

– Il s'en repentira.

– Il m'a payé, Simon. Ce n'est pas mon affaire. Venez, sire chevalier, voici votre logis. Dormez bien.

Et il s'en fut, riant toujours de déplaisante manière.

A la lumière d'une torche, le portier fit entrer Marhalt dans la cour où des hommes bien vêtus l'aidèrent, ainsi que sa dame, à mettre pied à terre, avant de conduire son cheval aux écuries.

Dans la grande salle, un puissant duc était assis à la haute table, dominant une suite nombreuse.

– Qui avons-nous ici ? demanda froidement le duc.

– Messire, je suis un chevalier de la Table ronde du roi Arthur. Je me nomme Marhalt et suis né en Irlande.

– Voilà de bonnes nouvelles pour moi, et de mauvaises pour vous, dit le duc. Reposez-vous cette nuit. Vous en aurez besoin. Je n'aime ni votre roi ni votre confrérie. Demain matin, vous jouterez contre moi et mes six fils.

– Voilà qui n'apporte pas grande joie au plus errant des chevaliers, dit Marhalt. N'est-il pas possible d'éviter de combattre sept hommes à la fois ?

– Non, dit le duc, c'est impossible. Lorsque sire Gauvain a tué mon second fils au combat, j'ai fait vœu de combattre tous les chevaliers d'Arthur qui viendraient céans jusqu'à ce que mon fils soit vengé.

– Vous plairait-il de me dire votre nom, messire ?

– Je suis le duc de la Marche du Sud.

– J'ai entendu parler de vous, dit Marhalt. Vous êtes depuis beau temps l'ennemi du roi Arthur.

– Vous verrez quel ennemi si vous vivez jusqu'à demain matin.

– Dois-je combattre, messire ?

– Vous n'avez pas le choix. A moins que vous ne préfériez offrir votre gorge au couteau du cuisinier.

Et le duc à ses gens :

– Emmenez-les, lui et sa dame, dans une chambre. Donnez-leur tout ce qu'ils souhaitent et montez la garde devant la porte.

Dans la chambre froide et inhospitalière, Marhalt et la dame mangèrent le pain qu'on leur donna, et elle sortit les restes du fromage de son sac pour agrémenter ce mauvais repas.

Marhalt dit d'un air lugubre :

– Sachant que les chevaliers errants sont rarement

mariés à leur dame, il aurait au moins pu nous donner des chambres séparées pour sauver les apparences.

La dame sourit :

– Dans la forêt, messire, nous aurions fait arbre à part. Mais je m'inquiète plus pour demain. Sept hommes contre un. Comment allez-vous faire ? La lutte est terriblement inégale.

– Je ne suis pas novice, dit Marhalt. J'éprouverais plus de craintes s'il avait dit qu'il me combattrait seul. S'il a besoin de ses six fils pour l'épauler, c'est qu'il n'a confiance ni en lui ni en eux. Jouter requiert précision et adresse, et le nombre ne rend pas moins incapable. Dormez aussi bien que vous le pourrez, ma mie. Si nous nous sortons de cette aventure, nous saurons qu'il faut se mettre en quête d'un logis avant que la nuit tombe.

Elle soupira d'aise.

– Il me plaît de voir un homme qui ne surestime pas ses forces et ne sous-estime pas son adresse. Dormez bien, mon cher seigneur.

Tôt le matin, les trompettes résonnèrent et le château devint grouillant de vie. Regardant par la fenêtre, Marhalt vit son hôte et ses fils qui se préparaient au combat. Il nota leur tenue à cheval, les observa brandir leurs épées pour dégourdir leurs muscles endormis, vit comment ils se comportaient dans la lice, comment tel cheval hésitait, comment tel chevalier maniait ses rênes, et quand il eut vu tout cela, il se mit à siffler joyeusement.

– Vous êtes gai, mon seigneur. Ne vous retournez pas. Je me change.

– Dites-moi quand vous aurez fini, dit-il.

Puis il ajouta :

– Je crois que tout ira bien. Ne me croyez pas prétentieux, mais ce que je crains le plus est qu'on nous donne une piètre collation.

Il réprima son sourire et trouva la collation excellente. Il s'agenouilla avec les autres, entendit la messe et reçut l'absolution, puis à grand renfort de sonneries de trompettes, de gonfanons flottants, de serviteurs guindés et de dames agitant leur mouchoir du haut des remparts, le combat commença.

Le cruel duc et ses fils s'alignèrent. Le duc s'adressa le premier à Marhalt, qui releva sa lance au moment du choc; celle du duc frappa l'écu de Marhalt et vola en éclats. Les fils joutèrent ensuite l'un après l'autre. Le premier lâcha ses rênes, son cheval fit un écart et dut être arrêté à la grille de la poterne. Le second et troisième visèrent le centre de l'écu de Marhalt et le manquèrent. Le quatrième arriva au grand galop, mais le cheval trébucha et le cavalier tomba sur la tête, la pointe de sa lance fichée dans le sol. Le cinquième frappa en force, mais sa lance lui échappa des mains et déchira le cuir de sa selle. Le sixième visa juste, mais sa lance se rompit, et à chaque charge Marhalt relevait la sienne de manière insultante, sans leur porter le moindre coup. Il leva les yeux vers le rempart où se tenait sa dame et vit qu'elle s'était couvert le visage de son écharpe et que ses épaules tremblaient.

Comme les sept étaient de nouveau en selle, Marhalt coucha sa lance et avec une insultante facilité leur fit l'un après l'autre vider les étriers. La colère le prenant, il s'approcha du duc à terre, descendit de cheval et dit :

– Sire duc, vous m'avez obligé à combattre. A présent, demandez merci ou mourez.

Les deux fils les moins meurtris vinrent au secours de leur père, l'épée à la main, mais le duc cria :

– Eloignez-vous, insensés! Voulez-vous que votre père soit tué?

Le duc se mit à genoux, offrant son épée par le pommeau, et ses fils s'approchèrent et s'agenouillèrent près de lui.

– Je vous fais grâce, dit Marhalt, mais à la Pentecôte vous vous rendrez à la cour du roi Arthur et lui demanderez son pardon.

Lorsque sa dame vint à lui, Marhalt enfourcha sa monture et la hissa légèrement en croupe. Les serviteurs silencieux les regardèrent s'éloigner du château et se diriger vers le sud à travers la forêt.

Tandis qu'ils chevauchaient, la dame dit :

– Je ne vous ai pas encore vu à l'épreuve.

– C'est vrai, dit Marhalt. Ce duc fulminant et ses six fils... Quand les hommes comprendront-ils qu'être chevalier est autre chose que posséder un cheval et une armure ?

– Vous devez être l'un des meilleurs chevaliers du monde pour ainsi lever votre lance et prendre le coup.

– Mettez-vous à l'épreuve mon amour-propre ? Voici ce que je pense de moi. Je suis un bon chevalier, adroit et bien entraîné au combat, et si j'ai de nombreux défauts, il me semble aussi avoir quelques vertus. Cependant, ne croyez pas, parce que je me suis amusé aux dépens de ces maladroits, que je prenne l'art de jouter à la légère. Il y a maints chevaliers, que je pourrais nommer, qui me glaceraient le sang si je les voyais s'adresser à moi au bout de ma lance baissée.

– Vous êtes un honnête gentilhomme, dit-elle. C'est une joie de quêter en votre compagnie.

– Dame, je vous remercie. Qu'avons-nous maintenant ? Vous devez me guider.

– Les dames qui partent en quête doivent tout savoir, dit-elle. Bientôt la Dame de Vawse va donner son tournoi. Elle vit dans un château solitaire, à deux jours de cheval d'ici. Elle offre chaque année un beau prix et l'on fait bonne chère, car elle veut faire venir des gens de bonne compagnie. C'est une réunion agréable et j'ai coutume de conduire mes chevaliers errants au tournoi. Je pense que vous trouverez là de valeureux compétiteurs. Après cela, nous irons plus loin vers le sud, dans les Etats du jeune comte Fergus. J'ai entendu dire qu'il était tourmenté par un géant. Savez-vous combattre les géants ?

– Dame, je les connais peu. Nous verrons lorsque nous y serons. En attendant, allons chez la Dame de Vawse. L'hospitalité du duc était plus dangereuse que son ire. Je suis prêt à prendre de bons quartiers et à affronter de bons champions.

– Il me sera agréable de me laver les cheveux. Vous ne m'avez pas vue, mon seigneur, telle que je pourrais le souhaiter. J'ai au fond de mon sac une robe de soie filetée d'or et de petites chaussures légères.

– Je vous trouve charmante telle que vous êtes, dit-il, mais je sais comme personne apprécier les jolies femmes.

Elle soupira :

– Si tous les chevaliers errants étaient comme vous...

Ils parvinrent avant le tournoi au château de la Dame de Vawse, et comme ils étaient dans les premiers, ils purent choisir d'agréables chambres surplombant les jardins de la cour intérieure. La Dame de Vawse les accueillit, puis confia la demoiselle aux doigts habiles des servantes qui se chargèrent de préparer bains et onguents. Marhalt trouva un écuyer pour polir et réparer son harnois, un palefrenier pour s'occuper de son destrier, et même un artiste pour peindre avec des couleurs brillantes sa devise sur son écu, tandis qu'il flânait avec d'autres chevaliers, chacun discutant du temps passé, évoquant de fameux combats, se mettant un peu en avant, éprouvant le gazon de la lice, et regardant souvent le ciel en faisant des prières pour que le temps fût beau.

L'après-midi, ils festoyèrent dans la grande salle, entendirent et contèrent des contes, écoutèrent les douces voix de jeunes et beaux trouvères qui parlaient de prouesses et de merveilles, de dragons et de géants, de dames aussi belles et aussi pures que l'air, de chevaliers épris d'amour dont le bras transportait la foudre, chantant ce que tout le monde croyait et aimait. Et ils examinèrent le prix qui serait remis au vainqueur du tournoi, un bandeau d'or merveilleusement ouvré, qui valait bien mille besants.

Marhalt fut ébloui par la chevelure étincelante et le teint semblable à un pétale de rose de sa dame. Elle évoluait dans sa robe bleu et or au rythme noble et lent de la musique, et portait une longue coiffe bleue avec une flottante guimpe de pur satin blanc. Et quand elle aperçut le bandeau d'or, ses yeux brillèrent tant que Marhalt dit :

– Dame, si le sort des armes est conforme à mes vœux, vous aurez ce prix.

Elle lui sourit en rougissant et ses mains, qui savaient resserrer une sangle et cuire du gibier dans la forêt, voletèrent comme deux papillons pâles; Marhalt se dit alors qu'être une dame digne de ce nom demandait autant d'adresse qu'être un bon chevalier.

Le matin du tournoi, lorsque les belles dames prirent place dans la tribune et que les chevaliers préparèrent leur monture et choisirent leur lance avec soin, un page entra dans la lice, apportant à Marhalt un paquet. En l'ouvrant, il trouva une écharpe de soie bleue filetée d'or et l'attacha comme un pennon flottant à la couronne de son heaume. Lorsque les chevaliers se rangèrent pour choisir leur camp, la dame vit son écharpe bleue flotter sur le heaume de Marhalt, et elle s'en réjouit, et se réjouit plus encore lorsqu'il leva sa grande lance pour la saluer.

Le combat fut long et riche en prouesses, car il y avait de rudes champions, et dans la tribune, sous le dais coloré, juges et dames se penchaient en avant, appréciant les subtilités, comptant les points, car ils étaient experts en la matière et savaient distinguer ce qui faisait le flamboiement d'un style. A mesure que la journée passait, sans esbroufe, un chevalier rencontrait quiconque s'adressait à lui et lui faisait mordre la poussière, et telle était son habileté que tout ce qu'il faisait paraissait facile, presque fortuit. Les juges comptèrent les points sur des tablettes, et lorsque retentit la sonnerie de trompette qui mettait fin au combat, il n'y eut pas la moindre contestation : le bandeau d'or fut remis à Marhalt agenouillé, tête nue, devant la Dame de Vawse. Le cercle d'or brilla sur ses cheveux grisonnants, puis il remercia son hôtesse, se dirigea à grands pas vers son errante dame et lui offrit publiquement le prix. D'un seul geste, elle enleva sa coiffe et se pencha en rougissant; alors Marhalt posa le bandeau sur son front, et toute la compagnie applaudit le vaillant chevalier et sa vaillante dame.

Suivirent trois jours de fête, de musique, d'amour, trois jours où l'on bavarda, où l'on se glorifia, où l'on se querella, et tous convinrent que c'était le plus beau tournoi et la plus belle fête dont ils eussent souvenir.

Le quatrième jour, alors que le soleil était déjà haut dans le ciel, Marhalt, portant sa dame en croupe, franchit la grille du château et chevaucha péniblement vers le sud à travers la campagne verdoyante. La dame portait ses vêtements de voyage, et son sac de merveilles domestiques était suspendu à l'arçon de la selle.

– C'est bien d'être parti, dit Marhalt. Festoyer est plus dur que jouter. Je suis tout brisé.

– Il vous faut quelques nuits au grand air, mon seigneur, du calme et du repos. Oui, j'admets que je suis contente. C'était bon, mais il est également bon d'être seul. Nous n'avons nul besoin de nous hâter. Au bout du chemin nous attend la tombe. Devons-nous nous y précipiter? Moi, j'attendrai.

– Moi aussi, dit Marhalt. Quand nous aurons fait un bout de chemin, nous chercherons un lieu tranquille près de l'eau, je couperai un lit de fougères et construirai une hutte où nous nous remettrons des fatigues de ces plaisirs.

– J'ai un chapon et une bonne miche de pain dans mon sac, mon seigneur.

– Moi, j'ai un trésor en croupe.

Dans une clairière, près d'une babillante source d'eau froide, il coupa des branchages avec son épée, construisit une mignonne petite hutte et la joncha d'odorantes fougères sèches. Puis il assembla les pierres d'un foyer pour la bouilloire, fit une provision de bois sec qu'il fendit d'un arbre mort, et mit son cheval au pré. Son armure, sa lance et son écu étaient suspendus au chêne près de la hutte.

Cependant la demoiselle ne restait pas inactive. Lorsqu'il fut en robe, elle lui lava son linge et le mit à sécher sur un buisson de groseilles vertes. Elle remplit sa bouilloire de groseilles à maquereau puis, ayant remarqué le bourdonnement d'un essaim, suivit les abeilles et rapporta du miel sauvage d'un arbre creux pour adoucir le mets.

Dans la hutte, elle répandit du thym pour parfumer la couche, fourra sa couverture de tendres herbes pour en faire un doux oreiller, disposa son nécessaire puis, avec son couteau, coupa des rejets et leur fit des encoches pour accrocher ses vêtements.

Son chevalier lui demanda l'épingle dorée qui retenait ses cheveux, arracha du crin à la queue de son cheval et fabriqua une ligne, puis il se dirigea vers le ruisseau, capturant des éphémères en chemin. Peu après il revint avec quatre belles truites mouchetées, redressa l'épingle et la lui rendit. Puis il enveloppa les truites dans un paquet de fougères vertes pour les faire cuire le soir dans des cendres chaudes.

– Reposez-vous, mon seigneur. Vous avez fait votre travail. Ne me privez pas de ma contribution. Regardez, j'ai fait un doux lit de fougères. Reposez-vous contre cet arbre et regardez une dame s'activer pour son seigneur.

Il sourit, s'assit sur les fougères, et sentit l'odeur des groseilles vertes qui cuisaient dans le miel. Il s'étira et leva les bras au-dessus de sa tête.

– Il faut beaucoup et si peu pour être content, dit-il. Regardez l'étoile du soir et ces reflets roses dans le bleu clair du ciel d'été. Ce n'est pas rien que d'avoir tout cela pour notre contentement. Mais parlons du futur, ma mie.

– Je préférerais goûter en silence l'instant présent, mon seigneur.

– Oui, oui. Je ne parle pas de l'avenir lointain, ce parchemin qui attend d'être déroulé. Nous sommes en quête. Je l'ai souventes fois été, mais jamais avec aussi grande joie. Certaines choses sont requises. Nous devons faire ce qui est requis. Nous avons vaincu les ennemis du roi et jouté dans un tournoi. Nous avons une année devant nous, et nul besoin de nous hâter. Nous pouvons lentement aller au-devant de l'aventure et la faire durer, ou ne plus la courir et dans quelque château laisser le temps passer doucement sur nous.

Souriant de contentement et de bonne humeur, elle remua les groseilles avec une brindille.

– Il y a longtemps que je suis une demoiselle errante, dit-elle. Achever une aventure est raisonnable. En achever deux, c'est mieux, trois vaut que l'on s'en rappelle, et quatre... personne n'élèvera d'objection pour quatre. Nous en avons déjà achevé deux. Certains ajouteraient celle du manant inhospitalier, mais nous ne le ferons pas. Il nous reste le géant dont je vous ai parlé. Que pensez-vous des géants, mon seigneur ?

– J'ai eu affaire à plusieurs d'entre eux, dit-il. Ils m'ont toujours fait pitié. Personne ne veut avoir commerce avec eux. La solitude les rend coléreux, et parfois dangereux.

– Mais comment faites-vous pour les combattre ?

– Ne vous inquiétez pas de cela, dit Marhalt. Bien sûr, je ne connais pas celui que nous allons rencontrer, mais les autres étaient, par rapport à leur taille, stupides, et plus ils étaient grands, plus ils étaient stupides. Il y a un moyen de combattre les géants qui est d'ordinaire couronné de succès.

– Il est vrai qu'ils tuent et capturent maints chevaliers, mon seigneur.

– Je le sais, et ce n'est pas à l'honneur des chevaliers. Ils ont la manie de se servir des mêmes armes contre tous leurs ennemis. Ils n'aiment pas le changement. Une lourde armure et un écu, c'est de la pure folie contre un géant.

Un cri leur parvint de la colline qui s'assombrissait au-dessus d'eux, et il la rassura.

– C'est un lièvre, dit-il. J'ai posé un collet. Nous aurons de la viande demain matin. Si vous n'avez plus besoin du feu, je vais poser les truites dans les cendres chaudes.

– Je vais le faire, messire. Ne me privez pas de l'honneur de vous servir.

Quand les douces vapeurs de la cuisson s'élevèrent paresseusement des fougères, Marhalt dit :

– Venez, ma mie, asseyez-vous près de moi.

Et quand elle eut appuyé son dos contre l'arbre, il dégagea les cheveux sombres qui recouvraient son oreille délicate, et du bout du doigt lui caressa le lobe, et vit les étoiles du soir se refléter dans ses yeux.

– Beaucoup et si peu pour être content, dit-il.

Elle poussa un profond soupir et s'étira dans l'herbe comme un chaton.

– Mon seigneur, dit-elle, mon cher seigneur.

Le jeune comte Fergus les accueillit au pont-levis, leur fit franchir une double herse et les mena dans la cour intérieure de son château. Puis il ordonna que le pont-levis fût relevé; la herse retomba et la porte fut refermée.

– On ne sait jamais, dit-il, mal à l'aise. Sire chevalier, soyez le bienvenu. J'espère que vous êtes venu pour combattre le géant. Ah! dame, je ne vous avais pas reconnue. Vous êtes plus belle encore. Je vous souhaite d'avoir plus de chance que la dernière fois. S'il n'est pas mort, votre chevalier est toujours prisonnier dans l'antre du géant.

– Ce n'était pas le chevalier qu'il fallait, dit-elle. Il a chargé le géant en armure. Le monstre lui a pris sa lance, l'a arraché de son cheval comme s'il n'était qu'un insecte et l'a déposé à la cime d'un arbre.

– Je me souviens maintenant, dit Fergus. Nous avons dû attendre la nuit et apporter une échelle pour le faire descendre.

– Ce n'était pas un compagnon très gai après cette aventure, dit la dame. Il ruminait sans cesse, parlait d'honneur et m'a fait jurer de ne rien dire à personne.

Et je l'ai fait jusqu'à maintenant. Comte Fergus, mon seigneur, sire Marhalt, est un homme d'une autre trempe. C'est un grand pourfendeur de géants.

– Ma mie, dit Marhalt, ce n'est pas exact. En outre, il est de mauvais augure de chanter victoire avant le combat.

– J'espère que vous le tuerez, dit Fergus. Il a d'abord été une attraction, attirant chaque année mainte joyeuse compagnie. Mais en retour il rend le pays dangereux. Son antre regorge de prisonniers et il empêche tout négoce, si bien qu'il est impossible de se procurer une pièce de drap ou une nouvelle épée. Sa tour doit être remplie de marchandises, de joyaux, d'or et d'armes volées. J'espère de tout cœur que vous en viendrez à bout, messire, car je suis fatigué de lui.

– Je ferai ce que je pourrai, dit Marhalt. Combat-il à cheval ?

– Oh, non ! Il est beaucoup trop grand. Aucun cheval ne pourrait supporter son poids. En fait, il peut prendre un cheval dans ses bras comme un chiot.

– Quel est son nom ?

– Il se nomme Taulurd.

– J'ai entendu parler de lui. Il a un frère en Cornouailles nommé Taulas. J'ai eu affaire à lui et j'ai été battu, mais j'étais jeune alors. Il m'a appris quelque chose.

– Je ne dirais rien s'il prenait simplement ce dont il a besoin, dit Fergus. Mais, comme un enfant maussade il détruit tout ce qui lui tombe sous la main.

– Malgré sa taille, je suppose qu'il n'est qu'un enfant, dit Marhalt. Porte-t-il une armure ?

– Non, seulement des peaux de bêtes. Et comme armes il se sert de massues. Troncs d'arbres ou barres de fer, selon ce qu'il trouve.

– Eh bien, nous verrons, dit Marhalt. Je suppose que je pourrais y aller maintenant, mais je préfère attendre demain matin. Puis-je aiguiser mon épée sur une meule, messire ?

– Je vais appeler un serviteur pour qu'il vous l'aiguise.

– Non, dit Marhalt. Je préfère le faire moi-même. Je veux un tranchant tout à fait particulier. A présent, messire, pouvons-nous nous désarmer et prendre nos aises ?

– Mille pardons, dit Fergus. Je vous en prie, venez dans la grande salle... ou plutôt dans ma petite chambre, devant le feu. Il n'y a aucune compagnie ici. Taulurd a jeté le discrédit sur toute la contrée. Dame, venez. Venez, messire. Ma table est campagnarde. J'espère qu'elle ne vous déplaira pas. Les lits sont confortables. J'y ai fait mettre des pierres chaudes pour les sécher et les réchauffer. Le printemps a été pluvieux.

Le petit château du comte Fergus était un endroit agréable sur les bords de la rivière Cam. Le château formait une île, entouré par l'eau courante de la rivière. Et comme les douves étaient profondes, les remparts n'avaient nul besoin d'être hauts. C'était un lieu clair et bien aéré, où le soleil pouvait pénétrer, comme il le fit le lendemain matin lorsque Marhalt se prépara à affronter le géant. Il se vêtit d'un justaucorps de cuir et du haut-de-chausses qu'il portait d'habitude sous son armure, mais ce jour-là il ne se protégea ni le corps ni la tête. Ses pieds étaient enveloppés dans des sandales en peau de daim lacées jusqu'aux genoux avec des bandelettes.

– Avez-vous perdu l'esprit ? protesta Fergus. Taulurd vous hachera menu d'un coup de massue.

Mais Marhalt sourit.

– Je n'emporterai pas mon propre piège, dit-il. Est-ce qu'une armure me protégerait contre les coups ?

– Non, je ne crois pas.

– Son frère m'a appris ceci, dit Marhalt. Il a failli me tuer. Les seules armes contre la force et la taille sont la petitesse et l'agilité.

Puis il dit à sa dame :

– Donnez-moi mon écu, ma mie.

Il prit son épée, aiguisée à couper un cheveu, et en éprouva l'équilibre.

– Je vais vous ceindre le fourreau, dit la dame.

– Dame, ne faites pas cela. Je ne veux rien qui fasse saillie et me gêne. A présent, messire Fergus, voulez-vous me guider jusqu'à ce géant ?

– Je ne supporterai pas le spectacle de vous voir combattre un éléphant. Un homme vous accompagnera.

– Je viens, dit la demoiselle.

– Non, ma mie. Attendez-moi ici.

– Pourquoi ne viendrais-je pas ?

– Pour la raison qui m'a fait ne pas prendre le fourreau.

Le guide conduisit Marhalt le long d'un sentier mal tracé dans l'herbe, puis sur un sol pierreux semé d'épineux buissons d'ajoncs, et lorsqu'ils arrivèrent au bord de la rivière, il désigna du doigt une masse sombre assise sur un amas de rochers.

– Le monstre est là-bas, messire, vous êtes ici et moi, si vous le permettez, je ne vais pas m'attarder.

– Prends mon cheval, dit Marhalt. Mets-toi un peu à l'écart et attends-moi.

– Vous allez combattre à pied ?

– Je ne vais pas m'embarrasser d'un cheval. S'il me met en charpie, essaie de sauver quelque chose pour ma dame, elle collectionne les souvenirs.

Dans ses légères sandales de cuir, Marhalt marcha silencieusement vers le géant assis sur l'amas de rochers. Son énorme tête hirsute était inclinée sur sa poitrine, ses épaules remuaient et il chantait une chanson discordante comme un enfant rebelle. Il avait la peau encroûtée de crasse et la brise apportait à Marhalt son odeur nauséabonde. Sur le sol, autour de lui, étaient éparpillées des massues de chêne, des masses d'armes à sommet cannelé, de lourds gourdins d'épine à grosse tête et une barre de fer à l'extrémité bardée de plomb et de clous. Concentré sur sa berceuse, le géant n'entendit pas Marhalt approcher.

— Bonjour, Taulurd, dit le chevalier d'une voix calme. Je t'apporte le salut de ton frère, Taulas.

L'énorme tête se redressa brusquement. Sous le hallier de cheveux sales, les yeux rouges lancèrent des flammes et la grande bouche fit des bulles comme celle d'un nourrisson éructant.

— Hic, dit Taulurd. Hé!

— Je suis désolé d'avoir à te dire cela, Taulurd, mais tu dois t'en aller. Loin, très loin. Tu ne sais pas vivre avec les gens. Tu les blesses et tu n'as pas appris à respecter la propriété d'autrui. Voyons, Taulurd, tu n'as pas appris à te laver. Honte à toi. Ton odeur est un mélange de charnier et de fosse d'aisances. Tu ne peux pas rester ici.

Les yeux de Taulurd s'embrumèrent et parurent sur le point de verser des larmes, puis ils furent soudain injectés de rage et sa berceuse devint un hurlement bestial. A la dérobée, sa grande main rampa vers la longue barre de fer, puis il se leva d'un bond : il avait douze pieds de haut; sa tête semblable à une meule toucha le ciel et ses lèvres couvertes de bave s'ouvrirent sur ses dents noires. Il avança en se dandinant tel un singe, se frappa la poitrine du poing gauche et poussa un cri perçant de menace. Les muscles de ses bras et de sa poitrine ressemblèrent à des serpents.

Marhalt attendit calmement. Le géant le domina de toute sa hauteur et il sentit son haleine fétide. La massue de fer s'éleva et, à l'instant où elle s'abaissait, le chevalier se glissa derrière le géant, si bien que le coup s'écrasa lourdement sur le sol.

— Ce n'est pas la peine, dit Marhalt. Tu n'es qu'un bébé taillé en hercule. Je ne veux pas te blesser. Si tu t'en vas, nous pourrions être bons amis.

Il aperçut une lueur de ruse dans les yeux du géant qui se retournait lentement, puis il vit la massue se lever un peu et, à la tension du muscle, comprit que se préparait un coup rapide, à la volée. Anticipant instantanément, il vit comment esquiver. La massue fendit l'air comme une faux et Marhalt bondit, mais une pierre le fit trébucher, et il reçut le coup sur son écu. Les clous de fer s'y enfoncèrent et lui arrachèrent l'écu de la main, lui arrachant presque le bras gauche avec. Il roula à terre, puis se traîna sur les genoux et les mains, et lorsqu'il se releva, la douleur dans son épaule gauche était intolérable.

Taulurd sautait en l'air, atterrissant sur les talons, gloussant et poussant de petits rires :

– Hé ! Ah ! Ah ! Ah !

– Tu es un méchant garçon, dit Marhalt. Je ne veux pas te faire de mal, mais si tu te comportes comme une bête nuisible, je crains d'être obligé de te tuer, et cela m'emplit le cœur de honte.

Levant sa massue avec un cri de rage, le géant vint à lui de sa démarche traînante. Marhalt jeta un coup d'œil rapide sur le sol pour voir s'il n'y avait pas de pierres roulantes. Il attendit que le géant fût à deux mètres de lui puis, esquivant d'un bond sur la gauche, il se retrouva sous le bras droit du monstre, aussi épais qu'un tronc d'arbre. Alors, d'un coup de son épée tranchante comme un rasoir, il sectionna le tendon du bras qui se plia en arrière et laissa tomber la massue à terre.

Taulurd regarda avec étonnement son bras inutilisable, où le sang giclait à flots de l'artère sectionnée. Eclatant soudain en sanglots, il se mit à pleurer comme un enfant qui a mal et qui a peur. D'un pas traînant, il gagna la rivière, entra dans l'eau et s'y avança jusqu'à ce qu'il n'y eût plus que sa tête au-dessus de la surface. Il resta là, hors d'atteinte, marmonnant et gémissant, dans l'eau rougie par son sang.

Marhalt demeura sur la berge. Il ne pouvait pas rejoindre le géant, car l'eau était trop profonde.

– Pauvre chose, dit-il. J'ai tué bien des êtres et bien des hommes, mais jamais avec autant de tristesse qu'aujourd'hui. Désolé, Taulurd, mais peut-être que le plus tôt sera le mieux.

Il ramassa une pierre ronde au bord de l'eau et la lança sur l'énorme tête. Le géant esquiva et la pierre fit gicler de l'eau sous son oreille. Marhalt prit une autre pierre et manqua de nouveau son coup, mais la troisième pierre frappa le géant en plein front, entre les deux yeux rouges au regard fixe, et Taulurd sombra rapidement, la bouche ouverte, tandis qu'une nuée de bulles crevait la surface sanglante de la rivière.

Marhalt attendit que le monstre flottât, roulant comme un arbre abattu. Bientôt, le courant s'en empara et charria l'immense carcasse vers la mer.

Le serviteur s'approcha au galop, criant :

— Victoire, messire ! C'était merveilleux.

— C'était horrible, dit Marhalt.

— Rendons-nous vite à son château. Il a des prisonniers et des trésors.

— Oui, allons-y.

Le château était un grossier édifice de pierres semblable à une grande bergerie au toit de branches et de terre. Et dans la pénombre, pieds et poings liés, couverts de crasse et de misère, il y avait des chevaliers et des dames, des moutons et des porcs.

— Crève le toit, dit Marhalt. Que la lumière pénètre dans cette porcherie.

Et quand il put y voir il trancha d'un coup d'épée les liens des animaux et des gens, qui se mirent péniblement debout et retombèrent, saisis de crampes, jusqu'à ce que le sang circulât dans leurs veines.

Dans un coin était empilé le butin du géant. De l'or, de l'argent, des draps de prix, de précieux crucifix, des calices sertis de rubis et d'émeraudes, mais aussi des cailloux colorés, des morceaux de verre provenant de vitraux brisés, des quartz et du cristal de roche, des débris de poteries bleues et jaunes — un mélange de richesse et d'absurdité. Marhalt, regardant le butin, dit tristement :

— Pauvre chose. Il ne savait pas faire la différence. Il n'a jamais pu apprendre à ne voler que les objets de valeur comme le font les hommes et les femmes civilisés.

— C'est un vrai butin, dit le serviteur. Il y a là de

quoi être riche jusqu'à la fin de vos jours même si vous vivez deux cents ans.

– Fais transporter tout cela au château du comte Fergus, dit Marhalt. Et ne te trompe pas en volant des morceaux de verre.

Enfourchant son destrier, il s'éloigna. Son triomphe avait un goût de tristesse et d'amertume dans sa gorge.

– Et pourtant cela devait être, se dit-il. Il était dangereux... Pauvre chose.

Il revit les yeux effrayés du monstre-enfant et sut que la peur est la plus terrible des blessures.

Le comte Fergus déborda de reconnaissance.

– Vous ne pouvez pas imaginer les ravages que causait ce géant : plus de labourage des terres car il dévorait les chevaux, plus de marchands, ni de ménestrels, ni de trouvères venant de France pour nous conter notre propre histoire. A présent, grâce à vous, mon ami, tout cela est fini. Je vous donnerai des terres si vous le désirez. Mais vous avez un trésor qui contenterait quatre hommes. Pourquoi ne resteriez-vous pas ici, vous seriez mon hôte? Cette demeure sera la vôtre aussi longtemps que vous ne lâcherez pas la bride à votre cœur sans frein.

Dans la soirée, tandis qu'ils se promenaient dans la prairie près de la douve, Marhalt dit à la dame :

– Pourquoi pas? Je suis à l'âge où l'on ne recherche plus les aventures pour elles-mêmes. Il reste de nombreux mois avant que nous retrouvions nos amis au carrefour des trois sentiers. Dame, c'est vous qui décidez, mais s'il vous plaît de rester, je ne dirai pas non. Bon lit et bonne chère ne me laissent plus indifférent. Peut-être est-ce l'âge.

– Le projet paraît agréable, dit-elle. Si nous pouvions nous procurer quelques bonnes étoffes des Flandres, je me mettrai à l'aiguille. Il y a ici d'oisives demoiselles. Le comte Fergus m'a demandé d'occuper leurs doigts.

– Je pourrais envoyer des hommes sur la côte sud. Les navires toscans y apportent des étoffes de Prato tissées avec de la laine anglaise, mais teintes et apprêtées comme seuls les Florentins savent le faire. Ce sont des marchandises de prix, mais n'oubliez pas que j'ai un trésor.

– Vous feriez cela pour moi, beau, doux ami ? Achetez une grande pièce d'un rouge princier, je vous ferai une robe princière, mon roi, et j'y broderai les aventures de cette année, le souvenir de notre quête, dans la soie vive.

Ce fut un doux temps domestique. La dame organisa les travaux d'aiguille, tint les servantes occupées, veilla à ce que les toiles d'araignées fussent enlevées et à ce que le linge propre séchât et blanchît sur le pré. Marhalt prit du saumon dans la rivière, et des levrauts en leur lançant des lévriers aux trousses, et rares étaient les jours où ses faucons ne ramenaient pas d'oiseaux. Fergus fit fructifier ses terres et, durant les longs soirs d'été, ils restèrent à bavarder, parlant des moissons et des gens, échangeant des confidences et racontant les histoires dont ils avaient souvenir en buvant de l'hydromel, ce qui leur faisait tourner la tête et leur mettait du rire dans la voix.

La dame prenait de plus en plus soin de son seigneur errant, le coiffant, lui coupant les ongles, étant sans cesse auprès de lui :

– Pourquoi ne mettez-vous pas votre robe bleue et jaune ce soir ? Elle vous va bien et fait ressortir la couleur de vos yeux.

– Je n'ai pas pensé à me changer, ma mie.

– Mais il le faut ! Fergus le fait. Tout le monde le fait.

– Je ne suis pas Fergus. Je ne suis pas tout le monde.

– Ne vous fâchez pas. C'est peu de chose, et il est tellement plus agréable d'être propre. Là... sentez votre robe bleue. Je l'ai prise dans le coffre parfumé de lavande.

Et vers la fin de l'été, elle dit :

– Pourquoi laissez-vous traîner vos vêtements ? Il

est aussi simple de les ramasser. Autrement quelqu'un doit le faire pour vous, y avez-vous songé?

Et en septembre :

– Mon seigneur, si vous cherchez le chaperon et le jet de votre faucon, vous les trouverez dans le coffret au bout du passage. Vous les aviez laissés sur le rebord de la fenêtre, là où séchaient mes mouchoirs, qui ont été tachés de sang.

– Ne pourrais-je disposer d'un appui de fenêtre pour mes affaires, ma mie?

– Il faut ranger ça dans le coffret qui est au bout du corridor. Mettez-les là, vous les trouverez toujours à leur place.

– Je sais où les trouver sur l'appui de fenêtre.

– Je déteste qu'il y ait des choses qui traînent partout.

– Sauf les vôtres.

– Vous cherchez querelle, messire.

Quand les gelées de novembre étincelèrent sur l'herbe, elle dit :

– Vous n'êtes jamais là. Est-ce que les chevaux sont une si bonne compagnie, ou y a-t-il une belle fille d'écurie avec de la paille dans les cheveux?

Et quand les rafales de l'hiver revinrent piauler contre les murailles et se faufilèrent derrière les tentures, elle se plaignit :

– Vous devriez sortir et prendre un peu d'exercice. Vous prenez du poids.

– Ce n'est pas vrai.

– Vous pouvez vous mentir à vous-même, pas aux boutons que je recouds quand ils craquent. Non, ne quittez pas la chambre. C'est insultant.

En février, elle dit :

– Vous êtes nerveux, messire, et je sais pourquoi. Il n'est pas agréable d'être un hôte. Fergus est un homme bien élevé, je suis toujours la première à le dire. Mais ne croyez-vous pas qu'il aimerait mieux nous voir partir?

– Il dit que non. Je lui ai posé la question.

— Absurde. Une femme peut le dire. Cessez de marcher de long en large, je vous en prie. C'est parce que vous n'avez pas de responsabilités. Vous avez des terres, mon seigneur. Pourquoi n'y allons-nous pas ? Vous auriez des tâches à accomplir, comme Fergus, et vous ne seriez pas si nerveux. Il serait agréable de construire un petit château. Pourquoi me regardez-vous comme ça ? Allez-vous encore vous mettre en colère ?

Il vint se planter devant elle, la bouche ouverte, le souffle court.

— Madame, dit-il, vous avez bien changé depuis que vous montiez en croupe. Madame... Assez !

— Si j'ai changé, vous aussi. Vous n'êtes plus gai ni plein d'égards. Vous êtes geignard et querelleur. Changé ! Regardez dans ce miroir si vous voulez voir un changement ! Ne prenez pas cet air menaçant. Vous ne me faites pas peur comme à ce pauvre géant.

Il sortit à grands pas et elle revint à son aiguille en fredonnant un air. Elle entendit des pas métalliques dans le couloir, puis la porte s'ouvrit violemment. Il portait son armure polie et graissée, et tenait son heaume sous son bras.

— Que se passe-t-il ? demanda-t-elle. Une nouvelle colère ?

— Demoiselle, commença-t-il, rappelez-vous que j'ai dit « demoiselle », mettez le nécessaire dans votre petit sac. Prenez un manteau chaud. Nous partons. J'ai fait préparer mon destrier.

— En plein hiver ? Etes-vous fou ? Il n'en est pas question.

— Demoiselle, adieu, dit-il.

Et le cliquetis métallique de ses pas résonna dans le corridor. Elle se leva d'un bond.

— Mon seigneur, cria-t-elle, attendez ! Attendez-moi, messire. Je viens. Attendez-moi, mon seigneur.

Elle ouvrit grand un coffre, chercha son sac et y fourra quelques affaires. Puis elle attrapa un manteau et courut après lui.

Dans l'après-midi, chevauchant vers le nord avec un

fin grésil crépitant contre son écu et le vent piaulant au-dessus de sa visière, sire Marhalt rencontra trois chevaliers de la cour d'Arthur. Déposant sa demoiselle à l'abri du vent sous un chêne, il jouta trois fois, envoyant rouler de beaux chevaliers à terre. Puis il revint vers le chêne et tendit la main à sa dame qui monta légèrement en selle.

– Enveloppez-vous bien, ma mie, dit-il. Nous ne trouverons peut-être pas d'abri cette nuit.

– Oui, mon seigneur, dit-elle.

Mettant le capuchon de son manteau de voyage, elle posa la tête contre son large dos de fer.

Lorsque les douces averses d'avril eurent coupé les racines de mars, ils ne furent plus loin du lieu de rendez-vous, le carrefour des trois chemins où ils avaient prêté serment.

– Quelle bonne année, dit-il. Le retour n'est pas déshonorant.

– Bonne, mon seigneur; qu'allez-vous faire à présent ? Irez-vous dans votre fief ? Ou à la cour d'Arthur ? Ne me dites rien, messire, je le sais. Où que vous alliez, un rayon de printemps vous accompagnera. Vous rongerez votre frein, et un jour, sans avertissement, vous enfourcherez votre monture et vous partirez.

– Peut-être, dit-il. Ce n'est pas ce qui me préoccupe. Qu'allez-vous faire ? Voulez-vous venir à mon manoir ? Nous pourrions peut-être construire un petit château.

Elle éclata de rire et se laissa glisser à terre, puis elle décrocha le petit sac pendu à l'arçon de la selle.

– Adieu, mon seigneur, dit-elle.

Elle grimpa la pente jusqu'à l'endroit moussu où la fontaine d'eau claire babillait, étendit son manteau sur le sol et s'assit dessus avec grâce. Puis elle fouilla dans son sac et en sortit une guirlande d'or qu'elle mit dans ses cheveux. Baissant les yeux vers l'endroit où Marhalt se tenait en selle, elle lui sourit et agita la main.

Un jeune chevalier vint à passer.

– N'est-ce pas une demoiselle assise là, messire ?

– C'en est une.
– Que fait-elle ?
– Pourquoi ne le lui demandez-vous pas ?
– Quel est son nom, messire ?
– Je n'ai jamais pensé à le lui demander, dit Marhalt.

Et, faisant volter son cheval, il partit vers la croisée des trois chemins.

Le conte à présent tourne à l'envers les pages de l'année et suit sire Yvain et sa dame de soixante ans, chevauchant vers l'ouest en direction du pays de Galles.

Le jeune Yvain n'aurait su dire pourquoi, étant le premier à choisir, il avait pris cette compagne. Ses cheveux étaient blancs et ses années, en fines rides, fièrement écrites sur son visage : ses joues avaient connu le froid, la chaleur et le vent lui avaient tanné le cuir. Elle avait le nez arqué, comme le bec d'un aigle chauve, des yeux jaunes de rapace, perçants et farouches, brûlant de tragédie ou, lorsqu'elle plissait les paupières, extrêmement inquisiteurs.

Dès que Yvain eut fait son choix, elle se leva rapidement, saisit les rênes de son cheval et l'éloigna des autres comme pour prévenir un changement d'humeur, car le coup d'œil de la jeune demoiselle ne lui avait pas échappé.

La dame était souple comme un saule, mais petite et vive comme un arc bandé. Elle n'attendit pas la main du jeune chevalier, mais agrippa le pommeau de la selle et se hissa en croupe avec aisance. Et lorsque tous eurent prêté serment, elle le fit partir aussi rapidement qu'elle le put.

– Allons, jeune sire, dit-elle. Nous avons beaucoup à faire. Prenez la route de l'ouest... vite... vite.

Et elle jeta un regard en arrière sur les autres, toujours immobiles à la triple croisée.

– Dame, il doit y avoir des aventures alentour.

– Des aventures ? Oh oui ! des aventures. Nous verrons. Je veux que nous perdions les autres de vue. Je craignais votre choix. Je désirais que vous me choisissiez... et c'est ce que vous avez fait.

Dans sa voix perçait une joie aiguë.

– Dame, vous êtes-vous si rapidement éprise ?

– Je me nomme Lyne, dit-elle. Vous êtes Yvain, fils de Morgane la Fée, neveu du roi. Eprise de vous ? (Elle rit.) Non, je vous ai jugé par rapport aux autres. Marhalt, un chevalier digne de confiance, superbe jouteur, mais trop bon peut-être pour être vraiment grand. Gauvain ? Un tempérament, un affreux beau garçon qui se repaît de lui-même comme ces lézards qui se repaissent de leur queue. Gauvain a de bons jours quand la lune galope, et de mauvais jours quand un ver dessine un grand arc au-dessus de sa tête.

– Ce sont, dame Lyne, des chevaliers éprouvés. Pourquoi m'avez-vous choisi ?

– Parce que vous n'avez pas encore été mis à l'épreuve, que vous n'êtes pas fait. Vous avez été armé chevalier parce que vous êtes le neveu du roi, non parce que vous avez accompli des prouesses. Dites-moi, enfant, êtes-vous bon au combat ?

– Dame, non. Je suis jeune, peu expérimenté, et je n'ai pas grande force. J'ai jouté avec succès dans la lice contre de jeunes hommes, mais j'ai plus souvent été défait. Aujourd'hui même, un chevalier aguerri m'a fait rouler au sol comme un lapin. Gauvain non plus n'a pu le vaincre.

– Bien, dit-elle. Très bien.

– Dame, pourquoi très bien ?

– Parce que vous n'avez pas corrigé vos défauts, jeune sire. Vous avez belle allure, mais vous n'êtes pas endurci. Je vous ai observé vous mouvoir : vous vous servez de votre corps comme s'il était naturel qu'on vous en ait fait don. Il y a longtemps que j'attends un tel matériau. Regardez... à la croisée du chemin, prenez à droite. Trouvez-vous qu'il n'est pas convenable qu'une dame de mon âge coure l'aventure ?

— Dame, je trouve que cela sort de l'ordinaire.

Il jeta un coup d'œil par-dessus son épaule et aperçut son visage : la bouche était tendue de plaisir, les yeux jaunes brillaient d'une résolution farouche.

— Je vais vous expliquer. Comme ça vous ne serez plus étonné et ne me poserez plus de questions. Petite fille, je détestais la broderie et regardais les jeunes garçons s'exercer, haïssant la gêne que procure une robe. J'étais meilleure cavalière qu'eux, je chassais mieux, et lorsque j'étais seule je m'entraînais à jouter. Seule l'infortune de mon sexe m'empêchait d'être plus que l'égal des garçons. Détestant ma condition, je m'habillais en garçon et, cachant ma honte, j'attendais dans une clairière, comme un enfant errant, que vinssent garçons et jeunes hommes. Je les battais à la lutte et au bâton, et maniais si bien l'épée et l'écu qu'un jour, en combat singulier, je tuai un jeune chevalier. Alors je pris peur. J'enterrai son corps, cachai son armure et me réfugiai derrière mon aiguille. Vous savez que le bûcher est le sort réservé à une dame ayant trahi un chevalier.

— Que me contez-vous là ? s'écria Yvain. C'est un conte de terreur, un conte monstrueux.

— Peut-être, dit-elle. Est-ce bien sûr ? J'ai donc su que je devais renoncer à la chevalerie. J'assistais amèrement aux joutes et aux tournois. Je voyais les endroits où les hommes faisaient des erreurs, et me rendais compte qu'ils étaient trop stupides pour les corriger. Mon esprit était accordé au combat. Au vrai, pas à l'ennuyeuse cérémonie qui consistait à mettre en pièces des corps, comme si on découpait de la viande. Je vis de grands chevaliers entrer dans la lice et remarquai que leur grandeur n'était pas un hasard. Peut-être n'y pensaient-ils pas, mais ils connaissaient leurs armes et leurs adversaires. Je reconnus la supériorité, l'étudiai, vis les fautes et m'en souvins, si bien que je finis par savoir, sur l'art de la guerre, plus de choses que n'importe quel chevalier vivant. J'étais là, bourrée de savoir et ne sachant qu'en faire, quand — la sève de ma vanité tarie et le poison de ma colère adouci – en un mot quand vint l'âge mûr, je découvris un moyen d'utiliser mes connaissances. Avez-vous déjà vu un jeune chevalier sans expérience revenir au bout d'un an aussi trempé qu'une épée, aussi sûr et aussi mortel qu'une lance de frêne ?

– Oui. L'année dernière, sire Eglan, qui était encore moins bon que moi, à son retour a remporté le prix d'un tournoi.

Elle gloussa de plaisir.

– Vraiment ? Un bon garçon. L'un des meilleurs que j'aie pris en main.

– Il n'a jamais parlé de vous.

– Comment l'aurait-il pu ? Quel homme, dans ce monde fait pour l'homme, admettra tenir ses manières d'une femme ? Je n'ai pas besoin de faire prêter serment à aucun de mes chevaliers.

– Vous voulez dire que vous leur donnez des leçons ?

– Je leur donne des leçons, les entraîne, les instruis, les endurcis, les affûte et les mets à l'épreuve; alors seulement je lâche dans le monde un parfait instrument de combat. C'est ma revanche et mon triomphe.

– Dame, où allons-nous à présent ? Aurons-nous des aventures ?

– Nous allons à mon manoir, caché dans les collines galloises. Vous aurez des aventures quand vous serez prêt. Pas avant.

– Mais je suis censé être en quête !

– Est-ce une mauvaise quête que de chercher à devenir un chevalier parfait ? Si vous dites cela, je descends à l'instant de votre monture et retourne chercher un autre jouvenceau. Quant à vous, vous roulerez comme un lapin toute votre vie.

– Oh non ! dit Yvain. Madame, non !

– Vous soumettrez-vous à ma loi et à mon régime ?

– Oui, madame.

– Brave petit, dit-elle. Ce ne sera pas facile, mais tu seras content.

— Mais que dirai-je lorsque je reviendrai sans aventures ?

— L'entraînement durera six mois, dit-elle. Après, je te promets que tu auras plus d'aventures, et des aventures plus profitables que les autres en douze mois. Chevauche, l'école commence, l'école des armes.

Et sa voix prit un irrésistible timbre de commandement.

— Tu montes à la genette. Il faut rallonger tes étriers. Tes pieds doivent être aussi bas que possible, de façon à être à un cheveu au-dessus de la selle quand tu te dresses sur tes étriers. Un homme en armure qui chevauche court n'a aucune stabilité. Assieds-toi bien, les épaules en arrière. Accompagne le mouvement avec tes cuisses et ton dos. A présent, laisse pendre tes pieds.

— Madame, dit-il, j'ai monté à cheval toute ma vie.

— Il y a des hommes qui montent mal toute leur vie. La plupart. C'est pour ça qu'un vrai cavalier se détache de la foule.

— Mais, madame, mon instructeur m'a appris à...

— Silence, je suis ton instructeur. Plus tu te tiendras en selle avec aisance, sans être trop raide ni trop mou, plus cela sera facile pour ton cheval qui ne sentira pas ton poids. Et au trot, n'oublie pas de te soulever sur une épaule, puis sur l'autre. Cela repose les épaules de ta monture. Oh ! je sais, nombreux sont ceux qui, ayant beaucoup de chevaux, les épuisent et, en un jour de chasse, les font boiter et les crèvent. Tu ne le feras pas. Tu n'entraîneras que deux chevaux, mais tu les entraîneras comme toi-même, tu les réconforteras et prendras grand soin d'eux. Je te le dis, un bon cheval vaut mieux qu'une bonne armure. Un vrai cavalier ne fait qu'un avec sa monture, ce n'est pas un homme perché sur le dos d'un animal. Tu penseras au confort et au plaisir de ton cheval avant de penser au tien, tu le nourriras avant de te nourrir, et tu panseras ses blessures avant de panser les tiennes. Ainsi, quand tu en auras besoin, tu auras à la fois un auxiliaire et un ami. Tu comprends ?

– J'écoute, madame.

– Tu feras plus qu'écouter. Ton armure, à présent. Nous la vendrons au premier niais que nous rencontrerons.

– C'est la meilleure des armures, madame. Faite par un grand artiste dans les monts de Germanie. Elle coûte une fortune.

– Je l'imagine sans peine. C'est une armure de parade qui attire tous les regards. Les dames roulent des yeux et roucoulent en la voyant, comme si l'habit portait l'homme, ce qui est bien souvent le cas, mais pour le combat elle ne vaut rien.

– Qu'est-ce qui ne va pas ? Elle vient d'Innsbruck.

– Je vais te dire ce qui ne va pas. Elle est trop épaisse et trop lourde. Le métal n'a jamais remplacé l'adresse. Elle protège des endroits qui n'ont pas besoin d'être protégés. Elle est pleine de bosselures et de creux idéaux pour attirer la pointe d'une lance et offrir des surfaces au tranchant d'une épée. Tu ne peux pas plier le bras droit pour porter un coup de près, et lorsque tu le lèves, l'épaulière glisse et on aperçoit trois pouces de ta jolie petite aisselle. Suis-je bien claire ? En un mot, elle ne vaut rien. Tu as l'air d'un âne portant le bât. Même en robe longue, je pourrais te battre à l'épée. C'est une armure faite pour être regardée, pas pour être portée.

– Vous êtes critique, madame, dit Yvain avec une touche de colère dans la voix.

– Tu crois ? Je roucoule comme une tourterelle. Attends de m'entendre critiquer vraiment. Si cela te déplaît, dépose-moi et continue ton chemin.

– Madame, je ne voulais pas dire...

– Alors tais-toi, à moins que tu ne veuilles dire quelque chose. Tu vas non seulement te débarrasser de ce compotier, mais de toutes les âneries qui t'encombrent l'esprit. Tu reprends tout depuis le début, mon garçon; tu es aussi frais qu'un nourrisson poussant son premier cri. Où en étais-je? Oh! Oui, l'armure. Ouvre tes chères oreilles, écoute et retiens. Tu pourrais même répéter après moi. L'utilité d'une armure est seulement de protéger, quand l'adresse, la vitesse ni la précision ne peuvent le faire. Elle doit être aussi légère que possible et n'offrir que des angles pour dévier les coups. Elle ne doit jamais être éprouvée dans un coup direct. Elle a pour but de les détourner. Le heaume doit avoir une forme telle que la lame glisse sur lui. Il ne doit pas lui résister. Ta visière est si mal fichue que tu n'y vois rien. Comment peux-tu combattre en n'y voyant rien? Un heaume angulaire est meilleur qu'un heaume plat, car même avec un chaudron de fonte sur la tête, un seul coup de masse d'armes t'assommerait comme un lapin. Passons aux gantelets maintenant, puis au gorgerin... puis... nous aborderons plus tard le problème de la selle. Bon, je vais dicter la loi, tu l'apprendras mot par mot, et chaque mot sera marqué au fer rouge. Voici la loi : Le but du combat est la victoire, et vaincre n'est pas possible en se défendant. L'épée est plus importante que l'écu, et l'adresse plus importante que les deux. L'arme véritable est le cerveau, tout le reste est accessoire.

Elle resta soudain silencieuse. Puis elle dit :

– Je t'ai secoué, mon fils, hein? Si tu pouvais seulement apprendre ce que je t'ai dit jusqu'ici, peu d'hommes au monde pourraient te rencontrer, et moins encore te battre. La nuit va tomber. Entrons dans ce bosquet sur la colline. Pendant que tu bouchonneras ton cheval, je préparerai ton souper.

Lorsque Yvain eut attaché sa monture, elle lui demanda :

– As-tu bouchonné ton cheval à fond?

– Oui, madame.

– Et suspendu la couverture de selle pour la faire sécher?

– Oui, madame.

– Parfait, voilà ton souper.

Elle lui lança une tranche de galette d'avoine, aussi

insipide et aussi dure qu'une tuile. Et tandis qu'il s'y cassait les dents sans se plaindre, la dame Lyne s'accroupit sur le sol et s'entoura de son grand manteau comme d'une tente.

– L'air de la nuit me donne des douleurs dans les articulations. L'âge ne m'épargne pas, je suppose. Oh bon ! le monde ne se souviendra pas de moi, mais je laisserai des hommes derrière moi. Ma lice est la matrice des chevaliers. Dis-moi, jeune homme, à quoi ressemble ta mère ? D'étranges rumeurs circulent autour de Morgane la Fée.

– Elle a été très bonne pour moi. Bien sûr, elle a tellement de fiefs et de charges que je n'ai pas été avec elle autant qu'elle le souhaitait, mais... Oui, elle a toujours été bonne, et même bienveillante. Lorsqu'elle est de bonne humeur et que tout va bien, il n'y a pas de personne plus entraînante. Elle chante comme un ange, elle danse, et fait des plaisanteries si drôles qu'on ne peut s'empêcher de se tenir les côtes.

– Et quand elle n'est pas de bonne humeur ? demanda Lyne.

– Il vaut mieux s'éclipser. C'est une personne au caractère entier.

– J'espère qu'elle ne t'a pas appris à combattre avec ses propres armes ?

– Que voulez-vous dire, madame ?

– N'élude pas la question, mon garçon. Je te parle de magie et tu le sais très bien.

– Oh ! Elle n'emploie jamais la magie. Elle m'a mis en garde contre.

– Vraiment ? Alors, c'est parfait.

La dame s'étendit sur le sol, s'enveloppant les épaules et les pieds dans son manteau.

– Tu dois voir Arthur souvent. Parle-moi du roi. Comment est-il quand il n'est pas sur le trône ?

– Pareil, madame. Il est toujours sur le trône, sauf...

– Sauf quoi ?

– Je ne devrais pas le dire.

— A toi de juger. Est-ce déshonorant ?

— Non... seulement embarrassant... parce que, voyez-vous, madame, il est le roi.

— Et tu as vu quelque chose d'humain.

— Si vous voulez. Une nuit, alors que ma mère était très gaie et que nous étions tous morts de rire, un messager vint la trouver et elle devint d'humeur noire. Je m'éclipsai, comme j'avais appris à le faire, et me rendis sur les remparts pour contempler les étoiles et sentir le vent.

— Comme tu le fais toujours.

— Oui... Comment le savez-vous ? Alors j'entendis quelque chose qui ressemblait au gémissement d'un chiot affamé, ou à une plainte que l'on essaie d'étouffer avec ses doigts mais qui passe quand même. Je m'avançai silencieusement et, dans l'ombre de la tour, j'aperçus le roi... le roi qui pleurait, la tête dans les mains pour retenir ses pleurs.

— Et tu t'es retiré sans rien dire ?

— Oui, madame.

— Très bien. C'est ce qu'il fallait faire.

— J'étais embarrassé, madame, et... ça me fendait le cœur. Le roi ne peut pas pleurer... Il est le roi.

— Je comprends. Ne raconte cette histoire à personne. Je ne la répéterai pas. Mais il n'est pas mauvais que tu t'en souviennes, si jamais tu rêves d'être roi. A présent va dormir, enfant. Nous partons tôt demain.

Elle appelait tôt la première pâleur des étoiles brumeuses. Elle tira Yvain d'un sommeil profond.

— Debout, dit-elle. Récite tes prières.

Et elle lui jeta sur la poitrine un bout de pain dur comme une tuile. Puis, tandis qu'ils se préparaient à partir, elle se mit à débiter une triste litanie.

— Les articulations de mes os sont complètement rouillées. Ce n'est pas la fatigue de la nuit qui trahit l'âge. Ce sont les grinçantes petites douleurs du matin.

Le jeune Yvain, errant dans un demi-sommeil, sella

sa monture qui renâcla. Et lorsqu'il s'arma, les courroies à boucles résistèrent à ses doigts. Ils étaient depuis longtemps partis lorsque la fine et grise lumière du matin éclaira le sentier et fit surgir les arbres autour d'eux.

Quand le soleil se leva dans leur dos, ils traversèrent à gué une large rivière peu profonde et entrèrent dans une région de collines couvertes d'ajoncs, où les collines ne s'effaçaient que pour faire place à plus de collines encore, une contrée rocailleuse qui paraissait retenir l'obscurité de la nuit. Des moutons levaient la tête et les observaient en ruminant, puis baissaient la tête pour de nouveau brouter, et sur chaque crête un sombre berger les gardait jalousement, avec près de lui un chien ébouriffé attendant ses ordres et gémissant dans l'attente.

– Est-ce que ce sont des hommes ou autre chose que des hommes ? demanda Yvain.

– Quelquefois l'un, quelquefois l'autre, quelquefois les deux. Ne t'approche pas d'eux. Ils ont des piquants.

La dame resta silencieuse au cours de la matinée, mais lorsque le cheval ralentit l'allure à flanc de colline, elle montra son impatience.

– Eperonne ta monture, mon garçon, dit-elle avec irritation. Les collines ne vont pas venir à nous.

Ils n'eurent pas de pause à midi et se rafraîchirent simplement à un petit torrent qui descendait de la colline.

Au milieu de l'après-midi, ils grimpèrent la dernière longue pente et parvinrent à une poche sous le sommet, une cuvette dérobée à tous les regards autres que ceux des oiseaux, où s'élevaient des bâtiments de pierres éclairés par des meurtrières, aux toits couverts de bardeaux et aux portes basses faites pour des hommes courts et râblés. Ces abris étaient alignés sur les trois côtés d'une lice dont on avait ratissé les pierres, et Yvain aperçut une quintaine sur laquelle étaient montés un sac de sable de la taille d'un homme et un anneau incliné. Un pantin de bois armé d'un bâton, monté sur pivot, punissait automatiquement le jouteur maladroit. C'étaient de pauvres installations. Certains bâtiments abritaient des moutons, d'autres des porcs, d'autres, très peu différents, étaient réservés aux hommes.

Glissant à terre, la dame hurla un ordre. Des courtauds à la mine sombre sortirent brutalement des habitations et vinrent s'occuper du cheval. Ils saluèrent la dame en se touchant le front puis, de leurs yeux sinistres, jetèrent sur Yvain des regards de connaisseurs et se parlèrent dans une langue inconnue qui ressemblait à un chant.

— Sois le bienvenu dans les appartements d'une dame, dit Lyne. Si tu trouves la moindre trace de confort ici, c'est que j'ai oublié quelque chose.

Elle jeta un coup d'œil sur le ciel.

— Voilà tes quartiers, mon fils. Contemple la douce hospitalité de ces collines et interroge les visages souriants de mes hommes. Il reste trois heures avant que la nuit tombe. Tu peux partir avant le coucher du soleil, personne ne t'en empêchera. Mais si tu es encore ici demain matin, tu ne le pourras plus. Si tu tentes de t'évader, ces petits hommes te suivront à la piste, même si tu ne laisses pas plus de traces que le vent d'ouest de la semaine dernière, et les corbeaux se régaleront de ta tendre et jeune chair.

Le lendemain matin, Yvain était toujours là, et l'entraînement commença, heure après heure, fastidieux, avec une lance, sous les yeux de la dame qui relevait toutes les erreurs sur un ton sarcastique et trouvait peu de bonnes choses. Puis, lorsque les coups de lance devinrent mieux ajustés, elle fit installer une cible dansante au bout d'une corde, gloussant de triomphe chaque fois que la pointe la manquait. Et après le maniement de la lance vint celui de l'épée : des heures, avec une épée lestée de plomb pour façonner la musculature, à frapper de taille non sur un adversaire, mais sur un billot, chaque entaille subissant une inspection et une critique en règle.

La nourriture était aussi frugale que le travail était dur – ragoût de mouton et tisane froide de fougères – et à la nuit faite, Yvain, les yeux brouillés de fatigue, s'effondrait dans un coin sur une peau de mouton, poussant parfois une oie pour se faire de la place. Il s'endormait d'un sommeil de plomb, jusqu'à ce qu'un coup de botte le réveillât au petit jour.

En deux mois, son œil et son bras avaient acquis tous les automatismes, et tous ses mouvements étaient équilibrés. La dame qui observait chacun de ses coups et les comparait avec ceux de la veille, vit enfin qu'elle avait devant elle un futur guerrier. Alors seulement elle commença à lui parler autrement que pour le critiquer.

– C'est très bien, mon garçon. J'ai vu mieux. Il y a longtemps que j'observe les réactions de colère de ton orgueil blessé. Je suis un chevalier, voilà ce que tu te dis dans ta tête. Pourquoi vivrais-je comme un porc? Sais-tu ce que « chevalier » veut dire? C'est un vieux, vieux mot. Il veut dire serviteur, ce qui est bien pensé, car celui qui veut devenir un maître doit d'abord trouver le sien. C'est un vieux proverbe, je sais, et comme les autres, sa vérité ne se vérifie que dans la pratique. Je vais bientôt te donner un adversaire.

Ce furent deux mois de joute contre un Gallois madré, champion de l'esquive pour la pointe de la lance aussi insaisissable que de la fumée. A présent, la dame ne parlait plus à Yvain comme à un porc, mais comme à un chien intelligent ou à un enfant arriéré.

– Il est naturel de fermer les yeux juste avant le choc, dit-elle. Il faut donc que tu apprennes à les garder ouverts. Car tout peut arriver pendant l'instant où tu ne vois rien.

Deux mois passèrent, et deux encore. Yvain était sec comme un fagot et noueux comme un if. Le soir, il n'avait plus envie de mourir, et ne craignait plus d'être réveillé par un coup de botte s'il n'était pas déjà levé. Voyant à présent ses propres erreurs, il tentait de les corriger, et ne s'éclipsait plus pour aller dormir dès qu'on lui avait donné congé.

– Tu ne seras jamais l'un de ces rocs qui se dressent contre les vagues. Ne faisant pas toi-même le poids, tu dois utiliser celui de ton adversaire pour te battre. Assure-toi de la longueur de ta lance. Penche-toi en avant sur la selle, aussi loin que tu le peux. De cette manière tu offres une cible plus petite. Mieux encore, si ta pointe frappe la première, elle réduit la force du contrecoup. Ne présente jamais, jamais de surface plane. Ne réponds jamais à la force par la force, mais étudie ton adversaire avant de combattre, apprends à reconnaître ses points forts comme ses points faibles, de manière à éviter les premiers et à utiliser les seconds. Certains chevaliers sans cervelle pensent se déguiser en changeant de devise ou en portant une armure de couleur différente. Quand j'ai vu un homme combattre une fois, je le reconnaîtrai même s'il porte un baril de bière pour armure et entre dans la lice en chevauchant une oie.

Au cours du neuvième mois, l'année étant déjà fortement écoulée, dame Lyne conduisit Yvain sur le front de la colline, puis dans un vallon abrité où ils rencontrèrent une douzaine de paysans brutaux, larges d'épaules et sombres de mine, qui avaient installé des cibles sous les arbres de la rivière et s'entraînaient au tir avec des arcs aussi hauts qu'eux-mêmes et des flèches qu'ils tiraient en arrière jusqu'à hauteur de l'oreille. Les flèches partaient en sifflant de colère. Les cibles étaient petites et lointaines, mais les traits s'y enfonçaient.

– Voilà l'avenir, dit la dame. Voilà la mort de la chevalerie.

– Dame, que voulez-vous dire ? C'est un sport de manant.

– C'est vrai, dit-elle. Mais donne-moi vingt de ces manants, et j'arrête vingt chevaliers.

– C'est insensé, s'écria-t-il. Ces jouets sont des insectes pour un chevalier en armure.

— Crois-tu ? Donne-moi ton écu et ta cuirasse.

Lorsqu'il se fut désarmé, elle fit suspendre l'armure à un piquet, à une distance d'environ cent pas.

— A toi, Daffyd, dit-elle. Tires-en huit. Rapidement.

Les flèches volèrent comme si elles étaient reliées ensemble par un fil, et lorsque l'armure fut rapportée, tous virent qu'elle ressemblait à une pelote d'épingles et que quatre traits l'avaient percée de part en part.

— Tant pis pour les chevaliers, dit la dame. Si je faisais la guerre, je prendrais ceux-là.

— Ils n'oseraient pas. Tout le monde sait qu'aucun manant ne tiendrait tête à un noble chevalier, un homme né pour le métier des armes.

— Ils peuvent apprendre. Je sais bien qu'il est aussi naturel de laisser la guerre aux soins des soldats que de mettre la religion entre les mains des prêtres, mais un jour un chef, qui fera passer la victoire avant la cérémonie, prendra la tête de ces hommes... et alors... ce sera la fin des chevaliers.

— Quelle affreuse pensée ! dit Yvain. Si les hommes de basse naissance pouvaient tenir tête à ceux qui sont nés pour régner, ce serait la fin de la religion, la fin du royaume, la fin du monde.

— Pas serait, dit-elle. Sera.

— Je ne vous crois pas, dit Yvain, mais faisons comme si. Que se passera-t-il ensuite ?

— Eh bien... Il faudra recoller les morceaux.

— Ces gens-là le feront-ils ?

— Qui d'autre ? Qui d'autre qu'eux ?

— Dame, si cela doit arriver, je prie de ne plus être vivant pour le voir.

— Si cela arrive, et que tu te retrouves pris au milieu d'une nuée de flèches, tu n'auras pas besoin de prier pour ne plus l'être. Viens, rentrons. Dans un mois, tu seras prêt à être mis à l'épreuve... Un bon chevalier, l'un des meilleurs, mais auparavant je voulais te montrer ce qui dans l'avenir sera la fleur de la chevalerie dans le monde.

Dans une langue inconnue, elle échangea quelques mots avec les hommes aux longs arcs et aux flèches longues d'un mètre; ils rirent et saluèrent en touchant leur front.

— Qu'ont-ils dit? demanda le jeune chevalier, mal à l'aise.

— Que doivent-ils dire? Ils ont dit : « Va en paix. »

Le dernier mois fut si chargé qu'il passa comme un rêve. Jamais la dame n'avait été si critique, si caustique, si insultante. Une action qui, les mois précédents, avait provoqué quelques louanges, attirait les foudres de la critique. Ses yeux flamboyants ne laissaient rien passer et ses lèvres minces distillaient le poison goutte à goutte, tandis qu'elle tentait de lui insuffler tout ce qu'elle avait appris, observé et inventé. Et au soir d'une journée où les invectives avaient plu de manière particulièrement accablante, sa voix tomba. Elle recula d'un pas et le regarda : il était sale, en sueur, rompu de fatigue et d'insultes.

— Voilà, dit-elle. C'est tout ce que je peux te donner. Si tu n'es pas prêt maintenant, tu ne le seras jamais.

Il lui fallut un moment pour comprendre que l'entraînement était terminé.

— Suis-je un bon chevalier? demanda-t-il enfin.

— Tu n'es pas un chevalier du tout avant d'avoir été mis à l'épreuve. Mais au moins, tu es du terreau avec lequel on fait les bons chevaliers.

Et elle demanda anxieusement :

— Ai-je été un vrai tyran?

— Dame, je ne puis imaginer pire.

— Je l'espère, dit-elle. Je l'espère bien. Demain matin, tu te nettoieras, et nous partirons le jour suivant.

— Partir où?

— En quête d'aventures.

Le lendemain matin, il se leva dans le noir pour éviter le coup de pied dans les côtes, puis se rappela qu'il n'y en aurait pas. Il essaya de se rendormir, comme il avait tant souhaité pouvoir le faire, mais le sommeil était parti. Ce jour-là, il fut baigné, frotté, gratté, rasé. Les serviteurs rirent de voir la couleur de sa peau apparaître sous les couches de crasse, de graisse et de cendres. Et lorsqu'il fut habillé d'une nouvelle tunique en peau de mouton, aussi douce et souple que du daim, Lyne lui fit apporter ses présents.

– Voici une armure magique, dit-elle. La magie se trouve dans les surfaces. Il n'y a pas un seul endroit où la lame d'une épée comme le fer d'une lance puissent se loger. Soulève-là. Tu vois qu'elle ne pèse pas grand-chose. Tu as ici un pot de graisse de mouton. Frottes-en chaque jour ton armure pour la garder de la rouille et faire glisser les coups. Ton écu, tu le vois, est lisse et bombé, et la poignée affleure. Si tu dois le cabosser, épargne cette zone. Voici ton heaume... une jolie chose, n'est-ce pas ? Simple, léger et très résistant. Dans ce trou, tu pourras mettre des plumes, mais rien d'autre. A présent, ton épée magique. Prends-la dans ta main.

Yvain la souleva.

– Elle ne pèse rien, madame. N'est-elle pas trop légère ?

– Ton bras la trouve légère parce que tu t'es servi d'une épée lestée de plomb. Non, elle a un poids suffisant, mais la magie est dans l'équilibre. La pointe ne paraît pas lourde parce que le pommeau est lesté... et sa forme curieuse est un trompe-l'œil sur sa longueur.

– Elle a l'air trop courte.

– Compare-la avec une autre. Tu vois, c'est en fait la plus longue des deux. Enfin, voici ta lance, qui est également magique, fabriquée par les bonnes fées d'ici. Garde-la bien.

– Mais quand elle se rompra ?

– Elle ne se rompra pas. Elle n'est pas ce qu'elle paraît être. Elle est faite d'une longue tige d'acier entourée de cuir vert presque aussi dur que l'acier. Tu remarqueras qu'elle a deux poignées, l'une à trente centimètres de l'autre. Contre un adversaire lourd, sers-toi de toute l'allonge et frappe le premier. A présent, je t'ai appris tout ce que je sais. Si cela t'est entré dans la tête, tant mieux. Va te reposer. Nous partons demain matin, mais pas trop tôt. Nous avons le temps de nous divertir un peu.

Lorsque Yvain alla se coucher, il trouva son lit recouvert d'un drap de lin parfumé avec de la lavande séchée et, à sa tête, un coussin du plus doux duvet d'oie. Avant de s'endormir, il essaya de se rappeler toutes les leçons de ces longs mois.

Le lendemain matin, après avoir prié et rompu le jeûne, il s'arma et s'émerveilla de la légèreté de son armure, qui lui laissait toute liberté de mouvement.

Et lorsqu'il vit Lyne, il fut surpris du changement : c'était une dame qui s'avançait vers lui, presque une demoiselle. Ses cheveux étaient coiffés avec art, ses yeux d'aigle n'étaient plus jaunes mais dorés, et elle avait la démarche gracieuse et sûre d'une femme. Elle portait une robe violette bordée de passements d'or, un manteau de voyage pourpre avec un col et une doublure de petit-gris et une petite couronne dorée comme une reine. Elle chevauchait un palefroi harnaché d'or pâle, et deux serviteurs vêtus de cuir la suivaient sur des poneys à longs poils. Leurs arcs détendus étaient dans leurs mains de longs bâtons, et l'empennage des flèches dépassait de leur épaule gauche.

– En avant ! dit la dame.

– Dans quelle direction ?

– Celle par où nous sommes arrivés, dit-elle.

Ils chevauchèrent à travers d'humides lambeaux de brume qui s'accrochaient comme des guenilles aux collines. Les bergers les virent passer et lancèrent aux archers de mélodieux saluts.

Au pied de la montagne, ils traversèrent la peu profonde rivière et pénétrèrent dans la forêt. Elle était, dans l'avant-printemps, menaçante et spectrale, hêtres et chênes ayant des branches nues comme des espars dans la tempête, quand il faut serrer le vent, faisant un chemin désolé dans un mois désolé.

— Pas un jour favorable aux aventures, madame, dit Yvain.

Elle avait chevauché silencieusement sur la longue pente glissante des collines, mais la remarque la fit rire.

— Les aventures arrivent ou n'arrivent pas, dit-elle. Si on écoute les trouvères, il y a dans une journée autant de mystères que de grains de raisin dans une grappe. Mais j'ai chevauché des semaines entières sans récolter autre chose que des rhumatismes après une nuit humide.

— Dame, nous menez-vous à une aventure que vous connaissez ?

— Pas loin d'ici se déroule un tournoi, qui a lieu tôt dans l'année pour attirer de bons jouteurs. Plus tard, quand les sèves de l'errance commencent à bouillonner, les grands chevaliers se rendent dans des lices plus connues. J'espère que tu auras l'occasion d'essayer tes armes avant le tournoi.

Elle n'avait pas plus tôt dit cela qu'un chevalier tintinnabulant les rejoignit et s'écria :

— Messire, venez jouter avec moi.

Yvain examina son armure rapiécée et couverte de rouille, son cheval éclopé, et il vit que le chevalier se tenait sur sa monture comme s'il y avait des aiguilles dans sa selle. Il hésita quelques instants, caressa amoureusement sa lance de la main, puis il dit :

— Beau sire, je vous prie de me laisser me retirer sans combattre, car je suis lié par un serment : j'ai juré de ne pas me servir de mes armes avant d'avoir trouvé l'ennemi que je cherche.

— Je respecte votre serment, jeune sire, répondit le nouveau venu, et je vous permets de vous retirer, car j'honore les lois de la chevalerie.

— Cela est courtoisement dit, messire, je vous en remercie.

Le chevalier errant toucha sa visière pour saluer la

dame, puis repartit dans un bruit de ferraille, oscillant dangereusement sur sa selle, tandis que sa vieille carne de cheval tirait sur le mors comme un poulain vicieux. Quand il eut disparu, la dame dit :

– Voilà qui était bien fait, messire.

– Dame, j'ai dû mentir.

– C'était un pieux et courtois mensonge. Ce n'était pas la peine d'outrager son orgueil aussi bien que son corps.

– Cependant, dit Yvain, j'espère avoir l'occasion d'essayer mes armes avant le tournoi.

– La patience est aussi une vertu chevaleresque, dit-elle.

Peu après, ils rencontrèrent dans une clairière le chevalier rouillé : assis sur le sol, il tentait de se protéger de son écu déchiré contre un cavalier qui le piquait de sa lance à la manière dont un jardinier pique les feuilles mortes.

Le cœur d'Yvain devint léger.

– Arrêtez, messire, s'écria-t-il.

– Qu'avons-nous là ? dit le fer-vêtu. Je vois un petit garçon avec une armure pour rire. Décidément, ce n'est pas mon jour. Un tas de ferraille et un petit garçon.

Yvain jeta un regard anxieux en direction de Lyne, mais elle s'était écartée et se tenait au bord de la clairière. Elle n'allait ni le regarder ni l'aider, et pour son premier combat, Yvain souhaitait se montrer à la hauteur de l'entraînement qu'il avait reçu. Toutes ses leçons tourbillonnèrent dans sa tête comme un essaim d'abeilles, et l'une d'elles se détacha de l'essaim pour lui bourdonner à l'oreille : « Etudie ton adversaire avant de le combattre. » Soudain, le jeune Yvain fut calme. Il éprouva rapidement sa sangle, vérifia que son épée glissait bien dans son fourreau, inspecta la courroie de son écu, puis avec une lenteur délibérée se dirigea vers l'extrémité la plus éloignée de la clairière, tout en observant son adversaire.

Les chevaliers mirent leur lance sur feutre et chargèrent, mais à mi-course Yvain fit tourner sa monture et revint à son point de départ, tandis que le haut fer-vêtu luttait pour maîtriser son cheval, qui se cabrait et ruait.

– Je suis confus, messire, cria Yvain. Ma sangle est desserrée.

Il fit semblant de resserrer les courroies, mais il avait vu ce qu'il désirait voir : comment son adversaire se tenait en selle et quel genre de monture il avait. Jetant un coup d'œil rapide à la dame, Yvain vit briller ses yeux jaunes et un petit sourire complice passer sur ses lèvres minces.

– Voilà ce qui se passe avec les enfants ! cria le haut fer-vêtu. Prends garde à toi !

Il mit au galop son ombrageux cheval. Yvain vit le fer de lance monter et descendre. Alors il chargea en prenant l'extérieur le plus loin possible, ce qui obligea l'autre à serrer la bride, puis il se rabattit au dernier moment, déposant avec une facilité dérisoire la pointe de sa lance contre la cuirasse striée de son adversaire, qui vida les étriers et fut projeté au sol avec fracas, tandis que sa furieuse monture s'éloignait au galop dans la forêt.

Yvain tourna, revint au trot et dit :

– Vous vous rendez, sire chevalier ?

L'autre gisait sur le sol d'un air morose. Levant les yeux sur le jeune homme, il le vit pour la première fois et dit :

– Si c'était un coup chanceux, c'est moi qui n'ai pas de chance. Si ce n'en était pas un, j'en ai encore moins. Je ne puis vous affronter à pied. Je crois que j'ai la hanche brisée. Dites-moi, messire, votre sangle était-elle vraiment desserrée ?

– Rendez-vous ! dit Yvain.

– Oh ! Je me rends. Je n'ai pas le choix. Je me retrouve assis par terre, alors que je me rendais au tournoi, tout cela parce que j'ai combattu contre ce sac d'os.

– Vous êtes le prisonnier de ce gentilhomme, dit Yvain.

Il se dirigea vers le chevalier rouillé, qui se remettait debout comme il pouvait.

– Je le remets entre vos mains, messire, dit-il. Je sais que vous serez aussi courtois avec lui que vous l'avez été avec moi. Son armure est votre prix. Occupez-vous de sa blessure.

– Quel est votre nom, messire ?

– C'est un nom qui n'a pas fait ses preuves, dit Yvain. Vous rendez-vous au tournoi ? J'espère m'y faire connaître.

– Oui, je m'y rends et vous demande de m'accorder l'honneur de combattre à vos côtés.

Quand ils reprirent leur route, Lyne dit d'un ton caustique :

– N'essaie pas cela avec un chevalier aguerri. C'était trop évident.

– Je voulais absolument remporter mon premier combat.

– C'était assez bien fait, répliqua-t-elle. Mais ça sentait la technique à plein nez. La prochaine fois, essaie de faire croire que c'est vraiment fortuit. Tu aurais pu l'affronter directement au lieu de t'y prendre de cette manière. Une autre course, et il serait tombé tout seul.

Voyant qu'Yvain baissait la tête sous ses critiques, elle ajouta :

– Pour une première fois, c'était correct. Peut-être as-tu bien fait de te montrer très prudent. Mais ne pavoise pas avant d'avoir rencontré un adversaire digne de ce nom.

Trois fois dans l'après-midi, ils croisèrent des chevaliers qui se rendaient au premier tournoi du printemps; à chaque fois Yvain jouta et désarçonna son adversaire, refusant, selon la consigne, de combattre à l'épée, en disant :

– Laissons cela pour le tournoi.

La dame était sombrement satisfaite, et elle dit :

— Je suis un peu contrariée. Je me méfie de ton excellence. Peut-être que je me méfie de moi-même.

Pendant un moment, elle s'absorba dans ses réflexions, lui répondant brièvement et avec humeur. Puis elle dit enfin :

— C'est inutile et ça ne sert à rien. As-tu remarqué, jeune homme, qu'aujourd'hui je suis une dame ?

— Oui, je l'ai remarqué.

— Quelle impression cela te fait-il ?

— Dame, cela me semble étrange. Etrange et peu amical.

Elle poussa un soupir de soulagement.

— Ça l'a toujours été, comme si les poules avaient des dents. De cœur, je suis un guerrier et un entraîneur de guerriers. Oh ! j'ai essayé, j'ai virilement essayé d'être féminine. Cela ne te plaît pas ?

— Dame, pas tellement.

— Je m'appelle Lyne. Cela dit... je ne crois pas que les hommes soient très bons au combat. Je veux dire, la moyenne. Trop sensibles, trop beaux, trop vaniteux. Une femme possédant un corps d'homme serait un champion. Tu seras sûrement un bon chevalier, mais forcément limité puisque tu es un homme. Imagine quel guerrier ta mère aurait été ? Pense aux grands champions... Aucun d'entre eux n'aimait vraiment les femmes, quelque raison qu'ils aient pu donner. Il est vrai que les femmes ont inventé la chevalerie, mais pour leurs propres fins. Si les femmes avaient été chevaliers elles auraient châtié la chevalerie comme un crime et un danger. Enfin... il n'y a pas le choix. Il faut se servir de ce que l'on a. J'ai une idée, mais je sais qu'elle ne sera jamais acceptée. Elle est pleine de bon sens, mais les hommes sont bourrés d'habitudes. Pour jouter, il est évident qu'il faut une jambière. Un coup dévié ou maladroit peut blesser à la jambe. Mais à pied... Combien de blessures à la jambe as-tu vues ? Pourtant, les hommes portent les mêmes lourdes jambières. Et lorsque un homme sent que ses forces l'abandonnent, ce ne sont pas ses bras qui faiblissent, mais ses jambes. Et lorsqu'un guerrier commence à vieillir, ce sont ses jambes qui d'abord le trahissent. Ajuster les jambières à la selle ne serait pas mal. Sinon, un simple crochet suffirait à l'alléger du poids. Un homme sans armure au-dessous de l'aine serait plus rapide et plus endurant dans le combat à pied.

– Mais il aurait l'air ridicule, dit Yvain.

– Et voilà. Après cela, on dit que les femmes sont vaniteuses.

Ils poursuivirent leur voyage et, dans la soirée, Yvain rencontra et fit mordre la poussière à deux autres chevaliers. Lyne était d'humeur joyeuse lorsqu'ils parvinrent au château où le tournoi allait se dérouler, à la frontière des Galles.

C'était un laid petit castel à moitié en ruine et aussi peu confortable que possible. A l'intérieur, les murs suintaient de moisissure, et dans les chambres flottait une odeur de mort ou, pire, d'agonie. Tant d'ordures avaient été déversées dans les douves que les poissons étaient morts. La fine fleur de la chevalerie locale était rassemblée dans la grande salle, buvant de la mauvaise bière pour essayer de se réchauffer.

Lyne ne se plaignit pas du château, mais lorsqu'elle vit les chevaliers qui étaient là, elle devint nerveuse et pressée d'en avoir fini. Elle parla discrètement à Yvain, assis près d'elle à la longue table jonchée de monstrueuses carcasses de moutons à moitié rôties.

– Je n'aime pas du tout ça, dit-elle. Ça m'inquiète. Il n'y a pas ici un chevalier capable de défendre un pont contre un lapin, mais c'est dans ce genre de tournois que les accidents arrivent. Peu me chaut de perdre un homme dans un grand combat, mais les accidents... Ecoute, mon garçon, ouvre grand tes oreilles. Ne prends pas de risque, pas le moindre. Tu n'auras aucun problème avec les hommes que tu combattras. Ce que je crains, c'est que tu prennes un coup malheureux, destiné à quelqu'un d'autre. L'année dernière, dans un tournoi comme celui-ci, j'avais un élève, sire

Reginus, qui aurait étonné le monde de la chevalerie. Mais un butor qui voulait en assommer un autre a laissé échapper son épée. La lame a volé dans l'air et la pointe a pénétré dans la visière du heaume de Reginus. L'œil et le cerveau perforés, il est tombé lentement comme un pin qu'on abat. Non, je n'aime pas ça du tout. La fête est plus dangereuse que le combat.

Le lendemain matin, le triste et glissant tournoi se déroula sous la pluie. Bien qu'il fût couvert de boue et aveuglé de purin, Yvain désarçonna trente chevaliers et remporta le prix, un gerfaut au brillant plumage ainsi qu'un cheval blanc couvert d'une housse jaune baptisée housse d'or pour faire plus noble. Yvain s'essuya les yeux et apporta les prix à sa dame.

– Beau chevalier, je vous remercie de votre courtoisie, dit-elle.

Et, entre ses dents :

– Si tu n'avais pas gagné, je t'aurais noyé dans les douves, sauf que c'est à peu près le seul endroit sec du pays.

– Dame, je mets mon honneur et mon devoir à votre service, déclara Yvain.

– Partons vite, dit-elle. Je dormirai mieux et plus au sec sous un arbre de la forêt.

Elle s'approcha du noble châtelain et le remercia dans les règles.

– Messire, dit-elle, mon champion vient d'apprendre qu'il y a une rébellion dans son domaine. Il doit, avec votre permission, s'y rendre pour la mater.

– Bien sûr qu'il le doit. Dame, où est son domaine ?

Elle agita vaguement la main vers l'est.

– Loin, dit-elle. Tout au bout du monde. Il doit partir immédiatement.

– Dame, ce doit être la Moscovie.

– La Moscovie, c'est cela, dit dame Lyne.

La nuit, dans un bon abri sous un rocher au sol recouvert de riches étoffes que ses serviteurs avaient tirées des sacoches de leur selle, la dame se renversa sur sa couche de fourrure et soupira d'aise :

– Les pauvres, dit-elle. Ils ne peuvent apprendre qu'une chose à la fois. Je viens seulement de leur apprendre à ne pas me voler. Mais demain c'est autre chose. Demain, nous irons au château de la Dame du Roc.

La froide pluie de mars ne cessa pas de tomber pendant le voyage. Contre elle, les chevaux baissaient la tête et serraient la queue.

– J'espère que tu as passé de la graisse sur ton armure, dit la dame. Sinon, tu vas bientôt ressembler à un clou rouillé. Heureusement, le château du Roc n'est pas très éloigné. Là, tu auras une aventure digne de ce nom. Lorsque tu as été armé chevalier, tu as bien juré de secourir les dames et de protéger la veuve et l'orphelin, particulièrement si ce sont gens de bien ?

– Oui, dit Yvain. Et je tiendrai serment.

– Tu as de la chance, dit-elle. La Dame du Roc est tout cela : veuve, orpheline et de bonne naissance. De plus, elle est, des gens que je connais, celle qui a le plus besoin d'aide. Lorsque le seigneur du Roc quitta ce monde, il laissa à sa femme terres, forêts, pâtures, chaumières et serfs, ainsi que deux forteresses bien défendues, l'une appelée le château du Roc, l'autre le château Rouge. Voyant que la dame avait perdu son protecteur, deux frères nommés Edouard et Hughes s'emparèrent du château Rouge et de la plupart des terres, ne laissant à la dame que le château du Roc, qu'ils espèrent prendre en son temps, ainsi que la dame elle-même, qui est belle, courtoise et bien née. En attendant, ces frères qui se font appeler sire Edouard et sire Hughes du château Rouge, collectent cens, aides, dîmes et corvées, et posent aux grands seigneurs avec une escorte de mercenaires.

– Dame, dit Yvain, c'est le moment ou jamais de lui porter secours. Je combattrai ces chevaliers pour l'héritage de la dame.

– Je dois te dire, jeune homme, que ce ne sont pas des chevaliers errants qui risquent leur vie pour l'honneur à la croisée des chemins. Ce sont de bons voleurs, honnêtes, consciencieux et bien organisés. Ils ne combattront que lorsqu'ils seront sûrs de vaincre.

– Je les défierai sur l'honneur, dit Yvain.

– Je crois qu'ils sont plus intéressés par leurs biens, dit Lyne. Peut-être leurs petits-enfants jouteront-ils pour l'honneur quand ils seront nés. Maintenant, regarde.

Elle pointa le doigt vers un chêne déraciné au pied duquel s'ouvrait une petite caverne qui avait été occupée par les renards, les sangliers, les blaireaux, les ours, et peut-être par les dragons, avant que les hommes ne vinssent les déloger.

– Abritons-nous là de cette pluie assassine, dit-elle.

Les cendres d'un foyer leur montrèrent que les lieux avaient été récemment occupés, et l'un des archers se préparait à allumer un feu, lorsque la dame l'arrêta.

– Pas de fumée, dit-elle. Nous sommes près du château du Roc, qui est visible du haut de cette colline, ainsi que toute la contrée alentour. Si j'étais Edouard et Hughes, et que je veuille m'agrandir, j'aurais posté des sentinelles sur la colline pour garder le chemin, au cas où quelque jeune chevalier errant éprouverait l'urgent besoin de secourir la dame.

– Dame, je vais chevaucher et libérer le chemin.

– Messire, tu vas gentiment t'asseoir et attendre.

Faisant signe à ses hommes, elle leur parla dans la vieille langue celtique. Ils approuvèrent en souriant et touchèrent leur front broussailleux. Puis, de leurs sacs, ils sortirent des cordes bien cirées et tendirent leurs longs arcs. Chacun choisit huit flèches, affûta les pointes de fer et s'assura que les hampes n'avaient pas de défaut. Puis ils gravirent silencieusement la colline, non par le sentier, mais par les halliers ruisselants, sans qu'aucun bruit signalât leur passage.

– Il faut que nous trouvions un moyen d'obliger les deux chevaliers à combattre, dit Lyne. Si tu pouvais faire une concession, par exemple paraître tomber dans un piège... enfin, nous verrons... Tu as entendu?

— Dame, quoi ?

— Il m'avait semblé entendre un cri. Ah ! en voilà un autre.

— J'ai entendu. On aurait dit un cri mortel.

— C'en était un, dit la dame.

Pendant un long moment, ils n'entendirent que le goutte à goutte de la pluie et le gargouillement d'un ruisseau en crue. Puis les hommes revinrent, chacun ayant une lourde épée passée à la ceinture et portant sur le dos une armure attachée par une lanière. Ils déposèrent bruyamment le tas de métal à l'entrée de la caverne et, tandis qu'ils parlaient, un léger sourire flottait sur leur visage.

— Il n'y avait que deux sentinelles, expliqua Lyne. Ils pensent que la route est libre maintenant, mais quand nous partirons, ils iront en éclaireurs pour s'en assurer.

La Dame du Roc les accueillit avec plaisir et soulagement. C'était une belle et noble dame, mais l'inquiétude la rongeait.

— Je n'ai reçu aucune aide, dit-elle. Ils ont pris toutes mes terres, tous mes serfs. Il ne nous reste plus qu'un peu de hareng saur et de porc salé. Mes hommes d'armes sont squelettiques. Que peut faire un seul jeune chevalier ?

— Je les défierai dans l'épreuve du Jugement de Dieu, dit Yvain.

Les deux dames échangèrent un regard de commisération.

— Je vous remercie, gentil chevalier, dit la Dame du Roc.

Les deux frères répondirent rapidement à l'appel, suivis d'une centaine d'hommes en armes, car ils avaient découvert sur le sentier leurs deux gardiens dépouillés, morts d'étranges blessures.

La Dame du Roc ne permit pas à Yvain de sortir pour parlementer avec eux.

— Ils ne sont pas, dit-elle, hommes à respecter les conventions sacrées.

Les portes étaient fermées et le pont-levis levé. Lyne, avec la permission d'Yvain, alla parler aux deux frères, du haut du rempart.

– Nous avons un champion, cria-t-elle, qui combattra l'un de vous deux pour les terres que vous avez volées à la Dame du Roc.

Les frères éclatèrent de rire.

– Pourquoi devrions-nous combattre pour quelque chose que nous avons déjà ? demandèrent-ils.

Elle avait prévu cette réponse. Il fallait y aller prudemment, elle le savait. Certains hommes ne se font prendre qu'à leur propre piège.

– Notre champion est un jeune homme qui vient d'être adoubé et brûle de se couvrir de gloire. Vous savez comment sont les jeunes gens. Si vous ne voulez pas l'aider à dorer son blason, tant pis. Mais j'aimerais pouvoir vous parler en privé.

Après s'être consultés, les frères répondirent :

– Alors venez à nous.

– Quelle garantie offrez-vous ?

– Dame, dit l'un d'eux, consultez votre raison. Quel avantage tirerons-nous à nous emparer d'une dame sans terres. Si nous trahissons, nous n'aurons pour gain qu'un sac d'os.

La dame sourit intérieurement.

– Quelle joie de parler à des seigneurs qui se fondent sur leur raison et non sur leurs passions. Je vais venir seule. Je crains que ceux du château ne soient trop timorés. Faites reculer vos hommes à une distance égale à la hauteur du rempart.

Elle écarta les objections de ses amis, mais ne franchit la porte que lorsque les deux archers eurent pris position derrière les meurtrières invisibles de l'extérieur, les flèches déjà encochées, prêtes à voler vers la cible.

Laissant venir les frères à elle, Lyne s'arrêta près de la douve à un endroit où elle savait qu'elle n'avait qu'à lever la main pour qu'ils fussent percés de deux flèches.

– Mes seigneurs, dit-elle, nous ne sommes plus des enfants. Maintenant que la chevalerie ne peut plus nous entendre, parlons sérieusement. Vous avez les terres de la dame et le château Rouge. Pourquoi auriez-vous à combattre pour cela ?

– Vous parlez d'or. Vous êtes vraiment une femme d'expérience.

– Cependant, vous n'avez pas le château du Roc et je ne crois pas que vous pourrez le prendre d'assaut. Il est fortifié et bien défendu.

– Nous n'aurons pas besoin de le faire, dit Edouard. Il tombera entre nos mains quand les vivres manqueront. Rien ne peut y entrer. Nous contrôlons le pays.

– Vous tenez là un formidable argument, dit Lyne. Ou plutôt vous le teniez. Avez-vous inspecté la passe de l'ouest, mes seigneurs ?

Ils échangèrent un regard rapide.

– Vous l'avez trouvée ouverte. Mais savez-vous qui a profité du passage ? Je vais vous le dire. Cinquante archers gallois aussi silencieux et secrets que des chats. Vous n'avez vu à l'œuvre que deux d'entre eux. Je n'ai pas besoin de vous dire ce que deviendront vos nuits. Dans chaque ombre, la mort sera tapie, dans chaque brise siffleront des pennes sombres.

Elle fit une pause pour laisser le doute s'installer. Puis elle poursuivit :

– Je conviens qu'il serait stupide de combattre pour ce que vous avez déjà. Mais combattriez-vous pour ce que vous n'avez pas ? Le château du Roc, et avec lui la certitude de maintenir votre mainmise ? Vous êtes des hommes raisonnables.

– Que suggérez-vous, madame ? demanda Hughes.

– Si vous avez le courage de jouer gros, je vous suggère de combattre le champion de la dame. Ce n'est pas un chevalier de grand renom. C'est à peine plus qu'un enfant.

– Dame, quel est votre intérêt ? demandèrent-ils d'un air soupçonneux.

– Ma position est des plus faciles, dit-elle. Si j'arrange le combat, la Dame du Roc me récompensera. Et si vous gagnez je puis peut-être espérer que vous ne serez pas des ingrats.

Les frères se mirent à l'écart pour discuter la proposition et, après un bref différend, revinrent.

– Dame, dit Edouard, nous sommes deux frères nés d'un même ventre et en même temps. L'un de nous ne fait rien sans l'autre, et cela depuis notre plus jeune âge. Nous combattons ensemble et seulement ensemble. Pensez-vous que votre champion acceptera de nous affronter en même temps ?

– Je ne sais pas. Il est très jeune et très têtu. Vous savez combien les jeunes gens sont ambitieux. Je peux le lui demander. Mais s'il accepte de vous combattre demain matin, vous devrez laisser vos hommes à deux cents pas de distance.

– Dame, est-ce un piège ?

– Non. C'est la distance d'une portée de flèche. Si les sauvages archers s'énervaient ou si vos hommes se mêlaient d'intervenir, il y aurait beaucoup de morts.

– C'est bien pensé, dirent-ils. Allez demander à votre champion s'il veut se battre à deux contre un.

– Je ferai de mon mieux, mes seigneurs. Si Dieu vous donne la victoire, j'espère que vous vous souviendrez de moi.

Elle leur sourit, puis retourna dans le château du Roc. Le pont-levis se leva et l'énorme porte se ferma derrière elle.

Après le souper, la Dame du Roc se retira dans la chapelle pour mettre le ciel de son côté, mais Lyne emmena Yvain dans la tour de guet, où ils avaient vue sur le pont-levis et le beau pré au-delà.

– Ne sois pas vexé que je t'aie fait passer pour un sot, dit-elle. Le problème était de les amener à combattre. Ils n'avaient aucune raison de le faire, maintenant ils croient qu'ils en ont une. Les as-tu observés avec attention pendant que je parlementais avec eux ?

– Oui, madame.
– Et qu'as-tu remarqué ?
– Ils sont bien faits de corps, plus grands que moi et de poids égal. Celui de droite...
– Sire Hughes, souviens-t'en.
– Il a été blessé au genou droit ou à la jambe. Il traîne un peu le pied. Je dirais que ce sont des hommes qui certainement se défendent bien.
– Quoi d'autre ? Fouille dans ta mémoire.
Yvain ferma les yeux et revit la scène.
– Oui, il y a quelque chose... quelque chose d'étrange. Je sais !... Leurs épées étaient dos à dos. C'est ça. L'un est droitier et l'autre gaucher.
Elle tendit la main et lui toucha l'épaule... une petite accolade.
– Très bien, dit-elle. Dans quelle position étaient-ils ?
De nouveau, il ferma les yeux.
– Les fourreaux étaient côte à côte, donc celui de droite en face de moi, sire Hughes, est gaucher.
– Et c'est comme cela qu'ils combattront, dit-elle. Ecu l'un contre l'autre, épée vers l'extérieur; c'est une technique meurtrière. Tu peux être sûr qu'ils vont s'écarter en douce pour essayer de te prendre à revers. Il faudra que tu cèdes du terrain et que tu combattes dos au pont-levis. Maintenant, il y a une ruse que je n'ai vue qu'une fois...
– Je la connais peut-être, madame, ou je puis l'imaginer. Comment pourrais-je les prendre à revers ?
L'œil d'aigle de la dame brilla d'orgueil.
– Exactement ! s'écria-t-elle. Ou je t'ai bien choisi, ou la chance était avec moi. Si tu arrives à changer leur garde, leurs épées se gêneront et tu auras l'avantage. Mais pas tout de suite, attends d'abord qu'ils soient un peu fatigués...
Avec son doigt, elle commença à faire un dessin dans la poussière qui recouvrait les dalles de la tour.
– En feintant ici, tu attireras celui-là. Puis, tourne à reculons et arrange-toi pour qu'il te suive jusque-là.

Ensuite, attaque ici, romps, puis fonce... fonce le plus vite possible. Tu comprends ? Tu auras désorganisé leur front. Mais il faudra que tu fasses vite, tu n'auras pas deux chances. Ces hommes combattent ainsi depuis des années. Voyons la joute, maintenant. Ce n'est pas ce qui m'inquiète. Comme jouteur, tu ne crains personne. Et il n'est pas facile de jouter à deux contre un. Tu as un bon destrier. Tu pourras les éviter et les recevoir quand tu voudras. Mais il y a un autre avantage. Le vois-tu ?

– Je ne sais pas, dit Yvain. Les grands chevaliers combattent indifféremment des deux mains. Je les ai vus passer de main droite à main gauche, et retour.

– Ce ne sont pas de grands chevaliers, dit-elle. Ce sont deux voleurs qui espèrent battre un jeune garçon. Laisse-leur le croire jusqu'au dernier moment. Maintenant va te reposer. Et ne crains rien. Je n'ai pas l'intention de perdre un chevalier de mon école pour une paire de gredins.

La matinée était propice à la bataille. Les premiers merles du printemps répondaient au soleil et réchauffaient de leurs chants les buissons qui bordaient les douves. L'herbe du champ était d'un vert doré. Aux lisières, les lapins faisaient sécher leur fourrure au soleil et se léchaient. Des bancs de têtards semblables à de minuscules baleines folâtraient à la surface des douves. Un héron, debout sur une patte, les laissait venir à lui, puis les cueillait comme des cerises mûres dans son bec cisaillant.

Le jeune Yvain se leva tôt : il donna du tranchant à son épée, affûta jusqu'à ce qu'il fût immaculé le fer de sa lance noire, puis graissa son armure en frottant doucement du bout des doigts toutes les pièces amovibles. Il était impatient et gai, et lorsque Lyne se pencha sur lui, gloussant comme une poule couveuse, il lui dit :

– Madame, n'avez-vous pas une faveur pour mon heaume ?

– Tais-toi donc, dit-elle. Tu voudrais porter une mèche de cheveux gris ou un gant humide ?

Mais elle s'éloigna nerveusement, et lorsqu'il se fut défait de son heaume pour aller entendre la messe dans la chapelle, elle apporta une plume d'aigle noire, garnie d'aigrettes blanches, et la fixa solidement à la visière.

A l'heure de prime, les frères apparurent à grand renfort de trompettes, avec une suite armée jusqu'aux dents. Ils laissèrent leurs hommes en ligne à une portée de flèche et s'avancèrent, précédés seulement d'un héraut claironnant.

Yvain saisit sa lance pour aller à leur rencontre, mais sa dame le retint.

– Laisse-les claironner un moment, dit-elle. Plus tu les feras attendre, mieux ce sera. Descends dans la cour et enfourche ta monture, mais ne sors pas avant que je te fasse signe.

Elle parla longuement avec ses deux archers et leur fit prendre position près d'elle, dans la tour de guet derrière les remparts, chacun ayant près de lui un boisseau de flèches empennées de frémissantes plumes d'oie grises. Les archers, comme deux chiens de chasse, avaient les yeux fixés sur le visage de Lyne.

Regardant dans la cour, elle vit qu'Yvain était en selle, sa grande lance noire levée et la plume d'aigle recourbée au-dessus de son heaume. Pourtant elle attendit encore : le héraut dans le champ commençait à être à bout de souffle et la grandeur de l'approche s'était muée en impatience.

Sire Hughes cria au château silencieux :

– Viens donc, lâche, si tu l'oses.

Elle attendit que les frères, craignant une ruse, se rapprochent l'un de l'autre et que leur méfiance fît place à un commencement de peur. Alors elle leva la main. Le pont-levis s'abaissa avec fracas et les portes s'ouvrirent en grand. Sortant courageusement au galop, Yvain dépassa les frères, puis prit position face au château et les attendit, immobile et silencieux.

Les frères couchèrent leur lance et chargèrent ensemble, mais comme le cheval de sire Edouard était plus rapide que celui de son frère, Yvain contint sa monture et évita la charge, puis il se rabattit et, prenant sire Hughes sur son mauvais côté, lui fit mordre la poussière. Fou de rage, Edouard chargea de nouveau, s'attendant à une nouvelle ruse du cavalier. Yvain vit que Lyne le regardait du haut de la tour. Il leva sa lance pour la saluer, puis la mit sur feutre et, partant comme un trait, il accepta franchement le choc. La lance d'Edouard se rompit, et il le vit voler par-dessus la croupe de son destrier, emportant sa selle avec lui. La dame applaudit et, du haut des remparts, tomba le cri de l'aigle.

Les frères se relevèrent et se rapprochèrent l'un de l'autre, écu contre écu, comme un seul guerrier tenant une épée dans chaque main.

Yvain s'approcha et dit :

– Puisque vous êtes deux contre un, c'est mon droit de vous combattre à cheval.

– Tu es un couard et un traître, cria Edouard.

Yvain entendit la voix rauque de Lyne dans ses oreilles :

– Ce n'est que par des actes que l'on répond aux paroles. Epargne ta salive.

Il vit le pont-levis s'entrouvrir pour abriter sa retraite et s'en approcha aussi près qu'il le put, ce qui lui donna le temps de mettre pied à terre et de se préparer. Puis il passa son écu, tira son épée et se dirigea vers le pont-levis. Les frères virent sa manœuvre et, comme un seul homme, se précipitèrent pour couper sa retraite. Ils le rattrapèrent avant qu'il pût se retourner et l'assaillirent, frappant comme s'ils n'étaient qu'un seul guerrier ayant une épée dans chaque main. Sous un coup Yvain tomba. Alors, au sommet de la tour, deux têtes apparurent et deux arcs furent bandés, l'empennage des flèches arrivant à hauteur de l'oreille des archers. Yvain roula sur lui-même et se releva, fuyant douloureusement les frères et bénissant la légèreté de ses armes. Arrivé au pont-levis, il se retourna pour leur faire face.

Ils avaient une longue pratique de ce jeu mortel. Ils se séparèrent un peu et, lorsque Yvain frappait l'un, sa garde était ouverte aux coups de l'autre. Ils le blessèrent au côté puis, pendant que l'un frappait haut pour lui faire lever son écu, l'autre fauchait bas et le touchait aux jambes.

Yvain sentit son sang couler chaudement le long de son côté et la terre devint glissante sous ses pas. Il essaya de se rappeler le dessin dans la poussière de la tour, mais un léger vertige l'en empêcha. Un coup rapide sur le heaume le secoua et lui éclaircit les idées. Il vit sa plume zigzaguer sur le sol. Au même instant, il entendit le cri de l'aigle en haut de la tour et revit parfaitement le dessin dans la poussière. Quittant son refuge, il fit un bond sur la droite et, passant dans le dos d'Edouard, le força à se retourner pour faire face à son attaque. Puis il se porta vers Hughes, qui fut obligé de pivoter pour se défendre. Et, tandis que l'aigle poussait un nouveau cri, il se mit entre eux et ils vinrent à sa rencontre. Les deux épées s'élevèrent ensemble et les lames se heurtèrent avec fracas; Yvain fit un pas à gauche, écarta l'écu de sire Hughes et, d'un petit coup en revers, le poussa contre le bras de son frère. Enchaînant immédiatement, il se déporta sur la gauche et, d'un coup d'épée bien ajusté, fendit jusqu'à la poitrine l'épaule d'Edouard qui s'écroula, mourant, sur le sol. Alors, Yvain se retourna vers Hughes, mais sans son frère, ce chevalier n'était que la moitié d'un homme et son courage l'abandonna; il s'agenouilla sur le sol, délaça son heaume et réclama merci.

Yvain, en gentilhomme, reçut son épée, le prit par la main et le mena jusqu'à la porte du château, où il se pâma car il avait perdu beaucoup de sang.

Les dames le mirent au lit et soignèrent ses blessures en veillant tendrement sur lui. Comme c'était un jeune homme, elles cicatrisèrent vite.

La Dame du Roc était extrêmement contente. Lorsqu'il reprit conscience, elle le remercia joliment et lui dit en rougissant :

– Sire chevalier, vous avez conquis par vos actes tout ce qu'il est en mon pouvoir de vous donner. Ne dites rien maintenant, mais songez-y.

Yvain la remercia et s'endormit. A son réveil, il trouva Lyne assise près de son lit.

– Je t'ai conseillé pour bien des choses, dit-elle, mais là ce n'est pas mon domaine. La Dame du Roc tiendra sûrement sa promesse, tu peux le croire. J'ai vu son visage et senti la chaleur de sa générosité. Toi, si jeune, tu as réalisé ce que presque tous les hommes désirent. La dame a des terres, des châteaux et, à présent que tu lui as rendu son bien, des richesses. Je pense que tu as compris quel genre de don elle a en tête, et elle est libre de l'offrir. Tu dois bien réfléchir. Les domaines sont princiers et les charmes de la dame ne sont pas négligeables. La vie qu'elle t'offre, la plupart des hommes en rêvent et ne peuvent l'avoir. Pense à ce qu'elle sera : tu pourras chasser dans les forêts, collecter les fermages, te battre avec les voisins, ripailler, chopiner, dormir avec une douce et gente femme qui est encore dans la fleur de l'âge. Ne crois pas que ce soit une vie oisive. Il y a des champs à drainer et des récoltes à surveiller. Gouverner un manoir n'est pas une petite chose. Tu auras le droit seigneurial de rendre la justice et de dire qui a tort lorsque la poule de A vient gratter dans le jardin de B. Et si Jeannot des Bois est pris avec un lièvre dans sa marmite, ce sera ton devoir aussi bien que ton droit de couper une patte arrière à son chien, de chasser de leur foyer ses indignes enfants et, par un matin ensoleillé, après la messe, de le pendre à un arbre avant d'aller prendre ton repas de midi; après quoi tu feras la sieste avec le sentiment du devoir accompli. Ne crois pas que tu mèneras une vie solitaire, ce n'est pas vrai. Une fois par an – quelquefois deux – un chevalier errant te demandera l'hospitalité et, devant de la bonne bière amère, il te racontera les nouvelles des tournois et des guerres... ce qu'Arthur dit et fait, et à quoi il ressemble, et comment les dames s'habillent avec les nouvelles modes venues de France.

Elle s'aperçut qu'il riait doucement.

— Vous êtes une femme diabolique, dit-il.

— Je tiens simplement la promesse que j'ai faite à la dame. Je me suis engagée à plaider sa cause, et tu peux jurer que je l'ai fait.

— Demandez-lui d'entrer, et restez vous aussi.

Lorsque la Dame du Roc fut près de son lit, il dit avec solennité :

— Dame, je vous remercie de vos grands dons, je suis fier que vous m'en ayez jugé digne. Mais comme vous avez avec moi usé de gente courtoisie, je serais félon si je ne vous disais la vérité. Accepter votre don me rendrait indigne de le recevoir : j'ai, sur les quatre Evangiles et mon honneur de chevalier, juré d'accomplir une quête. Vous conviendrez, je pense, qu'un chevalier qui trahit un serment n'est pas digne de confiance. Aussi, à la place de votre noble don, je vous demanderai le petit anneau que vous portez au doigt, afin qu'au plus fort d'un combat à l'issue incertaine je puisse le regarder et rallumer mon courage à la flamme de votre mémoire.

Plus tard, Lyne lui dit :

— Je t'ai seulement appris à te servir d'une épée et d'une lance. Tu dois tenir l'autre don de ta mère. Avec cette arme, tu iras loin.

Bientôt, ils chevauchèrent vers le lieu du rendez-vous, et lorsqu'ils furent près de la triple fourche, Yvain dit :

— Madame, vous m'avez fait des présents qui n'ont pas de prix. Demanderez-vous de moi tout ce qu'il est en mon pouvoir de donner ?

— Certainement, dit-elle lentement. Comme faveur, je te demanderai de te souvenir de moi.

— Dame, ce n'est pas une faveur. Je ne pourrais faire autrement, même si je le désirais.

— Tut, dit-elle. Je connais les promesses et je

connais la mémoire. Mais il y a un moyen. Tu n'as qu'à faire avec moi ce que la Sainte Eglise fait chaque année avec la Naissance, la Mort et la Résurrection.

– Dame, que voulez-vous dire ?

– Sans irrespect, je veux dire qu'un acte vaut mieux qu'une pensée. Quand tu coucheras ta lance noire, n'oublie pas de te pencher le plus possible en avant. Quand tu combattras, combats pour vaincre, et après avoir vaincu, sois généreux. Et la nuit, avant de prendre du repos, frotte ton armure à la graisse... Avec cette faveur, je serai contente.

– Allez-vous attendre un autre chevalier ? demanda-t-il avec jalousie.

– Oui, probablement. Mais je serai critique. Ce ne sera pas facile. Dieu ! que ce doit être effrayant d'avoir un fils !

Il salua Gauvain et Marhalt à la croisée des chemins et conduisit sa dame près de la fontaine où était assise la demoiselle de trente printemps, une guirlande dans les cheveux. Lyne s'assit à son tour et se para d'un bandeau.

– Où est la plus jeune demoiselle ? demanda Yvain.

– Elle va venir, répondirent-elles. Elle est toujours en retard.

– Dame, adieu, dit Yvain.

Et tandis qu'il s'éloignait, il crut l'entendre dire :

– Adieu, mon fils.

Les trois compagnons se retrouvèrent à la fourche, chacun sachant les choses qu'il allait dire et celles qu'il ne dirait pas. Et comme ils récapitulaient l'année, un messager du roi arriva au galop.

– Vous êtes sire Gauvain et sire Yvain ! dit-il. Je vous ai cherchés partout. Le roi Arthur vous prie de revenir à la cour.

– Est-il toujours en colère ?

– Non, dit le messager. Le roi regrette de s'être emporté. Vous serez les bienvenus.

La nouvelle emplit les cousins de joie, et ils dirent à Marhalt :

– Venez avec nous à la cour.
– Je dois retourner dans mon manoir.
– Ce serait une fausse note dans une quête parfaite. La seule.

Marhalt éclata de rire.

– Comme je respecte mes vœux de chevalerie, je ne puis me rendre coupable d'une telle chose, dit-il.

Et les trois amis chevauchèrent joyeusement vers Camelot, chacun préparant le récit de ses aventures. Et c'est ainsi que le conte fut dit et répété au cours des âges.

Explicit Gauvain, Yvain et Marhalt

LE NOBLE CONTE
DE SIRE LANCELOT DU LAC
(*Et noble, certes, il l'est.* J.S.)

Après une longue période de troubles, le roi Arthur, grâce à la fortune des armes, détruisit ou fit la paix avec tous ses ennemis, tant à l'intérieur qu'à l'extérieur de son royaume, et personne ne lui contesta plus le droit de régner. Pour parvenir à ses fins, le roi avait attaché à sa personne et réuni à sa cour les meilleurs chevaliers ainsi que les plus hardis guerriers du monde.

Ayant fait la paix par la force des armes, le roi Arthur se trouva devant le dilemme de tous les soldats au repos forcé. Il ne pouvait congédier ses chevaliers dans un monde où la violence ne dormait que d'un œil. D'un autre côté, il était difficile, sinon impossible, de se conserver une âme de combattant si on ne combattait pas, car rien ne se rouille plus rapidement qu'une armure inemployée ou qu'un soldat réduit à l'oisiveté.

Sachant cela, Arthur employa la méthode des grands capitaines. Il organisa, pour entretenir la vaillance de ses chevaliers, des jeux semblables à la guerre : joutes, tournois, chasses et cent autres simulacres. Grâce à ces jeux mortels, les compagnons de la Table ronde ne perdirent ni leur courage, ni leur adresse, ni le goût de risquer leur vie pour leur renom. Au cours de ces batailles feintes, certains chevaliers acquirent maints honneurs, alors que d'autres, défaits à la lance ou à l'épée, connurent l'humiliation de se retrouver sur le sol de la lice.

Et tandis que les chevaliers aguerris, peut-être en souvenir des joutes réelles, faisaient des prouesses, ceux qui venaient d'être adoubés et ne connaissaient que les jeux n'y brillaient guère.

Alors Arthur, comme tous les souverains, apprit avec étonnement que c'est la paix, et non la guerre, qui détruit les hommes. La sécurité plus que le danger est mère de la lâcheté, et ce n'est pas le besoin mais l'opulence qui engendre le malaise et la crainte. Il découvrit que la paix tant désirée, si chèrement acquise, était plus amère que ne l'avait été l'angoisse de l'acquérir.

Le roi Arthur regardait avec appréhension les jeunes chevaliers qui passaient leur temps à se plaindre et à s'apitoyer sur eux-mêmes, condamnant l'ancien temps, sans avoir rien su créer d'autre.

Sire Lancelot dominait de sa stature les autres compagnons de la Table ronde. Il avait à son actif tant de prouesses et de faits d'armes qu'il était devenu le meilleur chevalier du monde. Il était impossible de le vaincre au combat, dans une joute ou un tournoi, sauf par magie ou trahison. C'était ce même Lancelot qui, enfant, avait entendu Merlin prophétiser qu'il deviendrait la fleur de la chevalerie terrestre. Il s'y était si bien employé, délaissant tout ce qui n'était pas chevalerie, qu'il avait fini par dominer les chevaliers de la Table ronde, qui eux-mêmes dominaient les autres chevaliers. Il remportait tous les combats et gagnait le prix de tous les tournois, si bien que les hommes de son âge ne s'engageaient contre lui qu'à contrecœur et que les plus jeunes trouvaient de bonnes raisons pour ne pas combattre.

Le roi Arthur aimait Lancelot, et la reine Guinevere le regardait d'un bon œil. En retour, Lancelot aimait le roi et la reine, et il avait juré que, tous les jours de sa vie, il serait le chevalier de la reine.

Or il arriva que le meilleur chevalier du monde ne trouva plus d'adversaire à la cour. Il commençait à se rouiller et à se décourager, car aucune épée ne venait s'aiguiser contre la sienne, aucun bras s'éprouver contre le sien. N'ayant qu'une seule corde à son arc, celle qui avait fait de lui le meilleur chevalier du monde, il ignorait les dérivatifs de l'amour et de l'ambition, les nœuds de l'envie, de la traîtrise et de la cupidité, il n'éprouvait pas de chagrin et ne se sentait pas frustré au point de trouver refuge dans la religion. C'était un chien de meute sans cerf à courir, un poisson sans eau, un arc sans corde, et comme tous les hommes condamnés à l'oisiveté, il devint impatient, puis irritable, puis furieux. Il découvrit dans son corps des douleurs, et dans son caractère des humeurs qu'il ne se connaissait pas.

Guinevere, qui aimait Lancelot et connaissait bien les hommes, se lamenta de voir la désagrégation d'un instrument si parfait. Elle conféra longtemps avec le roi et l'entendit se plaindre des jeunes chevaliers.

– Je ne comprends pas, dit Arthur. Ils mangent bien, dorment dans des couches confortables, lutinent toutes les dames qu'ils veulent. Leurs désirs ne sont pas plus tôt nés qu'ils les satisfont, ils ignorent tout ce qui est douleur, faim, lassitude, discipline, ils nagent dans le plaisir... et ils ne sont pas contents. Ils se plaignent que l'époque soit contre eux.

– Elle l'est, dit Guinevere.

– Que voulez-vous dire ?

– Ils sont oisifs, mon seigneur. L'époque ne leur demande rien. Le chien le plus féroce, le cheval le plus rapide, la meilleure des femmes, le chevalier le plus brave, personne ne peut résister à l'étouffement de l'oisiveté. Même Lancelot grogne de mécontentement comme un enfant sédentaire.

– Que puis-je faire ? s'écria le roi Arthur. Je vois la plus noble compagnie du monde se réduire en miettes, s'éroder comme une dune sous le vent. Pendant les durs jours sombres, j'ai prié, œuvré et combattu pour la paix. A présent je l'ai, mais la paix aussi est difficile. Savez-vous que je me surprends à souhaiter la guerre pour résoudre mes difficultés ?

— Vous n'êtes ni le premier ni le dernier, dit Guinevere. Réfléchissez, mon seigneur. La paix est générale, c'est vrai, mais de même qu'un homme en bonne santé a de petites douleurs, de même la paix est une somme de petites guerres.

— Expliquez-vous, madame.

— Ce n'est pas nouveau. Un félon garde un gué et réclame un tribut ou une vie. Un voleur en armure ravage une région. Un géant abat les murs d'une bergerie, des dragons brûlent des champs de blé de leurs naseaux enflammés... Partout il y a des guerres minuscules, toujours trop petites pour qu'une armée intervienne, et trop grandes pour que les voisins rétablissent l'ordre.

— La quête ?

— Je me demande...

— La bonne vieille quête va faire rire les jeunes chevaliers, et les vieux ont connu la vraie guerre.

— Une chose est d'être grand, une autre d'essayer de ne pas être petit. Je crois que tout homme veut se dépasser et que cela n'est possible que s'il fait partie de quelque chose qui le dépasse infiniment. S'il n'est pas défié, le meilleur chevalier du monde dépérit. Nous devons trouver un moyen de déclarer une grande guerre aux petites choses. Trouvons un mot, une pensée, une devise sous la bannière de laquelle les petits maux deviennent un grand péril. Alors nous pourrons lever une armée de guerriers.

— La justice ? demanda Arthur.

— C'est trop vague... trop abstrait... trop froid. Mais la « Justice du Roi »... c'est déjà mieux. Oui... Chaque chevalier sera gardien et responsable de la Justice du Roi. Cela fera l'affaire... pour un temps. Chaque chevalier sera l'instrument de quelque chose qui le dépasse.

Quand cela ne marchera plus, nous trouverons autre chose. Merlin prophétisait à tout bout de champ sur les deux faces de chaque chose. Nous devrions suivre son exemple. Les hommes sont fiers d'être les enfants de la lumière, même s'ils œuvrent dans les ténèbres. Un jeune chevalier qui passe ses heures de veille à essayer de déflorer une demoiselle se précipitera pour prendre la défense des pucelles.

– Je me demande comment déclarer cette guerre ? dit le roi Arthur.

– Commencez avec le meilleur chevalier du monde.

– Lancelot ?

– Oui, et qu'il prenne avec lui le pire.

– Le choix est plus difficile, ma chère. Mais maintenant que j'y pense, il me semble que son neveu, Lionel, est le candidat qu'il nous faut : c'est le plus mauvais, le plus paresseux et le plus indigne de tous.

– Mon seigneur, dit Guinevere, si j'arrive à faire de Lancelot le premier gardien de la Justice du Roi, essaierez-vous d'en faire le gardien et le maître de sire Lionel ?

– C'est une bonne idée. J'essaierai. Vous êtes de bon conseil, ma chère.

– Alors laissez-moi vous conseiller encore un peu. La différence qui sépare Lancelot des autres hommes n'est qu'une différence de degré. Si vous trouvez un moyen de le lui faire découvrir par lui-même, ce sera plus facile. Laissez-moi le préparer à partir en quête, puis je vous l'enverrai.

– Le meilleur et le pire, dit Arthur. C'est une excellente combinaison. Une telle alliance risque d'être imbattable.

– C'est seulement avec de telles alliances que l'on gagne les guerres, mon seigneur.

A cette époque, la reine Guinevere aimait Lancelot pour sa bravoure, sa courtoisie, sa renommée, et son absence de malice. Elle ne voulait pas encore le changer, repousser sur son front son indomptable mèche, non plus que semer le doute, la confusion et la jalousie dans son esprit afin qu'il eût toujours devant les yeux son image. Elle ne l'aimait pas encore assez pour se montrer cruelle envers lui. Son amour était purement ce genre d'affection qui fait qu'une femme se montre gentille, amicale, et très avisée... trop pour dire ouvertement ce qu'elle pense.

A l'impatient et inutile chevalier, elle confia son impatience et le sentiment de son inutilité.

— Les hommes ont bien de la chance, dit-elle. Sans avertir ni prendre congé, ils peuvent échapper à l'ennui et plonger dans le grand monde vert des merveilles, des aventures dans les lieux déserts. Chercher et corriger les injustices, punir les maux et triompher des traîtres pour la Paix du Roi. A ce que j'ai entendu dire, messire, vous vous préparez à quitter cette insipide forteresse d'oisiveté pour vous rendre là où le courage et l'honneur chevaleresque sont loués et récompensés.

— Dame...

— Ne me dites rien. Si vous avez des projets secrets, je préfère ne pas les connaître. Cela me ferait broyer du noir. Parfois, je souhaite plus que tout être un homme. Mais je dois attendre. Mes seules aventures sont les tapisseries aux brillantes couleurs du grand monde chevaleresque. Ma fine aiguille est mon épée. Ce n'est pas très satisfaisant.

— Mais vous devez être heureuse de savoir que les hommes portent votre image dans leur cœur, ma reine. Dans leurs prières ils se recommandent à vous et implorent silencieusement votre bénédiction, comme si vous étiez une déesse.

— Sire chevalier, j'ai bien peur de ne pas entendre les prières silencieuses. Je ne nie pas qu'elles soient, mais n'étant pas une déesse, je ne les entends pas. Il n'y a qu'une sorte de dévotion qui soit évidente par elle-même.

— Dame, laquelle ?

— Je vais vous donner un exemple. Un vaillant chevalier, parti tout seul en quête, est tombé sur un nid de vipères. Dans le Nord, deux frères félons tyrannisaient toute une région. Mon chevalier quêteur les a rencontrés et vaincus, mais au lieu de les tuer, il me les a envoyés pour qu'ils implorent mon pardon. A travers eux, il priait que je lui envoie ma bénédiction; voilà le genre de prière que j'entends... Mieux encore : leur récit m'a fait participer à un monde que je ne puis visiter.

— Qui était ce chevalier? demanda Lancelot.

— Non... non! Il m'a prié de garder secret son nom, et sa requête me lie aussi fortement qu'un serment.

— Dame, je m'informerai. Il ne devrait pas être difficile de...

Elle l'arrêta d'un geste.

— Sire Lancelot... Etes-vous mon chevalier?

— Dame, je le suis, j'en fait serment.

— Que représente mon désir pour vous?

— C'est ma loi.

— Alors vous ne vous informerez pas.

— Je ne m'informerai pas, ma reine. L'acte de ce chevalier vous a-t-il fait grand plaisir?

— Plus que je ne puis dire. Il m'a semblé que cela me donnait du prix aux yeux du monde. Grâce à lui, je me suis sentie un peu plus précieuse.

Elle sourit de le voir s'éloigner d'un air pensif, son indomptable mèche plus en bataille que jamais.

Apercevant Lancelot qui arpentait les remparts d'un air sombre, le roi lui posa un piège. Arthur, en étudiant son métier de roi, avait appris que demander aide et conseil à l'un de ses sujets était pour un souverain le meilleur moyen de se l'attacher.

Lancelot trouva son suzerain, les coudes appuyés sur les remparts, regardant d'un air morose une troupe de jeunes cygnes manœuvrer dans les douves.

— Pardonnez-moi, sire, je ne savais pas que vous étiez là.

— Oh! c'est vous. J'étais plongé dans mes pensées.

— Est-ce prudent, sire, d'être là, seul, sans garde du corps?

– Je ne suis pas seul, dit Arthur. Je suis entouré de sujets de perplexité. Etrange que vous soyez passé. J'étais sur le point d'aller vous chercher. Croyez-vous à la transmission de pensée ?

– Peut-être, sire. Il m'est arrivé de penser à un ami et de le rencontrer, mais je ne sais pas si c'est la pensée qui a provoqué la rencontre, ou la rencontre la pensée.

– Passionnant, dit Arthur. Nous en discuterons une autre fois. Si je pensais à vous, c'est que j'ai besoin de votre aide.

– Mon aide, sire ?

– Ne puis-je *pas* avoir besoin de votre aide ?

– Elle vous est acquise, mon seigneur. Seulement je ne sais pas comment je pourrais porter de l'eau à la fontaine.

– Joliment dit.

– C'est dans un lai, mon seigneur. J'ai entendu chanter un jongleur.

– Sire chevalier, dit le roi, je viens à vous comme un homme d'armes, un soldat et un vieux compagnon. Je sais que vous avez remarqué les spectacles affligeants qui se déroulent autour de nous. Il y a peu, nous avions une force à nulle autre comparable, et nous l'avons prouvé aux yeux du monde. A présent... si tôt... la voilà qui s'évanouit. Les chevaliers aguerris perdent de leur tranchant. Les jeunes n'ont pas de tempérament. Bientôt, sans avoir donné un seul coup, nous aurons perdu une armée.

– Peut-être avons-nous besoin de frapper, sire ?

– Je sais bien. Mais où ? Il n'y a pas d'ennemi. Le temps qu'il en vienne un, nous serons réduits à l'impotence. Ce ne sont pas les vieux qui m'inquiètent, ils ont bien mérité de prendre du repos, ce sont les jeunes : s'ils gagnent leurs éperons en dansant et n'ont pour adversaires que quelques cotillons, nous sommes perdus. Aidez-moi, mon ami. J'ai besoin de votre aide.

— Ils seront bien forcés d'apprendre le métier des armes, sire.

— Mais comment ? Ils refusent de participer aux tournois et, quand ils joutent, enlèvent le fer de leur lance pour ne pas se blesser.

— Ce n'est pas ainsi que nous gagnions l'accolade, n'est-ce pas, sire ? Si j'ai bonne mémoire, vous avez, comme un inconnu, combattu à mort près de certaine fontaine.

— Ne refaisons pas nos vieux duels, bien que cela ne me déplaise pas. Si ces jeunes galants n'étaient qu'une poignée de paresseux bien nés, ce serait différent, mais les plus huppés sont les pires. Votre propre neveu a plus de rubans que de blessures et ses seules cicatrices sont celles qu'il s'est faites en cueillant des roses.

— Lionel, mon seigneur ?

— Lionel. Je ne parle pas spécialement de lui pour être insultant. Ils sont nombreux à glousser dans l'ombre et à jouter avec des bataillons de mots. L'arme la plus dangereuse à cette cour est le luth. Les uns et les autres se défient à mort dans des banquets.

— Je vais prendre ce jeune chiot par le cou et le noyer dans les douves, dit Lancelot avec rudesse.

— Il n'y en a pas qu'un. Il y a de quoi remplir les douves. Attendez... Mais vous l'avez dit ! Je savais que je pouvais me fier à vous. Peut-être est-ce la solution.

Lancelot n'était pas capable de simuler.

— Qu'ai-je dit ? demanda-t-il. Je ne me rappelle pas avoir offert...

— Vous avez dit : « Je vais prendre ce jeune chiot par le cou... »

— Et le noyer dans les douves.

— N'en faites que la moitié : prenez-le avec vous. Vous l'avez vous-même suggéré. Supposez qu'ils soient envoyés — un chevalier aguerri et un jeune chiot —, qu'ils soient envoyés quelque part pour accomplir une difficile et dangereuse mission. Voilà... ce pourrait être le meilleur moyen de les entraîner et de les aguerrir. Merci, mon ami. Et les chevaliers expérimentés ne seront pas fâchés d'avoir à cabosser leur armure comme au bon vieux temps.

– Quel genre de mission, sire ?

– Partout où il le faudra. Le royaume est infesté de petits maux. Comment les appellerons-nous... voyons... les Protecteurs de la Paix du Roi. Ils pourraient porter l'autorité royale comme emblème. Qu'en pensez-vous ?

– Je dois y réfléchir, sire. Mais je pense à une chose : il faudra commencer doucement. Si vous envoyez une centaine de messagers, la Paix du Roi sera irrémédiablement en guerre avec la Paix du Roi avant le coucher du soleil.

– Ce ne serait pas une mauvaise solution, dit Arthur. Bien... réfléchissons-y. Je n'oublierai pas que c'était votre idée, mon ami.

Et le roi s'en fut satisfait, car il avait vu une petite flamme briller dans les yeux de Lancelot.

La fleur de la jeune chevalerie se rencontrait régulièrement au puits près du donjon. Assis sur la large margelle, les jeunes gens regardaient les filles qui venaient tirer de l'eau, plongeant les yeux dans leur corsage quand elles se penchaient pour hisser le seau et poussant d'élogieux sifflements quand une rafale de vent venait à soulever leur jupe, parlant de mystérieuses et nobles conquêtes pour essayer d'éveiller l'intérêt des porteuses d'eau des cuisines. Pendant que le seau descendait doucement, les chevaliers en herbe comparaient la couleur de leurs chausses et mesuraient la longueur de leurs doigts de pied et, lorsqu'un vieux chevalier venait à passer, ils parlaient dans leur barbe et regardaient en l'air avec une innocence feinte jusqu'à ce qu'il se fût suffisamment éloigné pour que reprît le cours de leurs rosseries et de toutes les formes de satire silencieuse qu'ils avaient inventées.

Il y avait beaucoup de monde au rendez-vous du soir.

– Où est Lionel ? D'habitude, il est là bien avant. A

la fin des vêpres le prêtre dit *a*, et Lionel est là avant qu'il dise *men*.

– Tu te rappelles... Il avait rendez-vous avec un joli rêve. A-t-il dit son nom à quelqu'un ?

– Non... mais il en a dit assez pour qu'on le devine.

– Si c'est celle à qui tu penses, je n'y crois pas. Elle a vingt-trois ans bien sonnés.

– Eh bien... je crois qu'il avait rendez-vous avec son oncle. Je les ai vus ensemble... Sire Lance quelque-chose.

Ils se plièrent en deux de rire et répétèrent la réplique :

– Lance l'eau. Elle est bien bonne.

– Il vaudrait mieux qu'il ne vous entende pas. Il vous en cuirait, et pas sur les joues.

Lionel s'approcha et s'assit silencieusement sur la margelle pendant qu'ils examinaient sa moue.

– Qu'est-ce qui t'arrive ? On t'a attaché le grelot ?

C'était trop. Ils poussèrent des hurlements de rire, se donnèrent des claques dans le dos et se plièrent en deux en se tenant les côtes.

– On t'a attaché le grelot ? Hou ! C'est une trouvaille de trouvère.

– Je lui achèterai sa marotte.

Puis leur rire s'arrêta, comme souvent quand ils étaient à court de répliques.

– Qu'est-ce qui ne va pas ? demandèrent-ils à Lionel.

– Je ne peux pas vous le dire.

– Est-ce à propos de ton oncle, sire Lance quelque chose ?

Mais c'était déjà éventé.

– Nous t'avons vu avec lui.

– Si c'est un serment... pense que tu t'en dispenses.

– Ce n'est pas un serment.

– Alors, raconte.

– Il veut que je parte en quête avec lui.

– Quel genre de quête ?

– Il n'y en a pas trente-six genres... Demoiselles, dragons et tout ce qui s'ensuit.

– Et ?

– Et je ne veux pas y aller.

– Je comprends ça. Tu pourrais être fessé par un géant.

– Non... attends... écoute-moi. Ecoute-moi, Lionel. Tu serais fou de ne pas y aller. Tu t'en régaleras pendant des années. Je t'entends comme si j'y étais : « Bel oncle... est-ce là un dragon ? » ou bien : « Alors je dégainai ma lance de frêne et, m'écrasant contre sire Ferraille, je lui ébréchai le bréchet. » Lionel, il faut absolument que tu y ailles. Autrement, nous ne te le pardonnerons pas.

– Oui, ça pourrait être amusant. Seulement il y croit. Pas de lit, même seul. Il dort de préférence par terre.

– C'est ce qu'on appelle soigner sa réputation.

– Non... écoute, Lionel. Tu pourrais faire semblant d'être d'accord. Sire Lionel, chevalier errant. Tu pourrais lui poser des tas de questions démodées pour avoir son opinion sur tout. Ce serait autrement mieux qu'un jongleur.

– Eh bien... Je...

– Lionel, c'est comme ça qu'il faut le voir. Bien sûr, tu nous raconteras tout après, mais pense à qui va se taper le derrière de rire sur son lit.

– Nous allons t'inventer des tas de questions innocentes à lui poser.

– Si tu n'y vas pas, je ne te parle plus. Personne ne te parle plus.

– J'ai longtemps réfléchi à ce que vous m'avez dit, messire. Je désire vous accompagner dans le monde des merveilles et des aventures.

– J'en suis heureux, dit Lancelot. Tu ne le regretteras pas. Il n'est pas bon de rester trop longtemps à traîner dans les salles.

– Bel oncle, quand partirons-nous ?

– Nous devons agir avec prudence. Si nous déclarons nos intentions, il y aura de la tristesse à la cour. Il est même possible que le roi et la reine nous interdisent de partir. Préparons-nous en silence et partons secrètement. Le chagrin et la colère provoqués par notre départ s'atténueront lorsque parviendront les échos de nos aventures.

Lionel réprima un éclat de rire, et plus tard, au puits, raconta :

— Et alors j'ai dit : « Messire, c'est un plan bien mûri. Je serai muet comme une parpe. »

— Qu'est-ce que c'est qu'une parpe ?

— Il ne me l'a pas demandé. Pourquoi le ferais-tu ? Alors j'ai dit : « Je suis d'accord. Nous filerons en fumée. Mais il serait amusant de voir leurs têtes quand ils découvriront notre disparition. »

Ils préparèrent leur voyage en faisant tant de mystères, mettant le doigt sur leurs lèvres, parlant à mots couverts et tenant des conciliabules dans les coins, que les chiens dans les salles et les pigeons dans les tours surent qu'il se tramait quelque chose. Lancelot et son neveu échafaudaient leurs plans dans des lieux secrets, si bien que certains chevaliers, parmi les moins intelligents, allèrent les dénoncer au roi pour trahison.

— Pourquoi chuchoteraient-ils dans l'ombre pluvieuse de la barbacane s'ils étaient loyaux ?

Ce à quoi la reine répondit :

— Je serais plus inquiète s'ils parlaient tranquillement dans la grande salle.

Enveloppés dans de grands manteaux, le visage dissimulé par les plis du capuchon, ils conféraient, tandis que le vent fouettait leurs chevilles.

— Vous devez m'instruire, messire, dit Lionel. Je n'ai jamais combattu de dragon. Je n'en ai même jamais vu.

— Ne t'inquiète pas, mon enfant, répondit Lancelot. En France, j'ai rencontré des dragons et des géants. Tu verras cela quand le moment sera venu. T'es-tu arrangé pour que les chevaux soient menés hors des murs ?

— Oui, messire.

— Les écuyers sont-ils tenus au secret ?

– Ils le sont, messire.

– Nous devons confesser nos péchés et recevoir l'absolution, dit Lancelot. Un chevalier doit avoir préparé sa mort, avant d'être prêt à combattre un ennemi.

– Je n'y aurais pas pensé, dit Lionel.

Les écuyers imposèrent le secret à leurs demoiselles, qui, à leur tour, obtinrent la promesse de leurs sœurs, qui ne le racontèrent à leurs amoureux que lorsque la foi du serment eut scellé leurs lèvres, si bien qu'à la fin le roi dit :

– Je souhaite qu'ils partent vite, ma chère. Ils sèment le trouble dans toute la ville.

– Ça ne va pas tarder, dit Guinevere. Aujourd'hui, Lancelot m'a demandé mon petit voile bleu. Il m'a dit qu'il voulait y assortir la couleur de son écu.

Et lorsque les deux chevaliers errants sortirent furtivement de la ville, la nuit, ils furent suivis par des centaines d'yeux, car il y avait foule sur les remparts. A l'extérieur des murs, les écuyers s'arrachèrent aux bras de leurs belles.

Avant que l'aube parût, ils étaient loin, découvrant le monde de l'errance – une verte et profonde forêt, qui avait l'air d'une tapisserie dans le matin. C'était un jour qui s'accordait parfaitement à la chevalerie. Un cerf leva sa tête ornée de bois et les regarda passer sans crainte, car il savait qu'ils ne chassaient pas. Dans une clairière ensoleillée, un paon fit la roue : le grand éventail brilla comme un joyau tandis que, de la gorge d'un bleu iridescent, sortaient des hurlements de chat. Les lapins se dressèrent sur leur arrière-train, oreilles dressées et pattes avant serrées contre la poitrine. Toute la forêt résonnait de carillons d'oiseaux. Les écuyers discutaient de leurs amours, mais Lancelot se retourna et, d'un regard, les fit taire.

Lionel pouffa.

– Il semble que ce soit un jour propice à la quête, messire.

– C'est un jour parfait.

– Dites-moi, bel oncle : dois-je parler ou garder le silence ?

– Ça dépend. Si tes paroles reflètent la quête aussi parfaitement que le jour, si ton discours est aussi fier que le cerf, aussi noble que le paon, aussi humble et confiant que les lapins, alors parle.

– On peut poser des questions ?

– Si ce sont de bonnes questions.

– La quête est pour moi chose nouvelle, messire. Mais j'ai, dans la grande salle, entendu des centaines de récits de chevaliers qui juraient, sur les saintes reliques, de dire la vérité.

– S'ils honorent leur chevalerie, ils honorent leurs serments.

– Alors comment se fait-il qu'un chevalier, suivi par son écuyer, et parfois par une escorte, se sente soudain solitaire ?

– Je peux seulement te dire que c'est ce qui se passe. Que veux-tu savoir d'autre ?

– Messire, j'aime une dame.

– C'est très bien. Tes vœux de chevalerie t'obligent à honorer toutes les dames et à en aimer une.

– Elle ne voulait pas me laisser partir, messire. Elle me demandait ce qu'il y avait de bon dans l'amour si les amants étaient séparés.

Lancelot se tourna rapidement. Ses yeux gris étaient froids.

– Je te signale que ce n'est pas une dame. J'espère que tu n'as pas fait de serments embarrassants. Tu ne dois plus penser à elle.

– Mais c'est la fille d'un roi, messire.

– Silence ! Qu'elle soit la fille de l'empereur d'Afrique ou la princesse de Tartarie, c'est la même chose si elle est incapable de reconnaître l'amour d'un chevalier et de comprendre que l'amour courtois est autre chose que l'accouplement d'un chien et d'une chienne.

– Oui, bel oncle, oui. Ne vous mettez pas en colère.

C'est une question de jeune homme. Vous-même aimez une dame, messire, une dame qui...

– Cela est bien connu et n'est pas un secret, dit Lancelot. J'aime la reine. Je la servirai tous les jours de ma vie et défierai tout chevalier qui oserait prétendre qu'elle n'est pas la plus belle et la plus vertueuse dame du monde. Et que mon amour ne lui procure jamais que joie et honneur, ainsi que j'en ai fait le serment.

– Messire, je ne voulais pas me montrer irrespectueux.

– Tu n'as pas intérêt à l'être. Ce serait ta mort, neveu ou pas.

– Oui, messire. Je demande seulement à être instruit. Vous êtes le plus grand chevalier vivant, et on dit que vous êtes le plus parfait de tous les temps. Faites-moi profiter de votre perfection, messire, car je suis jeune et ignorant.

– Neveu, peut-être me suis-je emporté, mais tires-en la leçon. On n'est jamais trop chatouilleux lorsqu'il s'agit de sa dame.

– Mon seigneur, je vous remercie de votre courtoisie. Vous êtes connu dans le monde comme étant un chevalier et un amoureux parfait. Beaucoup de jeunes chevaliers, comme moi, veulent prendre modèle sur vous. Est-ce qu'un parfait chevalier, c'est-à-dire un parfait amoureux, ne peut jamais que soupirer, languir, souffrir et brûler du desir de toucher son amour ?

Sire Lancelot se retourna lentement sur sa selle et vit que les écuyers s'étaient approchés pour écouter. Un simple coup d'œil suffit à les mettre hors de portée de voix, puis hors de vue, et ils ne réapparurent que lorsque ce fut opportun.

Quand les deux fer-vêtus furent seuls, Lancelot dit :

– Dès l'enfance, le grand Merlin a prophétisé ma grandeur. Mais la grandeur doit se mériter. Aussi ai-je passé ma vie à faire en sorte que cette prophétie se réalise. Maintenant, je vais répondre à ta question. Soupirer pour la faveur de ma dame, oui. Languir pour sa grâce, encore oui. Souffrir quand elle est contrariée, trois fois oui. Mais brûler, désirer, ce n'est pas chevaleresque. Les animaux bavent, les serfs grimacent en reniflant les femelles. Non. Tu te trompes. Tu te trompes complètement. Pourrais-je aimer ma reine, qui est la femme de mon suzerain, et la désirer sans nous déshonorer tous les trois ? Je pense avoir clairement répondu à ta question.

– Alors, messire, il vaut mieux aimer quelqu'un que l'on ne peut avoir ?

– C'est probablement mieux, dit Lancelot. Et certainement plus sûr.

– Il y a tant de choses que je désirerais vous demander, dit Lionel. Qui a la chance que j'ai ? Partir en quête avec le grand Lancelot. Savez-vous, messire, que lorsque les jeunes chevaliers que je connais sauront que j'ai chevauché en votre compagnie, ils se jetteront sur moi comme des mouches à vin sur une bonde. Ils m'assailliront de questions : « Que disait-il ? Comment était-il ? Lui as-tu demandé ceci ou cela ? Que t'a-t-il répondu ? »

Lancelot sourit avec indulgence à son neveu.

– Vraiment ? demanda-t-il.

– Plus que cela, messire. Vous êtes le chevalier parfait des temps passés, présents et à venir. Les hommes connaîtront les actes écrits à la pointe de votre épée, mais ils demanderont : « Comment était-il ? Que disait-il ? Etait-il gai ou triste ? Que pensait-il de ceci ou de cela ? »

Lancelot regarda la lisière de la forêt qui apparaissait devant eux, et dit d'un air gêné :

– Pourquoi poseraient-ils ces questions ? Les actes ne suffisent-ils pas ? Peux-tu me le dire ? Les actes ne suffisent-ils pas ?

– Ce n'est pas cela, messire. Les jeunes hommes chercheront la grandeur en eux-mêmes et ne trouveront qu'un petit assemblage de pièces et de morceaux, avec beaucoup de gâchis et d'embrouille. Alors, ils se demanderont si vous avez jamais eu des doutes.

– Je n'avais aucune raison de douter. Merlin avait

tout prédit. Pourquoi les hommes chercheraient-ils de la faiblesse en moi ? Quel est leur avantage ?

– Bel oncle, je ne peux parler que pour moi. J'ai beaucoup de tristes défauts qui sautent autour de moi comme des chiens de meute affamés. En me réclamant de vous, je mets votre grandeur à ma portée. Peut-être en est-il toujours ainsi. Chacun cherche le point faible dans la force de l'autre pour trouver une promesse de force dans sa propre faiblesse.

– Je ne bois pas de cette eau-là, dit Lancelot avec colère. Si la fatigue et le froid et la faim, oui, et la peur, ont trouvé refuge en moi, t'imagines-tu que je vais ouvrir les portes et perdre le château tout entier ? Non, les portes sont bien fermées et le pont-levis relevé. Laisse tes jeunes chevaliers tâtonner dans leurs propres ténèbres. Si j'étais faible, ils ne trouveraient pas de force, mais seulement des excuses pour leur faiblesse.

– Mais si vous fermez les portes, messire, vous reconnaissez l'existence de l'ennemi.

– Je combats avec mon épée et ma lance, pas avec des mots.

– Cela doit être ainsi, dit Lionel. Je leur dirai que vous n'avez ni peur ni doute.

– Tu n'en sais rien, jeune sire. Tout ce que tu pourras leur dire, c'est que tu n'en as pas vu les signes.

Ils chevauchèrent un moment en silence, puis Lionel dit :

– Il faut que je vous pose une autre question, messire, au risque d'encourir votre déplaisir.

– Les questions m'ont plus souvent ennuyé que mis en colère. Très bien, quelle est-elle ? Et que ce soit la dernière.

– Messire, il n'y a aucun endroit dans le monde où votre nom ne soit illustre.

– C'est, à ce qu'on m'a dit, vrai.

– Et vous êtes connu comme étant le meilleur chevalier du monde.

– J'ai essayé qu'il en soit ainsi.

— Vous êtes le seul à être aussi parfait.

— Jusqu'à ce que vienne quelqu'un de meilleur. Tout le monde peut relever le défi. Mais ce sont là des faits ou des opinions. Quelle est ta question ?

— Est-ce assez ?

— Quoi ?

— Etes-vous content comme ça ?

Une rage noire s'empara de Lancelot et le fit gronder en montrant les dents. Sa main droite frappa comme un serpent le pommeau de son épée, et il tira jusqu'à la moitié la lame du fourreau d'argent. Lionel sentit le vent de la mort passer sur sa joue.

Puis, en un seul homme, il assista à un combat plus sauvage que s'il y avait eu deux adversaires; il vit les blessures infligées et reçues, et un cœur déchiré jusqu'à l'éclatement. Et il vit aussi la victoire, la mort de la rage et l'amer triomphe de Lancelot : ses yeux fiévreux, cernés de sueur, furent capuchonnés comme ceux d'un faucon, le bras droit tenu en laisse et muselé, tandis que l'épée regagnait sa niche.

— Voilà la lisière, dit Lancelot. J'ai entendu dire que la forêt s'arrête là où le calcaire commence. Comme le soleil est doré sur l'herbe dorée ! Pas loin d'ici, au flanc d'une colline, il y a un géant de pierre avec une massue. Je pourrai aussi te montrer un monstrueux cheval blanc. Personne ne sait qui les a faits ni quand.

— Messire... commença Lionel.

Le meilleur chevalier du monde se tourna vers lui en souriant :

— Dis-leur que j'avais sommeil, dit-il. Que j'avais plus sommeil qu'en sept années. Dis à tes jeunes amis que j'ai cherché un petit coin d'ombre pour m'abriter du soleil.

Lionel comprit combien dure avait été la lutte et combien harassante la victoire. Le prix... le prix était le sommeil.

— Sur la gauche, messire, j'aperçois un pommier.

— Vraiment ? Eh bien, allons-y, j'ai les paupières lourdes.

Lancelot s'allongea sur l'herbe sous le pommier, se servant de son heaume comme oreiller, et il tomba dans la plus sombre des cavernes de l'oubli. Assis près de son oncle, Lionel comprit qu'il venait de voir ce qu'était la grandeur, le courage à côté duquel les mots sont des lâches, et la paix qui ne vient qu'au bout de la souffrance. Et Lionel se sentit petit, et mesquin, et traître comme une mouche de fumier, pendant que Lancelot dormait comme une statue.

Observant le chevalier endormi, Lionel pensa au bavardage sans fin des jouvenceaux qui célébraient la mort sans avoir vécu, critiquaient les combats sans jamais avoir tenu d'épée, perdaient sans avoir parié. Il se rappela qu'ils disaient que ce chevalier endormi était trop stupide pour savoir qu'il était ridicule, trop innocent pour voir la vie autour de lui, convaincu de pouvoir changer le mal en bien, romantique et sentimental dans un monde sans sentiments, déjà anachronique alors que la terre n'était pas née. Et dans ses oreilles, il entendit des mots ricaner : le manque d'ambition, la faiblesse et la misère se gaussaient de la force et de la richesse, disant qu'elles n'étaient qu'illusions, couardise dans l'armure de la sagesse.

Lionel sut que ce chevalier endormi courait sciemment à sa perte, sans la moindre hésitation ni le moindre désespoir, et qu'il accepterait sa mort avec grâce et courtoisie comme si c'était un prix. Et soudain Lionel sut pourquoi Lancelot traverserait les siècles au galop, lance sur feutre, enfilant comme des anneaux les cœurs des hommes au bout de sa lance. Alors il choisit son camp : celui de Lancelot. Et il écarta une mouche du visage endormi.

Le ciel était clair. Le soleil de midi faisait une poche d'ombre sous le pommier solitaire. Dans la chaleur, une petite pomme tomba et Lionel la saisit au vol au-dessus du visage de Lancelot. Il mordit dedans, mais elle était verte, acide et véreuse. Il la jeta et cracha la pulpe amère sur le sol.

La plaine ondulait vers le sud où se dressait une colline entourée de remparts de gazon et défendue par huit monstrueux fossés, une ancienne forteresse en ruine, autrefois habitée par les dieux ou une race oubliée de géants proches des dieux. La chaleur faisait miroiter les lointains, et la plaine aussi bien que la forteresse paraissaient irréelles. Le vrombissement des ailes d'un bourdon attira de nouveau l'attention de Lionel sur le chevalier endormi et, d'un revers de la main, il chassa la bestiole chargée de miel. Lancelot dormait si profondément que sa respiration n'était pas visible. Son visage était baigné d'innocence et de dignité, et les coins de sa bouche étaient soulevés par un petit sourire. Lionel se dit qu'il ressemblait à un chevalier changé en statue de marbre par une bonne sorcière, à un gisant dont l'âme s'était envolée après une vie bien remplie et une mort paisible. Le jeune chevalier se sentit plein d'amour pour son oncle et voulut le protéger de la mesquinerie et de l'étroitesse d'esprit des hommes petits qui habillent de cynisme leur misère et leur nudité. Il se sentit enveloppé de sérénité et de grandeur et souhaita être le parent de cet homme non seulement par le sang... mais aussi par un acte de grand courage, accompli par Lionel et dédié à Lancelot.

L'herbe et les fleurs bleu et or de l'été chantaient dans un chœur d'abeilles. Dans le lointain apparurent trois silhouettes déformées par la chaleur, et derrière elles une quatrième, toutes changeantes et impalpables, mais Lionel entendit bientôt un martèlement de sabots galopant sur le sol, et il sut que ce n'étaient pas ces silhouettes enchantées qui viennent parfois hanter la terre. Lorsqu'elles émergèrent du tremblant mirage, il vit que trois fer-vêtus éperonnaient leurs montures avec l'énergie du désespoir, et que les poursuivait, monté sur un étalon trempé d'écume, un haut chevalier en armure qui gagnait sans cesse du terrain.

Et sous les yeux de Lionel, le haut chevalier s'approcha comme un nuage, désarçonna le dernier fuyard, puis sans la moindre pause fondit, tel un faucon, frappa, se bloqua, frappa de nouveau et fit mordre la poussière aux deux autres. Mettant rapidement pied à terre, il attacha ses victimes avec leurs propres rênes, les souleva comme du bétail et les jeta, la tête en bas, en travers de leur selle.

Jetant un coup d'œil rapide sur Lancelot, Lionel s'émerveilla que le bruit ne l'eût pas tiré de son sommeil extatique. Se sentant plein de force et de courage, il se dit combien Lancelot serait fier et heureux à son réveil de voir que son neveu avait vaincu un si valeureux chevalier et il s'éloigna silencieusement pour accomplir cette prouesse en l'honneur de son oncle.

Enfourchant sa monture, il alla défier le vainqueur. L'homme à la haute stature sauta en selle avec légèreté, mais Lionel poussa une charge si sauvage qu'il bouscula cheval et cavalier, sans toutefois réussir à désarçonner ce dernier. Lorsqu'il fit volte-face pour jouter de nouveau, il vit que son immense adversaire le dévisageait tranquillement.

– C'était un fameux coup, dit-il. Maintenant que je vous regarde, j'en suis sidéré. Vous n'avez guère plus que la taille d'un jouvenceau, et autant qu'il m'en souvienne, aucun homme ne m'a jamais bousculé ainsi. Faisons la paix, messire. Vous êtes trop valeureux pour être mis à l'attache comme ce bétail.

Lionel regarda vers le pommier, là où son oncle dormait toujours, et dit fièrement :

– J'aurai grande joie à faire la paix quand vous vous serez rendu, que vous aurez relâché vos prisonniers et m'aurez demandé grâce. Je vous promets de vous l'accorder.

Le grand chevalier le regarda avec étonnement.

– Si vous ne m'aviez porté un tel coup, dit-il, je penserais que vous êtes fou. Quoi, vous n'avez pas la moitié de ma taille, et vous me portez un coup digne d'un homme! Et voilà maintenant que vous me parlez comme un homme. Allez, soyons amis. J'aurais mauvaise conscience de blesser un aussi bon petit homme que vous.

– Rendez-vous, dit Lionel. Ou combattez.

– Je ne ferai ni l'un ni l'autre, répondit le chevalier.

Lionel éperonna sa monture et chargea, lance sur feutre. A mi-course, le grand chevalier se débarrassa de sa lance et de son écu; comme Lionel hésitait, il esquiva son fer de lance et du bras droit, qu'il avait aussi épais qu'une amarre, il entoura la poitrine du jeune homme et l'arracha à sa selle. Lionel lutta avec l'énergie du désespoir contre l'étreinte qui l'étouffait, mais le sang se mit à cogner dans ses tempes et, lorsqu'il eut un voile rouge devant les yeux, il se pâma.

Lorsqu'il reprit douloureusement ses sens, il était, comme les autres, attaché, tête en bas sur sa selle, et cahotait sur son cheval. Au bout d'un moment, ils parvinrent à une maison basse, entourée de douves et de murs, et Lionel vit de nombreux écus accrochés à la porte de chêne. Il connaissait la plupart des blasons. Certains appartenaient à des compagnons de la Table ronde et l'un d'eux était celui d'Hector des Mares, son frère aîné.

Lionel fut jeté sur le sol de pierre d'une pièce sombre. Son vainqueur se pencha sur lui et lui dit :

– Les autres sont au cachot. Je vous ai épargné à cause de votre bravoure et parce que vous m'avez presque désarçonné. Si vous me demandez merci et me promettez votre loyauté, je vous libère.

Lionel roula douloureusement sur lui-même et leva les yeux :

– Qui êtes-vous et pourquoi avez-vous capturé ces chevaliers dont j'ai vu l'écu ?

– Je me nomme sire Tarquin.

– C'est un nom qui a une consonance de tyrannie, messire.

– Vous ne pouvez pas savoir à quel point. J'ai une haine si forte contre la plupart des hommes que je suis parfois écrasé par son poids. Je déteste un chevalier qui a tué mon frère. En l'honneur de ma haine, j'ai tué cent chevaliers et j'en ai capturé plus encore, pour me préparer à rencontrer mon ennemi. Mais je vous aime et ferai la paix avec vous si vous le voulez bien.

– Qui haïssez-vous ?

– Lancelot. Il a tué mon frère, Carados.

– Ce fut un beau combat ?

– Quelle importance ? Il a tué mon frère et je le tuerai. Me donnez-vous votre parole ?

– Non, dit Lionel.

Une rage noire s'empara de Tarquin. Dépouillant le jeune chevalier de son armure et de sa chemise, il le battit jusqu'au sang avec des épines, en criant :

– Rendez-vous !

– Non, dit Lionel.

Les épines de nouveau lui déchirèrent la chair. Il avait tellement perdu de sang qu'il se pâma, alors Tarquin, écumant de rage, le jeta dans le sombre escalier du cachot, avec les autres prisonniers. Il y avait là Hector, son frère, et bien d'autres chevaliers qui le connaissaient. Lorsqu'ils eurent essuyé ses blessures et lui eurent fait reprendre ses sens, il leur raconta d'une voix faible comment il avait quitté Lancelot endormi. Les prisonniers s'écrièrent :

– Personne d'autre ne peut battre Tarquin. Tu as mal agi en ne le réveillant pas. Si Lancelot ne nous trouve pas, nous sommes condamnés.

Et les prisonniers gémirent dans les ténèbres du cachot et versèrent des larmes de désespoir. Mais Lionel revit le calme visage endormi et il murmura : « Je dois être patient. Il viendra. Lancelot viendra. »

Le conte laisse à présent
les chevaliers prisonniers
et parle de sire Lancelot du Lac
toujours endormi sous le pommier

L'après-midi était lourd de chaleur et le ciel bleu laiteux d'humidité. Les hautes couronnes blanches des nuages coiffaient les collines au nord-est, et l'orage grondait dans le lointain. L'air lourd, chaud et humide était plein de mouches engourdies et collantes. Une bande de freux arrivèrent en tournoyant, croassant et rêvant à de nouvelles voltiges. Lorsqu'ils aperçurent le cheval attaché au pommier, ils décrivirent des cercles plus étroits pour inspecter le chevalier endormi, mais un choucas les prit de vitesse et ils s'enfuirent, dégoûtés.

Le choucas abandonné se posa et observa avec prudence le cheval et le dormeur. Puis, rassuré, il s'avança fièrement, comme un lutteur à la forte carrure. La grande épée posée à côté du chevalier intrigua l'oiseau. Il tenta d'arracher une gemme rouge au pommeau, mais un nuage noir d'ailes et de becs s'abattit sur lui, et le voleur fut mis en déroute.

Un grand et vénérable corbeau considéra la scène, sauta de côté, les ailes à demi étendues puis, rassuré, s'approcha de la silhouette endormie en faisant de petits sauts, comme à la marelle, et en croassant dans sa barbe. Son plumage d'un noir pourpré était caparaçonné d'âge. Sautillant de plus en plus près, il inclina sa noble tête et détailla d'un œil, puis de l'autre, le visage endormi. Les plumes de sa gorge se hérissèrent en vibrant.

– Ah ! croassa-t-il doucement. Mort... Peste !... Chien !... Rat !... Un beau page, hélas ! Morgane... Morgane !

Le grand oiseau fit un bond de côté, puis à coups d'ailes puissantes s'envola vers une chatoyante cavalcade qui s'avançait dans le lointain. Dans une pompe irréelle chevauchaient quatre reines couronnées, vêtues de velours, escortées de quatre chevaliers en armes qui, au bout de leurs lances, portaient un dais de soie verte pour protéger les dames du soleil. La reine des Iles Lointaines chevauchait en tête : ses cheveux d'or rivalisaient avec sa couronne, ses yeux étaient aussi bleus que les vagues quand la mer change, ses joues vermeilles, son manteau bleu de mer fourré de gris de mer, et son palefroi pommelé comme un rocher miroitant d'embruns. Ensuite venait la reine des Galles du Nord, aux cheveux roux, aux yeux verts, à la robe verte, au visage dont le rose léger était prompt à s'enflammer, au cheval aussi bai que ses cheveux étaient roux. La reine du Levant la suivait... Elle avait des cheveux blond cendré, mais d'une nuance chaude comme de la cendre de roses, des yeux noisette, elle était vêtue d'une robe lavande pâle et chevauchait un palefroi blanc comme lait.

Enfin venait Morgane la Fée, reine de la terre de Gore, sœur du roi Arthur. Noire de cheveux, de prunelle, de robe, montée sur un cheval noir à la robe aussi luisante que le cœur de Satan. Ses joues avaient la blancheur vivante des roses blanches et ses aiguillettes d'hermine accentuaient la noirceur de son nocturne manteau.

Devant et derrière les reines abritées par le dais, chevauchaient quatre chevaliers en armure, raides comme des statues, la visière baissée. Le somptueux cortège se déplaçait en silence, sans bruit de sabot ni cliquetis de mailles. Il se dirigeait, sous les nuées d'orage, vers une colline entourée de remparts et de fossés qu'on appelait le château de la Pucelle. Le commun des mortels fuyait ce lieu hanté, qui était un repaire de sorcières, où un château à maintes tourelles pouvait s'élever en une nuit et avoir disparu le lendemain. Seuls, magiciennes et nécromants s'y rassemblaient.

Le grand corbeau tomba du ciel et se posa sur le noir caparaçon du cheval noir de Morgane. Il s'adressa à sa maîtresse en croassant doucement et inclina la tête quand elle le questionna.

— Croa, dit-il. Chien!... Peste!... Mort!... Tout beau... Tout beau... ma dame!

Morgane éclata d'un rire perçant.

— Une friandise, mes sœurs, s'écria-t-elle. Un morceau de choix.

Et elle lança en l'air le corbeau qui les guida vers le pommier où Lancelot dormait.

Le vent de l'après-midi imprimait sa forme invisible sur l'herbe et les fleurs de la plaine où les quatre reines sinistres mirent pied à terre et s'avancèrent avec précaution vers le pommier. Le cheval de guerre de Lancelot, qui était à l'attache, renâcla et piaffa, montra le blanc des yeux et coucha les oreilles, car les chevaux sont particulièrement sensibles à la moindre fissure dans l'ordre naturel des choses. Le visage du chevalier se contracta, sa main droite s'ouvrit et se ferma lentement, mais il ne se réveilla pas.

– Ce n'est pas un sommeil naturel, dit doucement Morgane. Je me demande s'il est au pouvoir de quelqu'un.

Elle se pencha sur lui et le regarda avec attention.

– Non, dit-elle. Il n'y a pas d'enchantement. Seulement de la fatigue. Des mois de fatigue, ou des années.

Levant ses yeux noirs, elle vit ses jolies sœurs se pourlécher les babines comme des louves avant une sanglante curée.

– Vous le connaissez donc ?

– Bien sûr, répondit la sœur des Iles Lointaines. C'est Lancelot.

– Je vous ai dit que c'était un morceau de choix. Mais de vraies sœurs ne doivent pas s'entre-déchirer. Je sais que nous allons lutter pour l'avoir. Que ce ne soit pas à coups de griffes ou de dents. Je vous connais suffisamment bien, mes chères, pour être sûre que vous ne partagerez pas.

– Que proposes-tu ? demanda d'une voix douce la reine des Galles du Nord.

A ce moment, le corps de Lancelot frissonna, sa tête se mit à tourner à droite et à gauche comme s'il avait la fièvre et il se lécha les lèvres en gémissant.

De sous son manteau, Morgane tira une petite fiole au long col, remplie de lactucarium que l'âge avait rendu iridescent. Elle déboucha la fiole, puis se baissa et versa quelques gouttes épaisses sur les lèvres de Lancelot. Pendant qu'il se léchait les lèvres et grimaçait d'amertume, Morgane la Fée prononça une formule magique; alors Lancelot prit une profonde inspiration et sombra dans un noir sommeil.

Morgane n'avait plus besoin de parler à voix basse, il n'y avait aucune chance qu'il se réveillât.

– Voici ce que je propose, dit-elle. Emmenons avec nous ce trophée au château de la Pucelle et disputons-nous-le, mais mettons-y tout notre art de façon à ce que la colombe croit avoir choisi les serres du faucon dans lesquelles elle tombera. Marché conclu, mes sœurs ?

Les autres acquiescèrent en riant, chacune pensant que, dans ce genre de tournoi, elle était sans égale. Lancelot fut allongé sur son écu, et deux chevaliers le transportèrent entre eux. L'imposant cortège se dirigea vers la prodigieuse vieille forteresse sur la colline, et l'on eût dit que c'était une fresque peinte sur un mur. Le soleil se couchait lorsqu'ils pénétrèrent dans l'étroite voie d'accès sur un haut talus de terre, et les étoiles commençaient à trembloter lorsqu'ils traversèrent les digues étroites qui, l'une après l'autre, enjambaient les profonds fossés. Il faisait nuit quand ils parvinrent au sommet entouré de remparts, un pâturage herbu parsemé de rochers, vestiges de milliers d'années de construction et de destruction. Alors, tandis que la parade des reines traversait le vaste enclos, un château s'édifia tout seul au sud. Les remparts s'élevèrent puis les tours jaillirent aux quatre coins. Quand il fut achevé, les lumières brillèrent à travers d'étroites fenêtres, les sentinelles guettèrent entre les créneaux.

Lorsque le cortège parvint à l'endroit où il devait y avoir une douve, il y avait une douve, avec des étoiles se reflétant dans les eaux et une lente flotille de cygnes d'un blanc incertain. A l'entrée apparut soudain un pont-levis qui s'abaissa avec fracas, la cage de fer de la herse se leva lentement en cliquetant, les battants de cuivre s'ouvrirent en grinçant et, lorsque le cortège fut entré, le pont-levis se releva, la herse s'abaissa avec un bruit sec, les portes se fermèrent; alors le château devint aussi immatériel et transparent qu'un nuage, et le vent dispersa les débris, ne laissant qu'un plateau parsemé de rochers avec des moutons paissant sous les étoiles.

Lancelot émergea douloureusement de l'inconscience où l'avaient plongé drogue et enchantement. Dans les ténèbres, sa tête était traversée d'éclairs et une sueur glacée le pénétrait jusqu'à la moelle. Tâtonnant, il découvrit qu'on lui avait enlevé son armure. Continuant leur exploration, ses doigts rencontrèrent un sol de pierre rongé de froides et glissantes moisissures, et ses narines reconnurent les odeurs de souffrance, de peur, de désespoir, de mort sale, les odeurs aigries qui pénètrent les murs des cachots.

Il s'assit avec peine et serra ses mains contre ses genoux, cherchant à pénétrer du regard les ténèbres moisies. Il tendit la main puis la retira, craignant de savoir ce que ses doigts allaient rencontrer. Longtemps il demeura retiré en lui-même, essayant de ne pas offrir de cible à la peur tapie dans l'obscurité autour de lui.

Puis il entendit un léger bruit de pas. Fermant les yeux de toutes ses forces, il fit, comme un enfant, une prière passionnée pour implorer aide et protection, et lorsqu'il les rouvrit il fut aveuglé par la flamme d'une unique bougie. Il mit un moment avant de discerner la demoiselle qui la tenait, et qui lui dit :

– Comment allez-vous, sire chevalier ?

Il prêta grande attention à cette question... considéra les murs de pierre sans fenêtre, l'épaisse porte de chêne percée d'une petite grille de fer et pourvue d'un verrou aussi grand qu'un écu, puis il regarda de nouveau la jeune fille.

– Ça ne peut pas aller mieux !

– Ce n'était qu'une façon de parler, messire. Mon père dit que pour être convenable il faut demander à un chevalier comment il va.

– Est-il convenable qu'un chevalier demande où il

est, comment il est arrivé ici, et pourquoi, au nom des quatre Evangiles, votre père me retient-il prisonnier ?

– Ce n'est pas mon père, messire. Il n'est pas là. Voyez-vous, je suis moi-même une sorte de captive. J'étais assise dans la grande salle du manoir, cardant de la laine et me demandant comment je pourrais aider mon père au tournoi, jeudi prochain, parce que, comprenez-vous, il a mordu la poussière jeudi dernier et il est très difficile à vivre quand il est vaincu... Je suppose que tous les chevaliers sont comme ça...

Lancelot l'interrompit :

– Belle demoiselle, pour l'amour de Dieu, commencez par la fin. Qui me retient prisonnier ici ?

– J'ai oublié votre souper, dit la jeune fille. Il est juste dehors.

– Demoiselle, attendez... qui... ?

Elle avait disparu, et la lumière avec elle, mais elle revint avec une écuelle de bois remplie d'os et de pain trempé, comme une pitance de chien.

– Ce n'est pas très bon, dit-elle. Mais elles m'ont dit de vous apporter ça.

– Qui ?

– Les reines.

– Quelles reines ?

Elle posa l'écuelle sur la pierre et fit tenir la bougie à côté pour pouvoir compter sur ses doigts.

– La reine de Gore, dit-elle en pointant son petit doigt, la reine des Iles, la reine des Galles du Nord et... voyons... Gore, Iles, Galles. Oh oui ! la reine du Levant. Cela fait quatre, n'est-ce pas ?

– Et quel quatuor ! dit Lancelot. Je les connais toutes... des sorcières, des enchanteresses, des filles du démon. M'ont-elles amené ici ?

– Elles sont belles, dit la demoiselle. Et leurs robes, leurs joyaux, il faut le voir pour le croire...

– Ecoutez-moi.

– Oui, elles vous ont amené ici, messire, et moi aussi, car j'étais assise dans la grande salle du manoir, cardant de la laine...

— Je sais, et soudain vous vous êtes retrouvée ici. Moi, je me suis endormi sous un pommier au soleil et voilà où je me réveille. Que me veulent ces reines perverses ?

— Je ne sais pas, messire. Vous savez, je viens seulement d'arriver; elles m'ont dit de vous apporter votre souper et de fermer après. Je vais me renseigner, messire. Je pourrai peut-être vous en dire plus demain matin. Il faut que je parte. Elles m'ont dit de ne pas parler et de me dépêcher, car vous pourriez me manger.

— Pouvez-vous laisser la bougie ?

— J'ai peur que non, messire. Sans elle je ne retrouverai pas mon chemin.

Quand elle fut partie, l'obscurité retomba et le chevalier rongea ses os tout en songeant aux étranges et effrayantes créatures qui l'avaient fait prisonnier.

Il avait deux raisons d'avoir peur. Au cours de sa longue et incessante lutte avec lui-même et avec le monde pour devenir le chevalier parfait, peu de femmes avaient retenu son attention. Il trouvait ainsi, dans son ignorance, des raisons de craindre des choses inconnues. Ensuite, il était un homme simple, sans détours. L'épée, non l'esprit, était l'instrument de sa grandeur. Le monde de la nécromancie, des démons, des secrets, lui était étranger et il le craignait. Il n'avait connu l'échec et n'avait été défait que par enchantement, et voilà qu'il se retrouvait prisonnier de cet art complice de la noirceur et de la nuit.

Son cœur tremblait dans les ténèbres et les murs de pierre l'oppressaient. Son cœur battait à grands coups et, l'estomac noué, il avait le souffle court. Mais ce n'étaient pas des sensations inconnues : Lancelot, comme tous ceux qui maîtrisent totalement un art, était un homme nerveux et hypersensible. Un adversaire dans la lice, voyant avec quelle froide perfection il maniait ses armes, aurait pu penser qu'il n'avait pas de nerfs, car il ignorait l'état misérable dans lequel le meilleur chevalier du monde se trouvait avant le début du combat. Mais pendant qu'il tremblait à la barrière, attendant le signal des trompettes, Lancelot, de son œil d'aigle, enregistrait et classait automatiquement dans sa mémoire chaque mouvement, chaque geste, chaque particularité de son adversaire.

Ainsi, même à présent qu'il était au bord de la panique, son œil intérieur sondait ses adversaires, car bien qu'elles fussent femmes et reines, elles n'en étaient pas moins ses ennemies, et les ennemis doivent avoir des raisons, des motifs, des intentions.

Elles ne pouvaient le haïr, pensa-t-il, car il ne leur avait fait aucun mal. Elles n'avaient donc pas pour but de se venger. Le vol était hors de question : elles possédaient tout ce qu'elles voulaient, et lui n'avait que son armure et sa renommée. Quel pouvait donc être leur but ? Elles devaient vouloir quelque chose de lui, quelque chose peut-être qu'il avait sans le savoir, un service, un secret. Comme cela le dépassait, il abandonna, mais par habitude, son esprit de lutteur continua l'analyse. Si un homme recule sous un certain coup, ou frappe trop court à gauche, il y a d'ordinaire une raison... une vieille blessure, ou même une vieille peine. Un homme choisit le métier des armes pour des raisons précises, mais pourquoi un homme ou une femme se plongent-ils dans l'étude abjecte de la nécromancie ?

De nouveau perdu, Lancelot continua de fouetter et d'éperonner son esprit et il lui apparut une scène vivante, aussi claire et brillante qu'un vitrail de cathédrale. Il vit un jeune Lancelot, qui s'appelait alors Galahad, voler sur la terre d'une lice piétinée par les sabots, désarçonné par la lance épointée d'un garçon de quatorze ans. De nouveau Galahad jouta, de nouveau il mordit la poussière. Son menton se crispa et ses lèvres devinrent bleues de détermination. Pour la troisième fois, la lance épointée l'arracha à sa selle et, lorsqu'il frappa le sol, un hurlement de douleur lui monta dans la colonne vertébrale. Le nain épais comme une barrique qui lui servait d'écuyer amena à sa mère le garçon qui écumait de douleur.

— L'autre était trop grand, madame. Mais Galahad était déchaîné et il n'y avait pas moyen de l'arrêter.

Il fut facile de l'arrêter pendant un long temps, car il ne pouvait pas bouger. On lui mit des sacs de sable contre le dos pour qu'il restât immobile. Pendant tout le temps que dura son immobilisation, son esprit travailla et il vit son adversaire devenir aussi grand qu'un arbre. Qu'il fût éveillé ou endormi, la lance épointée l'arrachait à sa selle, tant et si bien que son orgueil lui fit trouver un remède. Il avait sous le bras gauche une minuscule excroissance dont lui seul connaissait l'existence. Trois tours à droite, un demi-tour en arrière, avec les doigts de la main gauche, et à mi-course il devint un nuage noir qui balaya le garçon de quatorze ans. Mais le bouton secret pouvait faire mieux encore : deux tours à droite, deux à gauche, et il pouvait voler, planer et filer comme une flèche. Parfois il quittait son cheval au cours de la joute, volait en avant, et abattait le cheval bai géant... enfin... un bon tour en avant, et il devenait invisible. Il attendait anxieusement d'être seul dans les sacs de sable pour se livrer à son rêve. Il était étrange qu'il l'eût complètement oublié lorsque ses capacités réelles commencèrent à se développer. Soudain, dans l'obscurité de sa prison, Lancelot comprit ce qu'était la magie, et qui étaient ceux qui s'y adonnaient. « C'est donc cela, pensa-t-il. Pauvres choses... pauvres malheureuses choses. »

Il n'est pas vrai, ainsi qu'on le prétend de façon romantique, que les gens qui ont peur, ou sont blessés, ou persécutés, sont incapables de dormir. Au contraire, ils se réfugient dans le sommeil pour oublier leur malheur. Un homme comme Lancelot, soldat aguerri, rompu à tous les périls, savait que le sommeil était aussi nécessaire que l'eau ou la nourriture, et que le manque de sommeil l'affaiblirait et lui brouillerait l'esprit. Aussi, bien qu'il eût dormi une partie de la journée, le chevalier oublia dans un repos sans rêve le froid, le noir et le lendemain inconnu, jusqu'à ce qu'une douce lumière commençât à envahir le cachot. Se réveillant, il s'étira pour débarrasser ses muscles des crampes, puis serra de nouveau ses genoux entre ses mains pour se réchauffer. Il ne voyait pas la source de lumière. Elle venait également de partout, comme l'aube avant le lever du soleil. Il vit les pierres de son cachot, liées au mortier, çà et là semées de taches visqueuses et sombres. Et, tandis qu'il regardait, des dessins se formèrent sur les murs : des arbres arrondis couverts de fruits d'or, des vignes grimpantes aux fleurs inventées, semblables aux enluminures d'un livre, un arbre formant un doux abri sous lequel une licorne d'un blanc éclatant était penchée vers une jeune fille brillamment tissée, qui l'embrassait, prouvant ainsi sa virginité.

Puis un grand lit moelleux trembla et devint réel dans un coin du cachot, un lit recouvert de velours pourpre sur lequel des coussins, tels de doux joyaux brillants, étaient amoncelés. L'air était réchauffé par un glorieux soleil héraldique qui envoyait des rayons tremblants depuis le ciel du lit.

Lancelot était un simple chevalier, qui n'avait pas appris à croire ce que ses yeux voyaient pour ne plus y croire l'instant d'après. En se levant, il vit et sentit la longue et riche robe qui lui tombait jusqu'aux chevilles. Il se dirigea vers le lit moelleux, s'y allongea, croisa les mains derrière sa tête et vit quatre trônes garnis de coussins se dessiner, puis prendre forme, et se stabiliser à l'autre bout du cachot, tandis qu'un riche tapis recouvrait comme une herbe rapide le sol de pierre.

Une odeur semblable à un pot-pourri de feuilles de rose et de cannelle, de lavande et d'encens, de nard et de girofle, emplit la pièce, et les tapisseries bougèrent sous un petit vent d'été qui ne venait de nulle part.

— Ce qui va se passer se passera dans le confort, se dit Lancelot.

Pendant quelques instants, il y eut un silence plein d'attente, comme sur une scène où tout est en place avant que le rideau se lève, puis des luths, du grave à l'aigu, frappèrent de lents accords rythmés évoquant le pas de princesses en procession au couronnement d'une reine. Seule la porte de la prison demeura ce qu'elle était... affreux mémorial de chêne garni de clous et de fer rouillé.

Elle tourna sur ses gonds et les quatre belles reines entrèrent en mesure, faisant une pause entre chaque pas, avant de prendre place sur leurs trônes. Telles des fleurs de cire, leur beauté était parfaite. Leurs blanches mains couvertes de bagues reposaient, immobiles, sur les bras des trônes, et leurs bouches souriaient sereinement au chevalier étendu sur le lit. La musique s'arrêta brusquement et il se fit un silence semblable à celui qu'un coquillage marin procure à l'oreille.

Alors Lancelot se leva et les salua.

– Dames, je vous salue et vous souhaite la bienvenue.

Elles répondirent à l'unisson, comme une litanie :

– Nous vous saluons, sire Lancelot du Lac, fils du roi Ban de Benwick, premier et meilleur chevalier de la Chrétienté. Soyez le bienvenu parmi nous.

– Dois-je énumérer vos titres, mes reines ? demanda-t-il. Je les connais bien. Vous êtes la reine Morgane la Fée du pays de Gore, demi-sœur du roi Arthur le grand, fille du duc de Cornouailles et de cette belle Igraine qui devint la reine d'Uther Pendragon. Et vous, êtes la reine des Iles Lointaines...

– Pas besoin d'énumérer les titres si vous les connaissez, dit Morgane.

Un moment, il étudia leurs fronts parfaits, leurs yeux étincelants, leurs douces et belles joues.

– Dames, dit-il enfin, si le temps passé dans le noir ne m'a pas trompé, c'est hier que je me suis endormi sous un pommier, dans une plaine ensoleillée, mon neveu Lionel près de moi. Je me suis réveillé prisonnier, dépouillé de mes armes, dans un froid et amer cachot. Suis-je votre prisonnier?

– Un prisonnier d'amour, dit Morgane.

Les autres voulurent intervenir, mais elle leur dit froidement :

– Silence, mes sœurs. Laissez-moi parler. Votre tour viendra plus tard.

Elle se retourna vers Lancelot :

– Asseyez-vous, mon seigneur, dit-elle. Vous avez raison. Nous vous avons fait prisonnier.

– Où est sire Lionel?

– Vous étiez seul. Il n'y avait personne avec vous.

Lancelot s'assit sur le bord du lit de velours.

– Que pouvez-vous me vouloir? demanda-t-il, étonné.

Les trois reines poussèrent de petits gloussements de rire, et Morgane sourit.

– Un prisonnier consentant est plus facile à manier, dit-elle. Je vais donc vous l'expliquer. Nous avons tout ce que nous pouvons désirer : terres, richesses, pouvoir et bibelots à profusion. En outre, grâce à notre art, nous avons accès à l'autre monde; mieux encore, si quelque chose que nous désirons n'existe pas, nous avons le pouvoir de le créer. Vous comprenez donc que les nouveaux jouets sont pour nous très rares. Aussi, lorsque nous avons vu le meilleur chevalier du monde endormi, nous avons pensé que vous étiez cette rareté, un jouet que nous n'avions pas, et nous vous avons pris. Mais il y a une chose que nous ne faisons pas, parce que ce n'est pas dans notre nature : nous ne partageons pas. Aussi devons-nous nous disputer votre personne. Cependant, il est souvent arrivé dans le passé que le prix que nous nous disputions soit tellement en charpie que le vainqueur n'en voulait plus. Vous devez convenir que même le meilleur chevalier du monde, réduit à une sanglante bouillie, n'en vaudrait pas la peine. Attendez, mes sœurs. J'ai presque terminé. Nous avons décidé de vous laisser choisir l'une de nous, et avons juré de nous conformer à votre choix.

J'espère qu'il en sera ainsi. Ces reines n'ont pas toujours senti le poids des serments.

— Et si je ne choisis aucune d'entre vous ? dit Lancelot.

— Alors, je crains que les ténèbres et la pierre froide ne se referment sur vous. Même le meilleur des chevaliers ne survivrait pas longtemps, et dans le cas contraire, l'eau et la nourriture lui seraient supprimées. Mais oubliez cette idée sinistre. Chacune d'entre nous va plaider sa cause. Ce sera pour nous une expérience amusante et nouvelle. Je parlerai en dernier. Voulez-vous commencer, reine des Galles du Nord ?

— Avec joie, ma sœur.

Elle secoua la tête et sa chevelure bondit comme une flamme. Puis elle baissa les paupières, voilant en partie ses yeux d'émeraude. Elle se dirigea vers Lancelot comme une grande chatte gracieuse et, lorsqu'elle fut près de lui, il sentit l'odeur, affolante pour les nerfs, du musc. Ses sens furent au supplice et il sentit sur sa langue le goût salé du rut. La voix de la reine était un ronronnement bas et profond qui paraissait vibrer dans tout son corps.

— Je pense que vous voyez ce que je puis vous promettre... des sensations dont vous avez à peine conscience... un embrasement, un essor, une exacerbation, un déchaînement... une extase sans fin et sans satiété jusqu'à ce que vous connaissiez la crucifixion de l'amour. Alors vous hurlerez pour être mis en croix et vous aiderez à planter les clous pendant que chaque nerf, tendu à se rompre, deviendra un démon se fouettant d'exultation et de passion enragée. Vous vous léchez les lèvres. Vous pensez que vous savez. Ce que vous savez n'est qu'un murmure en comparaison de la bacchanale que je vous promets.

Lancelot haletait lorsqu'elle retourna sur son trône et l'observa comme une chatte, un petit sourire de triomphe sur les lèvres.

— Démon, dit Morgane. Ce n'est pas de jeu. Ne

répondez pas, chevalier parfait, avant d'avoir entendu les autres.

– Crois-tu que c'est de jeu de le laisser se refroidir ? demanda la reine aux yeux verts.

– La reine des Iles Lointaines, dit Morgane la Fée.

La reine marine aux cheveux d'or était tranquillement assise sur son trône, les yeux dansant et pétillant de rire.

– C'était une brillante performance, messire. Je suis la première à l'admettre. Le lieu en est encore imprégné. Je ne veux pas critiquer ma chère sœur, mais il me semble qu'au bout d'un moment on doit, malgré toute son ingéniosité, se lasser d'une activité pour laquelle les boucs sont mieux faits que les hommes, et les lapins incomparables. Une simple tranche de pain risque de vous paraître meilleure que toutes les épices et, à force d'être à vif, vos nerfs risquent de s'engourdir. Cet... art... devient un pensum en un rien de temps.

La reine aux cheveux auburn montra les dents.

– Faites votre proposition, gronda-t-elle. Ne vous occupez pas de la mienne.

– Tout doux, ma sœur, tout doux. Sire meilleur chevalier, je pense que vous conviendrez qu'il n'est aucun état, climat, activité, plaisir, douleur, joie, peine, défaite ou victoire, dont la satiété ne finisse par lasser. Mon don est le changement. Un jour résonnera de rire comme un étang bleu souriant au soleil, tandis que les vaguelettes babillent contre les pierres moussues. Le suivant apportera la tempête, le brutal déchaînement de la violence... les tourments de l'esprit... admirable ! Je vous promets que tout plaisir sera mêlé à une pointe de douleur, que le repos suivra l'excès, que la chaleur alternera avec le froid. Les débauches de la chair et de l'esprit engendreront les plus fins exercices d'ascétisme. Je vous promets qu'aucune expérience ne perdra de son piquant. En un mot, j'étendrai vos sentiments, vos sens, vos pensées, jusqu'à la limite extrême, de façon à ce que vous ne connaissiez jamais le fléau du dégoût, et qu'en allant au bout de vous-même, votre curiosité soit toujours satisfaite. Je vous offre la vie. Vous serez roi un jour et serf accablé de besognes le lendemain pour goûter le prix de votre royauté. Là où les autres vous offrent une chose, je vous offre toutes choses, par couples de contrastes.

Ses yeux étaient à présent d'un gris d'ardoise, et y brillaient les éclairs d'une tempête qui approchait.

– Enfin, je vous offre une mort digne de votre vie : une haute et brillante mort, ornement final d'une haute et brillante vie.

Elle lança un regard de triomphe aux reines qui se disputaient le prix.

– Elle a sorti tous ses trésors, dit Morgane. Voilà une promesse qui la tiendra occupée. Ça ne se fait pas en un tour de main.

Les coudes sur les genoux, Lancelot appuya son menton dans ses mains. Les cicatrices des vieilles blessures faisaient des taches blanches sur son visage et ses yeux brillaient derrière les fentes de ses paupières. La reine quêteuse ne pouvait lire dans ses pensées.

La reine du Levant soupira. Cendres de roses, elle était douce et tendre et vêtue de lavande, et ses yeux noisette semblaient être un havre de pitié, de compréhension et de pardon.

– Pauvre chevalier lassé, dit-elle d'une voix douce. Mes amies vous ont vu telles qu'elles sont... avec luxure et turbulence... ce sont leurs spécialités. Je sais que tout homme a ces deux appétits. Chez certains, ils sont très forts, chez d'autres, moins. Mais j'ai un avantage sur mes adversaires, sire Lancelot... J'ai connu votre mère, petit Galahad.

Morgane éclata de rire et les deux autres s'écrièrent :

– Quelle honte !

Lancelot releva brusquement la tête et ses yeux lancèrent de dangereux éclairs. Mais la Dame du Levant continua sans se démonter :

– J'ai connu la reine Elaine de Benwick au-delà de la mer, femme du roi Ban, Elaine la précieuse reine, si belle que les ambassadeurs du monde entier oubliaient leur mission quand ils la regardaient. Mais elle n'oubliait pas le galopin au nez retroussé et à la figure sale nommé Galahad. Après avoir joué son rôle au brillant théâtre de la cour, elle n'oubliait jamais, ou n'était jamais trop fatiguée pour monter l'escalier tournant de la tourelle, un gâteau à la main pour l'enfant qui avait oublié de se laver les mains. Aucune ambassade ne l'a jamais retenue loin de cet enfant quand il avait de la peine. Guerres et carnages sur les remparts n'étaient rien pour elle en comparaison d'un doigt sale qui avait une petite coupure et pleurait de petites larmes de sang. Et quand la fièvre venait, elle disparaissait et le monde ne comptait plus jusqu'à ce que le petit front fût de nouveau frais comme une rose...

Lancelot bondit et s'écria :

– Arrêtez ! C'est immonde ! C'est odieux ! Regardez ! Je croise les doigts des deux mains et je vous lance un Pater noster en plein visage.

– Lui proposez-vous d'être une mère pour lui ? marmonna la reine Morgane.

– Je lui offre la paix qu'il n'a jamais trouvée nulle part ailleurs, la sécurité et la chaleur qu'il recherche toujours. Je serai louangeuse pour ses vertus, compréhensive et indulgente pour ses fautes. Asseyez-vous, beau chevalier. Je ne voulais pas me montrer irrespectueuse. Je sais que Guinevere ressemble à la reine Elaine par sa beauté... Mais c'est tout. Pensez à ce que je vous offre.

– Je n'écouterai pas.

– Pensez-y.

– Je n'entends pas.

– Mais vous vous en souviendrez. Pensez-y.

– Dames, j'en ai entendu assez, dit-il. Je suis votre prisonnier. Envoyez quérir des hommes. Faites ce que vous voulez de moi, mais soyez certaines que je mourrai les armes à la main. Vous avez échoué.

La voix de la reine Morgane fendit l'air comme un cimeterre.

– Je n'ai pas échoué, dit-elle. Mes intelligentes petites sœurs en magie vous ont offert les lambeaux aux brillantes couleurs d'un vêtement qui est un tout, les morceaux brisés d'une figure sacrée. Je vous offre le tout dont tout le reste est partie... je vous offre le pouvoir. Si vous voulez courir les bouges, le pouvoir vous le permettra. L'admiration ? Le monde entier fera des pieds et des mains pour vous lécher les bottes avec des lèvres baveuses. Une couronne ? Le pouvoir et un stylet la poseront sur votre tête. Le changement ? Avec le pouvoir, vous essaierez des villes comme on essaie des chapeaux, et les écraserez quand vous en aurez assez. Le pouvoir attire la loyauté et n'en demande aucune. La volonté de puissance fait téter un bébé longtemps après qu'il est sevré, conseille à un enfant de prendre le jouet de son frère, fait faire une caquetante moisson de filles concupiscentes. Qu'est-ce qui fait qu'un chevalier est prêt à tout endurer pour vaincre ou mourir ? L'attrait de la gloire. Pourquoi un homme accumule-t-il des richesses qui ne lui servent pas ? Pourquoi un conquérant prend-il des pays qu'il ne connaîtra jamais ? Qu'est-ce qui fait que l'ermite rampe dans la crasse noire de sa cellule, sinon la promesse d'avoir une influence dans le ciel ? Est-ce que les saints, fous d'humilité, rejettent le pouvoir d'intercession ? Quel crime ne devient pas vertu dans les mains du pouvoir ? Et la vertu elle-même n'en est-elle pas une sorte ? La philanthropie, les bonnes actions, la charité ne sont-elles pas les hypothèques, garantes du pouvoir futur ? C'est la seule possession qui ne lasse pas et ne devienne pas ennuyeuse; un vieillard, dont tous les autres désirs ne sont plus que des fruits desséchés, rampera, les genoux branlants, vers sa tombe, les mains toujours frénétiquement tendues vers le pouvoir.

» Mes sœurs ont déposé du fromage pour les souris des petits désirs. Elles ont flatté les sensations, le changement, la mémoire. Je ne vous offre pas de don, mais la possibilité, le droit et le devoir de vous octroyer tous les dons que vous pourrez concevoir et, quand vous en serez lassé, de les briser comme un pot et de jeter les morceaux sur un tas de fumier. Mieux encore, je vous offre de régner sur hommes et femmes, sur leurs corps, leurs espoirs, leurs craintes, leurs serments, leurs péchés. C'est le plus doux des pouvoirs. Car vous pouvez leur laisser l'illusion de la liberté et les arrêter net d'un simple coup de griffe. Et lorsque votre mépris pour cette bassesse vous écœurera, vous pourrez les empoisonner, comme avec du sel un régiment de limaces, et vous les regarderez se tordre et disparaître dans leur propre bave.

» Mes sœurs ont parlé à vos sens. Je parle à votre esprit. Mon don : une échelle pour grimper jusqu'aux étoiles, qui sont vos sœurs et vos pairs; de là regarder le monde et, pour votre amusement, fourrager dans cette fourmilière.

Morgane la Fée n'était pas en train de mentir. Ses mots avaient le poids d'une sincérité passionnée et ils résonnaient comme une hache d'armes contre un bouclier de bronze.

Lancelot la regardait, sidéré, car son visage était devenu une catapulte tirant sur lui à boulets rouges.

– Qu'est-ce que c'est? demanda-t-il. Qu'est-ce que le pouvoir?

– Ce que c'est? Quelque chose qui existe en soi, qui se suffit, qui se nourrit de soi, qui est inattaquable, sauf par lui-même. Le sentiment du pouvoir rend tous les autres attributs dérisoires. Tel est mon don.

Elle se renversa dans son trône, écumante et pantelante, et les trois autres reines fondirent dans la fournaise. Puis, toutes les quatre regardèrent de nouveau Lancelot, les yeux brillants de curiosité, mais tout à fait indifférents. Elles auraient pu aussi bien regarder les premières réactions d'un étalon à la poudre de cantharide ou la première suée d'antimoine sur le front d'une rivale.

Du bout du doigt, Lancelot traça à rebrousse-poil des figures, un cercle et un carré, sur sa robe ocrée. Puis il les effaça et traça côte à côte un cercle et une croix, entourant d'un cercle la croix, et traçant une croix dans le cercle. Son visage était déconcerté et triste. Il leva enfin les yeux sur Morgane et dit d'une voix douce :

— C'est pour cela que vous avez tenté deux fois d'assassiner votre frère, le roi ?

Elle lui répondit d'un crachat :

— Demi-frère et demi-roi. C'est un faible. Que sait-il du pouvoir ? Je vous le dis, dans le monde du pouvoir, la faiblesse est un péché... le seul péché... et elle est punie de mort. C'est très intéressant, bien sûr, mais nous ne sommes pas là pour discuter de péchés. Allons, sire meilleur chevalier. Nous avons fait nos offres. Il vous reste à faire votre choix.

— Mon choix ? demanda-t-il d'une voix blanche.

— Ne feignez pas de ne plus vous en souvenir. Vous devez choisir l'une de nous.

Il secoua lentement la tête.

— Je n'ai pas le choix, dit-il. Je suis prisonnier.

— Absurde, nous vous avons permis de choisir. Ne sommes-nous pas belles ?

— Dame, je ne sais pas.

— Ridicule. Bien sûr que vous le savez. Il n'y a pas dans le monde de femmes qui soient plus belles, ni à moitié aussi belles, nous y avons veillé.

— C'est bien ce que je veux dire. Vous avez choisi vos visages et vos corps, et vous les avez créés par magie.

— Et alors ? Ils sont parfaits.

— Je ne sais pas ce qu'ils étaient à l'origine. Je ne sais pas ce que vous êtes. Vous pouvez changer d'apparence, il me semble.

— Evidemment. Quelle différence cela fait-il ? Vous n'êtes sûrement pas assez fou pour penser que Guinevere est aussi belle que nous ?

— Dames, Guinevere a le visage, le corps et l'âme de Guinevere. Elle est comme elle a toujours été. Guinevere est Guinevere. Celui qui aime Guinevere sait ce qu'il aime.

— Ou ce qu'il hait, dit Morgane.

— Ou ce qu'il hait. Mais vos visages ne sont pas vous. Ce ne sont que des images : vous avez dessiné ce que vous aimeriez être. Un visage, comme un corps, croît et souffre avec son possesseur. Il porte les cicatrices de la douleur et de la défaite, mais il a aussi l'éclat du courage et de l'amour. Pour moi, la beauté est le prolongement de tout cela.

— Pourquoi écoutons-nous ce bavardage? s'écria coléreusement la reine du Levant.

— Ecoutons, ma sœur. Il semble que nous ayons commis une erreur. C'est un sujet d'expérience. Continuez, messire, dit Morgane.

Ses yeux étaient aussi lisses et aussi dénués d'expression que ceux d'un serpent.

— Une nuit, raconta Lancelot, je regardais par une fenêtre ouverte. J'aperçus des yeux rouges et, à la lumière de la torche, vint une grande louve qui leva la tête et me regarda dans les yeux. Elle ouvrait sa gueule grimaçante et je vis ses crocs et sa langue dégouliner de sang frais. « Passez-moi une lance », criai-je, et le sage qui était à la fenêtre près de moi, dit : « Ça ne servira à rien. C'est Morgane la Fée qui court sous la lune. »

— Qui était-ce? C'était un menteur.

— Dame, non. Ce n'était pas un menteur, mais un sage.

— Racontez-vous cela pour m'insulter?

— Non, je ne crois pas. Je le dis parce que je me demande qui vous êtes : la belle femme, ou la louve, ou quelque chose entre les deux.

— Je ne le veux plus, dit la reine des Iles Lointaines. C'est un sot. Il pense trop.

Lancelot sourit tristement.

— Les hommes ont toujours été perdus par les sorcières et les enchanteresses. Ils en ont toujours eu peur... terriblement peur. Ce matin, dans le froid et le noir de ce cachot, attendant d'avoir le plaisir de rencontrer vos excellences, un souvenir d'enfance m'est revenu : une blessure au dos m'avais permis de devenir magicien, et soudain j'ai compris... mais comprendre n'enlève pas la crainte. Ça l'augmente.

– Sommes-nous obligées d'écouter cette discussion ? Non mais ! Il est insultant. Je vais changer ses jambes en serpents, gloussa la reine des Galles du Nord. Quelle bonne idée ! Les serpents ramperont dans des directions différentes et...

– Ecoutez ! dit Morgane. Continue, fils de truie. Explique-nous pourquoi ta grande découverte t'a fait peur. Je suis toujours heureuse d'entendre ce genre de chose. Ça stimule l'imagination.

Lancelot se leva, puis se rassit.

– J'ai faim, dit-il. Il n'y avait pas beaucoup de chair sur les os que vous m'avez envoyés.

– Pourquoi y en aurait-il eu ? Les chiens ont été servis les premiers. En tout cas, souviens-toi de ces os. Ils ont peut-être été ton dernier repas. Continue sur la peur.

– Peut-être est-ce trop simple, madame. Mais vous savez que les enfants, quand on leur interdit quelque chose qu'ils veulent, parfois hurlent et tempêtent, parfois même se blessent de rage. Puis ils se cantonnent dans un calme sournois et vindicatif. Comme ils n'ont pas assez de force pour se venger sur celui qu'ils considèrent comme leur oppresseur, ils écrasent une fourmi en disant « C'est bien fait pour toi », donnent un coup de pied à leur chien comme si c'était leur frère, ou arrachent les ailes d'une mouche pour tuer leur père. Et puis, comme le monde les a déçus, ils se bâtissent un monde à eux où ils sont rois, où ils règnent non seulement sur les hommes, les femmes et les animaux, mais aussi sur les nuages, les étoiles et le ciel. Ils sont invisibles, ils volent. Aucune autorité n'a de poids sur eux. Je crois que c'est tout. Généralement, ils font la paix avec le monde et établissent des compromis de façon à ce que les deux mondes ne se heurtent pas violemment.

– C'est vrai. Ensuite ?

– Eh bien, il y en a qui ne font pas la paix. Les uns

sont enfermés comme fous furieux, mais les autres, plus intelligents, apprennent la magie noire pour faire prendre corps à leurs rêves. Ce sont les mages et les sorcières. Mais le monde fabriqué par magie ne fonctionne pas : il n'est ni assez sage, ni assez bon, et nombreux sont ceux qui sont tués ou blessés par ce projet maléfique. Alors, comme pour l'enfant, la rage vient, une rage destructrice, une haine vindicative, et c'est ce qui fait peur, car les magiciens et les sorcières sont des enfants, qui vivent dans un monde qu'ils créent sans souci de pitié, d'ordre ou d'organisation. Qu'est-ce qui peut être plus effrayant qu'un enfant disposant de tous les pouvoirs ? Dieu sait que l'épée et la lance sont terribles. C'est pourquoi on enseigne au chevalier qui les porte, d'abord la pitié, la justice, la grâce, et en dernier seulement, la force. J'ai peur, mes reines, car vous êtes d'infirmes enfants vindicatifs dotés de pouvoir, et je suis votre prisonnier.

— Qu'il brûle dans les flammes de l'enfer ! cria la reine du Levant, le visage blanc et bouffi.

La sorcière rousse des Galles du Nord se jeta sur le sol, griffant les pierres de ses doigts crochus. Arquant le dos, elle se frappa en hurlant le front contre le sol, jusqu'à ce que Morgane levât les deux bras, paumes tournées vers l'extérieur. Croisant les doigts sous sa robe, Lancelot entendit la formule magique... Alors l'obscurité se referma comme un poing, l'air devint glacial, et il se retrouva nu sur les pierres.

Pour un château qui n'était qu'une fiction de l'esprit, le cachot où Lancelot était enfermé avait des murs particulièrement épais et bien construits qui suintaient de tous les désagréments de la permanence et de l'âge. Le chevalier ne resta pas longtemps étendu sur le sol de pierre : sa chevalerie avait également toutes les vertus d'une solide construction, et ses fondations avaient été bâties avec les meilleurs et les plus nobles matériaux de l'esprit humain.

Il se leva et tâtonna jusqu'au mur à travers l'obscurité fétide, puis suivit le mur jusqu'à la porte de chêne bardée de fer. Elle était fermée, bien sûr, mais à travers la grille, il sentit le vent glacé du corridor.

Il allait peut-être mourir, mais le code exigeait qu'il accueillît la mort comme si elle faisait partie de la vie, et s'il y avait la moindre faille dans l'inévitable, il devrait saisir instantanément l'occasion et s'y accrocher de toutes ses forces. Il y avait peut-être des défauts dans les lois de la chevalerie, mais l'humble acceptation de l'injustice et de la force n'étaient pas de ceux-là. Un homme pouvait accepter la mort d'un cœur léger, s'il avait honnêtement épuisé tous les moyens de l'éviter, mais aucun homme digne de porter l'épée n'acceptait de plier sous le sort ou de baisser la tête sous le coup. Lancelot savait qu'il était inutile de chercher une arme dans sa cellule. Il n'y avait aucune pierre descellée, aucun morceau de bois, aucun clou, pour armer sa nudité. Il n'avait pour trancher que ses dents et ses ongles, que son poing en guise de massue, que les muscles de ses bras et de ses jambes en guise de cordes. Il subirait peut-être le sort de Merlin, l'enfermé solitaire, et mourrait de faim et de froid dans le noir. Mais si, comme il le pensait, les reines étaient des enfants violentes et vindicatives, elles ne se priveraient pas du plaisir de regarder mourir leur victime et de se repaître de son agonie. Il songea de nouveau à Merlin, dont il se rappelait la prophétie, lorsqu'il était un petit garçon assis sur les genoux de sa mère. Il n'avait pu oublier cette prophétie, car la reine Elaine l'avait gardée vivante pour lui. Il deviendrait le meilleur chevalier du monde, avait dit Merlin. Bien, le monde reconnaissait à présent qu'il en était ainsi... la prophétie s'était réalisée... raison de plus pour croire la suite. Après une longue vie bien remplie, il mourrait d'amour, ou de chagrin d'amour... mais d'amour. Il y avait aussi peu d'amour que de lumière dans cet endroit lugubre, et à part le sentiment chevaleresque qu'il portait à Guinevere, aucun amour ne lui brisait le cœur. Ce n'était donc pas son heure. Il était de son devoir d'accepter ce que Dieu lui enverrait, mais en retour Dieu attendait qu'il se servît de tous les dons qu'il avait.

Ses réflexions rendirent l'obscurité moins noire et le froid moins glacial. Si sa dernière heure n'était pas venue, il devrait saisir toutes les occasions qui se présenteraient, et même les prévoir. Quand les sombres reines maléfiques viendraient se griser de ses douleurs, elles auraient leur magie pour armes et pour armure. Et Lancelot savait, comme tout un chacun, que les pratiques magiques réclamaient certains ingrédients invariables. Les mains devaient faire certains gestes prescrits et la voix prononcer les syllabes rituelles. Au moindre empêchement, un magicien devenait aussi démuni qu'une brebis. Si les reines pensaient qu'elles allaient le faire mourir, elles étaient en contradiction avec Merlin. Or Merlin était le maître, et cela signifiait que, malgré tous leurs pouvoirs, elles ne pouvaient ni prévoir l'avenir ni lire dans ses pensées. Il pourrait donc se cacher silencieusement derrière la porte, elles ne sauraient pas qu'il était là. Et s'il immobilisait les bras de la première qui entrerait pour l'empêcher de faire les gestes rituels, lui couvrant la bouche de sa main libre pour étouffer les sortilèges et protégeant ses arrières d'un chapelet de Pater noster, il aurait une chance de réussir. Au moins, cela valait la peine d'essayer; c'était ce que demandaient les lois de la chevalerie : une tentative... une tentative à corps perdu.

Ses doigts cherchèrent les rebords de la porte et confirmèrent qu'elle s'ouvrait vers l'intérieur, comme toutes les portes de prison. Autrement, elle pourrait être arrachée de ses gonds par la frénésie des prisonniers. Encastrée dans un lourd linteau et un châssis de pierre, elle ne craignait rien.

Il aurait donc l'abri de la porte lorsqu'elle s'ouvrirait. Si les reines venaient, quand viendraient-elles ? Un homme était parfois abandonné jusqu'à ce que les ténèbres, la faim et le désespoir lui eussent broyé l'esprit, le réduisant en une puérile bouillie de peur. Mais ces magiciennes avaient la pétulance des enfants et la patience n'était pas leur fort. Elles étaient également arrogantes et coléreuses. Elles ne donneraient pas à leur fureur le temps de s'apaiser.

Lancelot était fort d'une longue expérience des armes. Il savait que le choc et la rafale du combat étaient précédés par des centaines d'heures d'attente, et qu'un bon soldat devait apprendre à attendre. S'appuyant contre le mur, il fit appel à une autre ressource de vieux briscard : celle de ne dormir que d'un œil. Se réveillant à intervalles, il se frottait les mains l'une contre l'autre pour qu'elles ne fussent pas engourdies par le froid.

Il ne sut pas combien de temps s'était écoulé lorsque son oreille à l'affût perçut un léger bruit de pas dans le corridor. Son cœur bondit, car une seule personne approchait, sans faire de bruit, semblait-il, presque secrètement. Ce n'était pas un gardien aux pieds chaussés de fer et à l'épée bruyante. Une petite lumière trembla à travers l'ouverture grillagée et Lancelot recula d'un pas pour tirer avantage de la porte qui s'ouvrait.

L'énorme verrou tourna lentement et aussi silencieusement que la rouille le permettait. Les gonds piaillèrent, un trait, puis un ruban de lumière passèrent, et lorsque la silhouette entra, Lancelot bondit. Son bras droit immobilisa ceux de son adversaire et fit voler la bougie. Dans le noir, sa main gauche se colla contre une tendre bouche et il dit à voix haute : « Notre Père qui es aux Cieux, que Ton Nom soit sanctifié, que Ton règne vienne...

Il s'arrêta, car le doux corps menu de sa prisonnière ne lui opposait aucune résistance.

— Qui êtes-vous ? murmura-t-il d'un ton rauque.

Un gargouillis monta derrière sa paume. Il la souleva un peu, prêt à la recoller à la moindre alerte.

— Lâchez-moi. Je suis la demoiselle qui vous a apporté votre dîner.

Ses bras retombèrent le long du corps, et il fut

secoué par le grand frisson d'une tension longtemps retenue et soudain relâchée.

– A présent, nous n'avons plus de lumière, dit la petite voix.

– Aucune importance. Où sont les reines ?

– Dans la grande cuisine. Je les ai vues par la porte. Elles ont sur le feu une marmite si grande qu'on pourrait y jeter un cochon. Elles y jettent des choses dont je n'oserais pas parler, et certaines sont vivantes. Elles ont l'air de vieilles sorcières aux cheveux blancs et sont en train de concocter un philtre à faire sauter les portes de Camelot.

– Vous ont-elles envoyée ici ?

– Oh non ! mon seigneur. Elles me jetteraient dans la marmite si elles savaient.

– Savez-vous où sont mon armure... mon épée ?

– Dans le corps de garde. C'est moi qui les y ai mises.

– Mon cheval ?

– Je l'ai mis à l'écurie et je l'ai également nourri.

– Bon. Partons tout de suite.

– Attendez, messire. Est-il vrai que vous êtes sire Lancelot ?

– Oui.

– Il y a douze portes et douze serrures à ouvrir avant d'être libre.

– Et alors ?

– Je peux les ouvrir, messire.

– Eh bien, faites-le.

– Ou ne pas les ouvrir, sire Lancelot.

– Demoiselle, nous devons nous hâter. Qu'est-ce que vous êtes en train de me raconter ?

– Jeudi prochain, messire, mon père joute de nouveau contre ceux qui l'ont vaincu.

– Ce qui veut dire ?

– Que si vous me donnez votre parole que vous l'aiderez à vaincre, je déverrouillerai les portes.

– Par le Corps Sacré de Jésus ! s'écria-t-il, exaspéré.

Les portes de l'enfer sont ouvertes et vous marchandez !

— Il est impossible à vivre quand il perd, messire. Me donnez-vous votre parole ?

— Oui, oui, bien sûr. Allez, partons.

— Pas avant que vous sachiez ce que vous devez faire.

— Alors dites-le-moi, mais faites vite, les quatre sorcières peuvent revenir.

— Oh ! pas tout de suite, messire. Elles sont plongées dans leur cuisine et en train de siroter un breuvage magique à base de simples venant de l'Hindoustan, de Cipango, ou de quelque autre endroit lointain. Un saint ermite a dit à mon père que c'est le sang mauvais des pavots blancs...

— Demoiselle... dit-il. Qu'ai-je à savoir de quel sang il s'agit ?

— Simplement qu'au bout d'un petit moment, il fait dormir. Je pense que les reines vont dormir.

Il soupira... vaincu.

— Demander à une demoiselle de se hâter lorsqu'elle a une idée en tête... autant demander à un gland de se presser de devenir chêne. Très bien, ma chère, allons-y... à votre rythme d'escargot. Quel est le nom de votre père ?

— Il se nomme sire Bagdemagus et il a été sévèrement défait au dernier tournoi.

— Je le connais bien, dit Lancelot. C'est un bon et noble chevalier. Il pourra compter sur mon bras, et vous aussi.

— Je vous remercie, messire. A présent, il faut que vous sachiez qu'à dix miles à l'ouest, il y a une abbaye de religieuses blanches. Allez-y et attendez, je vous y enverrai mon père.

— Aussi vrai que je suis chevalier, dit Lancelot, je vous promets de m'y rendre. Maintenant, partons. Dites-moi, est-ce le jour ou la nuit ?

— C'est la nuit, messire. Nous devrons tâtonner le long du corridor et dans les escaliers. Prenez ma main, car si nous nous égarons dans cette ruche, nous sommes perdus.

Elle ouvrit douze verrous, douze portes grinçantes et, dans le corps de garde, l'aida à s'armer comme la fille d'un chevalier doit le faire. Elle lui amena son destrier et le calma pendant qu'il le sellait. Lorsqu'il fut en selle, il dit :

– Demoiselle, avec la grâce de Dieu, je ne faillirai point.

Il franchit la grille du château et les sabots de son cheval résonnèrent sur le pont-levis, mais lorsqu'il se retourna pour dire adieu il n'y avait plus de château... seul le ciel ceinturé d'étoiles, et le vent d'est courbant les herbes sur la colline fortifiée, et le cri effrayant d'un grand duc chassant les taupes dans les champs.

Lancelot chercha l'entrée du plateau entouré de murs, et ses yeux, qui s'étaient habitués à l'obscurité du cachot, trouvèrent la nuit brillante sous les étoiles. Franchissant les fossés, il descendit dans la plaine, mais ne trouvant ni route ni sentier, il se dirigea vers ce qu'il pensait être l'ouest.

Il chevaucha plusieurs heures jusqu'au moment où, après la tension du danger mortel, la fatigue commença à lui faire tourner la tête. Apercevant une tente plantée sous un arbre, il dirigea son cheval dans cette direction. Il appela courtoisement pour avertir l'occupant, mais aucune réponse ne venant, il mit pied à terre, jeta un coup d'œil à l'intérieur et aperçut un lit moelleux et vide.

– Je vais dormir là, décida-t-il. Personne ne pourrait me refuser un peu de repos.

Il attacha sa monture dans les environs pour qu'elle paisse. Puis il enleva son armure, posa son épée à portée de main, se glissa dans le lit et s'endormit aussitôt. Pendant un moment, il demeura dans les sombres grottes vierges de l'oubli, puis il parcourut les forêts et les pâturages de sa mémoire et de ses désirs. Il lui parut alors qu'une belle femme était couchée près de lui, l'étreignant et l'embrassant avec ardeur, et dans son sommeil le chevalier lui rendit baiser pour baiser et la caressa voluptueusement, si bien qu'il en émergea et sentit une joue barbue contre son oreille et un bras musclé autour de sa taille. Poussant un cri de guerre, il bondit hors du lit, cherchant son épée, mais son compagnon resta accroché à lui et, de nouveau embrassés, ils roulèrent hors de la tente en se déchirant, toutes griffes dehors comme des chats, tandis que l'aube se répandait à l'est.

Comme un bouledogue, Lancelot prit son adversaire à la gorge et serra de toutes ses forces, jusqu'à ce que l'autre tire la langue, que ses yeux lui sortent des orbites et que ses mains battent désespérément l'air.

Alors Lancelot roula sur le côté et s'assit, hors d'haleine.

— Quel genre de monstre êtes-vous, demanda-t-il, pour donner d'abominables caresses à un chevalier endormi ? Parlez... Que faites-vous ici ?

— Je ne puis, répondit l'autre en se massant douloureusement la gorge avec ses mains.

Puis il croassa :

— Je suis ici parce que c'est ma tente. Je pensais y trouver ma mie. Que faites-vous dans mon lit ?

— Je l'ai trouvé vide et m'y suis endormi.

— Alors, puisque vous n'attendiez pas de dame, pourquoi m'avez-vous rendu mes caresses ?

— Je faisais un rêve, dit Lancelot.

— Cela, je puis le comprendre, répondit son ex-adversaire, mais pourquoi, lorsque vous vous êtes éveillé de votre rêve, m'avez-vous attaqué ?

— Il n'est guère d'usage que le vainqueur d'un combat donne des explications au vaincu, dit Lancelot. Cependant, je suis contrit de vous avoir blessé. Sachez que je viens d'être victime d'enchantements aussi étranges que terribles. Cela fausse le sens des événements ordinaires. Lorsque j'ai trouvé, en me réveillant, un reptile barbu qui m'embrassait, j'ai pensé que c'était un nouveau sortilège et j'ai lutté pour me libérer. Comment est votre gorge ?

— Tordue comme le cou d'une oie pour Noël.

— Me croyez-vous ?

— A propos des enchantements ? Je n'ai pas le choix. Je ne puis dire non avant d'être de nouveau prêt à combattre.

— Venez, dit Lancelot. Je vais tremper une écharpe dans l'eau froide et vous en entourer la gorge. Ma mère me le faisait lorsque j'avais le cou raide et cela enlevait la douleur.

Sous la tente, Lancelot était en train d'appliquer un frais pansement sur la gorge de son malheureux adversaire, lorsque quelqu'un tira la toile d'entrée. Une belle femme entra qui, à leur vue, s'écria :

— Que se passe-t-il ? Qu'avez-vous fait à mon seigneur, sire Bellias ?

Lancelot resta muet, mais sire Bellias dit :

— Il me semble que c'est à vous de lui raconter. Moi, je ne peux pas.

Alors Lancelot, avec moult balbutiements et pauses, lui raconta ce qui était arrivé.

— Si ce n'était pas si drôle, ce serait abominable, dit-elle.

— Ne le blâmez pas, mon amour, croassa Bellias. Regardez, il a essayé de s'amender avec un cataplasme froid.

La dame, qui regardait attentivement le chevalier, dit :

— N'êtes-vous pas sire Lancelot ?

— Dame, si.

— Il m'avait bien semblé vous reconnaître; je vous ai vu souvent à la cour du roi Arthur. Nous sommes honorés, messire.

— J'aurais aimé vous connaître dans des circonstances différentes, madame.

Elle se tapota pensivement les lèvres.

— Une seule chose me tourmente, noble sire, et c'est à propos de votre honneur.

— En quoi est-il engagé ?

— Il ne l'est pas vraiment, mais nous devons prendre grand soin que cette histoire ne s'ébruite pas, sinon le monde entier éclatera de rire et les hauts faits de Lancelot ne tiendront pas devant les infortunes de Lancelot au lit. La reine, particulièrement, doit être épargnée.

Lancelot pâlit.

— Je puis vous faire confiance à tous les deux. Personne d'autre ne le saura.

— Oui, c'est vrai, dit-elle. Mais changeons de sujet et oublions le passé. Serez-vous à la cour, messire, pour la prochaine grande fête ?

— Si Dieu le veut, madame.

— Nous aussi, messire. Savez-vous que sire Bellias souhaite depuis longtemps être un compagnon de la Table ronde ? Vous avez du poids à la cour. Pensez-vous que vous pourrez parler au roi en faveur de mon seigneur ?

Lancelot la regarda et se rendit avec grâce :

— Je ne puis rien vous promettre, mais s'il se distingue au tournoi, je serai heureux de plaider sa cause.

— Voilà une bonne et chevaleresque promesse, dit-elle.

— Chaque fois que je parle avec une dame, dit Lancelot, je me retrouve avec une promesse. Connaissez-vous une abbaye dans les environs ?

— Certainement, messire. La route qui y mène n'est qu'à un mile vers l'est en direction du soleil. Pourquoi me demandez-vous cela ?

— Une autre promesse, dit Lancelot d'un air désolé.

Lentement, il s'arma et, lorsqu'il fut sur le point de prendre congé, il dit à la dame :

— Je vous en prie, n'oubliez pas votre promesse.

— Moi ? Quelle promesse ?

— A propos... à propos... du...

— Oh ! Bien sûr, s'écria-t-elle. Je n'oublierai pas. Je veux dire, je ne m'en souviendrai plus. Sire Bellias le jurera sur son honneur de chevalier de la Table ronde. Personne ne violera jamais ce serment.

Lancelot trouva très facilement la route. C'était une route pavée de pierres, plus haute au milieu que sur les bords, où des fossés avaient été aménagés pour drainer les eaux de pluie. A travers vallées et collines, la route était droite comme une lance, et rien ne la faisait dévier. Au bout d'un moment, le paysage changea. Les champs étaient cultivés avec soin et bordés de haies bien taillées. C'était l'époque de la fenaison. Des files d'hommes en haillons armés de faux mouvantes marchaient en ligne dans les champs. Derrière eux, un surveillant veillait à ce que la ligne fût droite et encourageait les traînards avec une longue badine qui sifflait comme les ailes d'un ramier. Puis Lancelot aperçut des garennes, des pigeonniers, des parcs à moutons, des petites maisons sur roues avec des poules autour, et des vaches dans les pâtures.

Devant lui, il vit les murs de l'abbaye, nouvellement blanchis à la chaux, brillants dans le soleil du matin. Non loin, se trouvaient les étangs remplis de carpes et de toutes sortes de poissons gras, ainsi qu'un endroit pour l'élevage des cygnes, entouré d'osier tressé.

Près des murs de l'abbaye, il y avait des plantations d'arbres fruitiers aux alignements parfaits et des files de ruches d'où venait le bourdonnement assourdi des légions au travail. Un petit cours d'eau rapide arrosait les murailles et, sur un barrage, tournait dans le bief la lente et majestueuse roue d'un moulin sur le seuil duquel étaient empilés deux sacs de blé. Et partout, abeilles, lapins, pigeons, poissons, arbres, rivière, hommes, travaillaient avec diligence pour engranger toujours plus de provisions dans les immenses greniers de l'abbaye, dont les portes étaient gardées par des symboles sacrés disposés comme des pièges pour arrêter les voleurs. C'était une ruche prospère et bourdonnante, aux granges regorgeant d'abondance.

S'approchant du mur, le chevalier vit une grande double porte, dans laquelle était encastrée une petite porte percée d'un guichet. Toutes étaient fermées, mais on pouvait actionner la corde d'une cloche. Se penchant sur sa selle, Lancelot fit sonner la cloche. Le guichet s'ouvrit brusquement et un quignon de pain vint frapper son écu et tomba sur le sol. Il regarda le quignon gris et poussiéreux, et peut-être parce qu'il n'avait pas mangé ou pris de repos, la rage s'empara de lui : du talon de sa lance, il se mit à cogner contre la porte, jusqu'à ce que le chêne protestât.

Le guichet s'ouvrit de nouveau, puis la porte, et une petite nonne au visage de tortue sortit en s'écriant :

– Pardon, mon seigneur. Je ne savais pas. Je pensais que c'était l'un de ces pèlerins voleurs qui taquinent les garennes et les poulaillers où nous avons été obligés de poser des pièges à hommes, Dieu nous protège tous hormis eux. Voilà, je vais vous ouvrir la porte, noble sire.

Elle fourragea dans les loquets et ouvrit grand les portes. Lancelot passa sans lui adresser un regard, ni même un juron. Peu après, il était assis dans une chambre agréable en compagnie de l'abbesse, une forte femme aux joues parsemées de petites veines, à la bouche semblable à une fraise fendue, aux yeux calmes et attentifs, qui faisait détaler une compagnie de nonnettes aussi rapidement qu'une couvée de gélinottes.

– Votre demoiselle n'est pas venue, dit-elle. Son père non plus. Mais ils seront les bienvenus et vous pouvez les attendre ici. Je vais faire préparer vos appartements.

Lancelot sentit que, malgré son sourire, elle n'était pas amicale.

– Je suis au service de cette demoiselle et de son père, dit-il. Elle m'a libéré de quatre maléfiques enchanteresses.

– Très bien, répondit l'abbesse. Bien sûr, il aurait été mieux que vous fissiez appel à l'Eglise.

– Je serais encore là-bas, madame. L'Eglise n'était pas disponible.

– Cependant, dit-elle, c'eût été mieux. L'Eglise est organisée pour faire ces choses, pour faire bien des choses. Nous venons de voir un certain nombre d'affaires qui auraient dû être confiées à nos mains expertes. Je n'ai pas l'habitude d'être obscure, messire. Je fais allusion aux chevaliers errants qui ont envahi le pays comme des mouches pour faire respecter la Justice du Roi. Rien de bon n'en sortira. J'espère que vous répéterez mes paroles.

Elle caressa ses énormes mains, dont chaque doigt était armé d'un anneau clouté d'une pierre.

— Je suis au courant, dit Lancelot. Cela sert à plusieurs choses : garder les jeunes chevaliers prêts à combattre, leur enseigner la justice, la maîtrise d'eux-mêmes et l'art de gouverner, étouffer les velléités de rébellion... qu'est-ce que le crime sinon une rébellion à petite échelle ? Enfin, et c'est peut-être le plus important, cela non seulement garde vivante l'autorité du roi dans des lieux éloignés, mais informe le roi lui-même de la santé de son royaume.

— Peut-être, messire, dit-elle. Mais cela interfère aussi avec l'autorité de ceux qui ont depuis longtemps pris ces choses en main. Nous sommes tout à fait capables de pendre nos propres gens. Lorsque dîmes, redevances et privilèges sont bouleversés sous prétexte de justice, cela non seulement rompt l'équilibre mais encore encourage l'agitation et même la rébellion ouverte. Le roi ne doit pas instaurer des changements que le peuple ne désire pas. Il aura des ennuis, je vous préviens. Vous pouvez le lui dire de ma part.

— Les maux ne peuvent rester impunis, madame !

— Comprenez-moi, explosa-t-elle. Je ne dis pas que l'intention soit mauvaise... simplement elle est peu judicieuse. Les chevaliers sont aux prises avec des choses qu'ils ne comprennent pas. Les meilleures intentions du monde peuvent avoir une fin dramatique. Je puis vous citer des exemples.

— Je me permets d'insister, madame. Si les abus ne sont pas corrigés par les autorités entre les mains desquelles...

— Arrêtez-vous là, sire chevalier, dit-elle en fermant

ses yeux froids. Je ne crois pas que même le plus irresponsable des chevaliers errants niera que le monde a été créé par Dieu le Père.

– Certainement pas, madame. Au contraire, ils...

– Ainsi que tout ce qu'il contient ?

– Bien sûr.

– Alors ne pensez-vous pas qu'il puisse déplaire à Dieu que l'on détruise ce qu'il a créé ? Vous vous y prenez très mal. Les maux du monde doivent être redressés et corrigés ici.

– Ma Révérende Mère, protesta-t-il, je n'aurai pas l'audace d'argumenter avec vous sur des sujets sacrés. C'est impensable.

– Très bien, dit-elle, enfin un peu d'humilité.

Elle respira fortement et ses joues, qui étaient devenues écarlates, parurent se gonfler puis s'affaisser comme un soufflé mal cuit.

– Dame, j'espère que vous ne verrez pas d'inconvénient à ce que les chevaliers quêteurs se limitent à pourfendre les dragons, les géants et les magiciens.

Elle agita tristement la main.

– La vie est suffisamment difficile et laide telle qu'elle est. Pourquoi aller chercher les choses monstrueuses ou diaboliques qui nous choquent et nous attristent ? Les joutes et les bons vieux tournois ne suffisent-ils pas ? Nos pères s'en contentaient.

Les oreilles de Lancelot se mirent à bourdonner, mais il se retint, sachant qu'il ne rencontrerait qu'opposition dans cet esprit bien défendu.

– C'est tout à fait vrai, dit-il. Je m'en rends compte à présent. Je suis désolé, madame.

Elle lui sourit enfin avec sa bouche de fraise.

– Il n'y a pas de mal, dit-elle. Les pots cassés de Dieu peuvent être recollés avec un peu de pénitence.

Lancelot se sentit seulement malade de tristesse et souhaita ne pas être incompétent.

– Dame, dit-il, je dois aller me reposer. Je joute jeudi prochain.

Elle battit des mains.

— J'irai voir ça, s'écria-t-elle, une si valeureuse compagnie de jouteurs éprouvés. Jeudi dernier, cinq chevaliers ont été tués. Avec votre bras célèbre dans la mêlée, le prochain tournoi sera encore meilleur.

Las et troublé, il se retira dans la chambre qu'on avait préparée pour lui. Il ne pouvait combattre avec colère contre les hommes qu'il aimait, et il en aimait beaucoup. Mais dès que les trompettes résonnaient, il pouvait tuer n'importe qui ou n'importe quoi. Il ne voulait pas réfléchir à cela. Pendant un court moment, un bruit de marteau le tint éveillé, car on retapait le gibet près de la chapelle. L'abbaye avait des droits et des devoirs seigneuriaux aussi bien que spirituels. Mais il dériva bientôt dans le sommeil et rêva de Guinevere, la reine aux doigts frais; dans son rêve il lui confirmait son serment de la servir tant qu'il vivrait. Et il rêva qu'elle se penchait sur lui et lui disait : « Vous ne pouvez pas plus refaire le monde que vous refaire vous-même. »

Alors, il se vit avec un échafaudage autour de lui. Il enlevait des briques de son cou et de ses épaules et les remplaçait par d'autres, bien cimentées mais d'allure neuve. Il prit conscience que c'était drôle et éclata de rire dans son sommeil.

Sire Bagdemagus arriva à l'abbaye suivi par un nuage de fer-vêtus, et entouré d'un papillonnant essaim de belles dames. Après que Lancelot eut été accueilli, et accolé, et embrassé, que l'arbre des compliments eut été dépouillé de tous ses fruits et le sauvetage de la demoiselle en long et en large célébré, tandis qu'elle rougissait en faisant de petits gestes de dénégation, son père et Lancelot s'isolèrent, et Bagdemagus dit :

— Je ne trouve pas de mots pour vous remercier de m'aider jeudi prochain.

— Votre fille m'a dit, messire, que vous avez été maltraité.

— J'ai été battu à plate couture, répondit honnêtement le chevalier. Je n'ai pas réussi à placer un seul coup de lance. Je vais rencontrer les mêmes champions et j'ai les os encore douloureux du traitement qu'ils m'ont infligé.

— Est-il vrai que certains chevaliers du roi Arthur se sont battus contre vous ?

— Tout à fait. Ce sont de vrais démons. Mon cœur tremble comme celui d'un enfant à l'idée que je vais de nouveau les rencontrer.

— Qui sont ces chevaliers, messire ?

— Eh bien, leur chef est le roi des Galles du Nord.

— Je connais sa femme, dit Lancelot.

— Elle n'est pas là. Partie à un pèlerinage de Notre-Dame de Walsingham. Quant aux chevaliers, les plus formidables sont sire Mador de la Porte, sire Mordred et sire Galatine.

— Des combattants hors pair, dit Lancelot. Mais il y a une difficulté. Ils ne jouteront pas contre moi.

— Pourquoi ?

— Je les ai vaincus plusieurs fois et ils refusent d'entrer dans la lice quand j'y suis. C'est pourquoi je suis en quête. Je ne trouvais plus d'adversaires.

— Voilà de bien mauvaises nouvelles, dit Bagdemagus. Mais si vous m'accompagnez dans la lice et qu'ils refusent de combattre, ils perdront par défaut. A tout prendre, je préfère ce genre de victoire que rien.

— Oh ! ils ne refuseront pas, dit Lancelot. Ils ne refusent jamais. Ils seront en quête ou malades, ou tenus par quelque serment. Je les connais. Je suis désolé, messire. J'aimerais bien jouter de nouveau contre Mordred. Je n'ai jamais aimé ce faux jeton.

— Est-il vrai qu'il est le fils du roi ?

— C'est ce qu'on dit. Mais vous connaissez le genre de choses qu'on raconte à la cour. Si le roi avait autant de fils que le disent les fils du roi, il ne pourrait plus gouverner. Vous connaissez le proverbe : « Si tous les prétendants étaient de vrais bâtards, les sages-femmes seraient débordées de travail. »

— Et si vous portiez une autre devise ? Trop de monde connaît l'écu de sire Lancelot.

— Ils sont trop habiles pour tomber dans ce piège.

Ils enverraient derrière la barrière un observateur qui me reconnaîtrait à la manière dont je monte. Ils ne sont pas fous.

Il se tapota la tempe avec le petit couteau dont il se servait pour couper sa viande.

– Y a-t-il un abri quelconque près de la lice... bosquet ou taillis ?

– Oui... un bosquet de hêtres. Pourquoi ?

– Parce que je pense que s'il y avait plus d'un chevalier étranger ils seraient trompés. Que, disons, quatre d'entre nous s'y cachent. Après la sonnerie des trompettes, nos adversaires ne pourront plus se retirer. Ils seront tenus de jouter.

– C'est vrai, dit Bagdemagus. Combien de chevaliers voulez-vous ?

– Envoyez-moi les quatre meilleurs. Je serai le cinquième. Nous porterons des armures et des écus blancs. Ils croiront peut-être au début que nous sommes de nouveaux chevaliers cherchant à se faire une devise par les armes.

– Je vais vous les envoyer.

– Ne tardez pas. Il faut que j'entraîne mes chevaliers pour que nous combattions comme un seul homme.

Ainsi fut dit, et ainsi fut fait.

Le jeudi, devant les dames agglutinées dans les tribunes comme des mouches colorées sur de la gelée de groseille, Mordred et ses compagnons menaient le bal, se battant comme des lions et désarçonnant à droite et à gauche, lorsque, soudain, cinq chevaliers blancs sortirent du petit bois et frappèrent comme la foudre, tournèrent comme un seul homme et frappèrent de nouveau, puis tournèrent et frappèrent encore.

Alors Lancelot s'adressa à ses ennemis. Mador mordit le premier la poussière et se brisa la hanche. Puis ce fut le tour de Mordred : il vola, ainsi que sa selle, et son heaume s'enfonça dans la terre jusqu'aux épaules. Puis Galatine reçut sur la tête un tel coup que le sang lui sortit des oreilles, du nez et des yeux, et qu'il disparut à l'horizon avec son cheval, incapable de voir de quel côté tourner car il ne pouvait s'essuyer les yeux.

Lancelot continua sa besogne : il désarçonna douze chevaliers avec une seule lance, puis il en prit une autre et fit mordre la poussière à douze autres adversaires, pendant que ses compagnons blancs, ivres de triomphe, se battaient mieux qu'ils ne l'avaient jamais fait. Il n'y eut pas besoin de sonner la trompette de la paix : les hommes du roi des Galles du Nord avaient quitté le champ, et sire Bagdemagus remporta le prix. Il poussa des cris et des rires de joie, car son honneur était sauf et sa renommée accrue.

Il mena Lancelot dans son château, parlant tout le temps et donnant de grandes claques sur l'épaulière de son champion, si bien que le bruit noyait ses paroles. Et au château les dons défilèrent... chevaux, chiens de meute, robes, joyaux... Bagdemagus fit une rafle dans le lexique des compliments et encouragea sa fille à en faire autant. Ils prièrent Lancelot de séjourner chez eux, de rester avec eux, de passer le reste de sa vie en leur compagnie, et Lancelot, souriant, dut attendre l'enrouement et l'épuisement de ses hôtes pour leur glisser qu'il était à la recherche de Lionel, son neveu.

Alors Bagdemagus offrit de partir lui-même à sa recherche, d'envoyer sa fille, ses fils, tout le train de ses serviteurs. Il voulut que l'on trinquât à la santé de Lancelot avec de l'hydromel et que l'on bût dans ces cornes qui devaient être vidées car on ne pouvait pas les poser. Personne dans la salle n'osa refuser, sauf Lancelot, qui dit que cela le rendait malade.

Et le lendemain matin, il sortit d'un château silencieux, où régnaient le sommeil et la migraine due à l'hydromel.

Lancelot ne pensait pas qu'il s'était beaucoup éloigné du pommier où les aventures avaient commencé. Pour chercher Lionel, il lui fallait revenir à l'endroit où il l'avait perdu. Il trouva la voie romaine et la suivit, et en chemin rencontra une demoiselle montée sur un palefroi blanc protégé d'un tulle orné de pompons rouges afin d'éloigner les mouches, à la manière andalouse.

– Comment allez-vous, messire? demanda-t-elle, selon la formule consacrée.

– Cela irait mieux si je trouvais mon neveu, sire Lionel. Il a disparu pendant que je dormais et j'ai perdu sa trace.

– Si c'est votre neveu, vous devez être sire Lancelot.

– Demoiselle, je le suis. Savez-vous si l'on s'est battu dans les parages?

– Je puis peut-être vous aider, messire, dit-elle en l'observant avec perspicacité. Il y a près d'ici le château de sire Tarquin, le plus hardi chevalier de ces parages. Il nourrit une haine particulière contre les chevaliers du roi Arthur, et l'on dit qu'il en a tué certains et fait prisonniers une soixantaine de ses propres mains.

– Ce doit être un redoutable jouteur.

– Oui. Il a accroché à la porte de son château les écus des chevaliers qu'il a vaincus.

– Ah! s'écria Lancelot. Y a-t-il un écu portant un coq?

– Il me semble, messire, mais il y a tant d'oiseaux, d'animaux, de serpents et de monstres fabuleux! Il me semble avoir vu un coq.

– Les ailes déployées... coqueriquant?

– Je le crois bien, messire.

– Belle demoiselle, ayez la courtoisie de me conduire à ce château.

Elle le jaugea du regard et répondit en choisissant ses mots avec soin :

– Si vous étiez quelqu'un d'autre, je ne vous conduirais pas à votre mort, dit-elle. Et je ne vous demanderais pas non plus de faveur si vous surviviez. Mais vous êtes Lancelot et je ferai les deux choses. Quand vous en aurez fini avec sire Tarquin, me jurez-vous sur votre foi de faire ce que je vous demanderai ?

— Si je réponds non... me conduirez-vous ?

— Je devrai me mettre en quête d'un bon chevalier pour m'aider, messire.

— Je vois. Il semble qu'il n'y ait pas au monde de demoiselle dont je ne doive résoudre le problème au péril de ma vie.

— N'avez-vous pas juré de servir demoiselles et gentes dames ?

— Certes. Mais je souhaite parfois n'avoir pas à tenir si souvent mon serment.

— Nous sommes des créatures sans défense, dit-elle d'un air pincé, qui nous reposons sur la force d'un bras.

— J'aimerais être aussi démuni, dit Lancelot. Très bien, ma chère, vous avez ma parole. Conduisez-moi.

Au bout d'une heure, ils arrivèrent devant le rempart d'un manoir fortifié, près d'un ruisseau. Sur la porte close, Lancelot aperçut l'écu de Lionel. Une grosse bassine de cuivre suspendue à un arbre au bout d'une chaîne servait de cloche. Lancelot fit résonner la bassine d'un coup de lance, mais les portes demeurèrent closes et le manoir silencieux. Il fit boire son cheval dans le ruisseau, puis revint et frappa de nouveau la bassine, allant et venant coléreusement sur son cheval devant la porte toujours close.

— Il n'est peut-être pas là, dit la demoiselle. Il guette parfois près de la grand-route.

— Vous semblez bien le connaître.

— Oui, messire. Tout le monde le connaît. Il ne s'attaque pas aux dames, seulement aux chevaliers d'Arthur.

— Pourquoi ne lui avez-vous pas demandé son aide ? dit Lancelot avec mauvaise humeur.

— Il ne se met pas au service des dames, dit-elle.

— Il est peut-être plus sage que moi, dit Lancelot, furieux.

Il se dirigea vers la bassine et la frappa si violemment qu'il en fit voler le fond.

– Ne vous emportez pas, messire, dit-elle. Il va revenir et n'a jamais refusé de jouter. Tenez, je crois que je l'aperçois là-bas.

Tarquin arrivait au galop, menant devant lui un destrier sur lequel un chevalier blessé était attaché. A son écu, Lancelot reconnut Gaheris, le frère de sire Gauvain.

A la vue du chevalier en armes et de sa bassine éventrée se balançant au vent, Tarquin s'arrêta.

– Beau chevalier, dit Lancelot, déposez ce blessé sur le sol pour qu'il prenne un peu de repos. Je me suis laissé dire que vous éprouviez une grande aversion pour les chevaliers de la Table ronde.

– Si vous appartenez à cette maudite confrérie, vous êtes bien tombé, s'écria Tarquin.

– Il est agréable d'être bien accueilli, dit Lancelot.

Il prit sa place dans le champ et ils se rencontrèrent avec tant de force et de précision que les deux chevaux roulèrent à terre.

Tirant l'épée, ils firent jeu égal, chacun donnant et recevant des blessures, si bien que le souffle leur manqua et que d'un commun accord ils firent une pause, chacun s'appuyant sur son épée.

Et quand il put parler, sire Tarquin dit :

– Vous êtes le plus fort et le meilleur chevalier que j'aie jamais rencontré, vous avez toute mon admiration. Je préférerais vous avoir comme ami que comme ennemi. Il y a seulement un homme au monde à qui je ne puis pardonner.

– Il est plaisant d'avoir un ami. Qui est le chevalier que vous détestez ?

– Lancelot. Il a tué mon frère Carados à la cour. En l'honneur de ma haine, je combats, capture et emprisonne tous les chevaliers d'Arthur que je rencontre. Lorsque je combattrai Lancelot, je le tuerai ou je mourrai.

– Il est triste et absurde de faire la guerre à ses

pairs. Pourquoi ne vous mettez-vous pas en quête de Lancelot ? Je suis sûr qu'il ne vous refuserait pas satisfaction.

— Il viendra tôt ou tard, dit Tarquin, et je préfère le combattre chez moi : j'accrocherai son écu au-dessus de tous les autres sur ma porte. Mais oublions tout cela. Faisons la paix et dînons comme des frères.

— C'est une offre tentante pour un homme fatigué, dit Lancelot. Mais si vous étiez aussi féru d'héraldique que de haine, vous auriez observé mon écu.

— Vous êtes Lancelot ? siffla Tarquin.

— C'est écrit dans l'église de Benwick, ancien frère : Lancelot du Lac, fils du roi Ban et de la reine Elaine. Je peux vous réciter mon arbre généalogique, si vous le voulez.

— Vous êtes le bienvenu, dit Tarquin d'une voix pâteuse.

Levant son épée, il se rua sur Lancelot. La lutte devint acharnée. Tarquin était décidé à tuer son ennemi et il attaquait sans cesse, frappant sous tous les angles pour trouver une ouverture.

Lancelot connaissait le danger de cette haine qui donnait une force surnaturelle et rendait invulnérable, mais il connaissait aussi les faiblesses de ces assauts frénétiques. Pour s'attirer de furieux coups, il laissa des ouvertures, esquivant au dernier moment. Il se battait défensivement, avec une grande économie de mouvements, essayant d'épuiser son ennemi pantelant, commandé par la haine, et peu à peu il le vit traîner les pieds, entendit siffler sa respiration et, au cours d'une courte pause, remarqua que Tarquin vacillait sur ses jambes. Mais Lancelot fut sensible à la grandeur de son ennemi et il pensa : « S'il ne me haïssait pas tant, il aurait eu plus de chances de me tuer. »

Baissant son écu, il poussa une charge, puis fit un pas de côté et lança son écu dans les pieds vacillants de son adversaire. Tarquin tomba face contre terre. Lancelot lui marcha sur le poignet, força le couvre-nuque de son heaume et lui plongea son épée dans la nuque. Le corps de Tarquin fut secoué par un frisson et il mourut instantanément sous le coup de grâce.

La demoiselle courut vers le vainqueur en poussant de petits cris d'excitation, et Lancelot la regarda d'un air grave, se demandant pourquoi les spectateurs étaient tellement plus belliqueux que les guerriers.

– A présent, vous pouvez tenir votre promesse, s'écria la demoiselle. Vous allez venir avec moi, n'est-ce pas ?

– Je n'ai plus de cheval, dit Lancelot. Vous voyez que le mien a le cou brisé.

– Prenez le destrier du chevalier blessé, messire.

Lancelot s'approcha de Gaheris, coupa ses liens et le salua.

– Voulez-vous me prêter votre cheval ? demanda-t-il.

– Bien sûr, dit Gaheris. Vous m'avez sauvé la vie.

– Pouvez-vous marcher ?

– Je le crois, messire.

– Alors, allez dans ce manoir. Vous y trouverez de nombreux prisonniers, mes amis et les vôtres. Libérez-les et saluez-les de ma part. Dites-leur de prendre tout ce qu'ils veulent et dont ils ont besoin. Je les verrai à la cour du roi à la Pentecôte. Demandez-leur de saluer pour moi la reine Guinevere. Ils lui diront que je les ai libérés en son honneur.

– Pourquoi devez-vous partir ? demanda Gaheris.

– A cause de cette demoiselle. J'ai fait une promesse. Les demoiselles sont de redoutables marchandeuses. A présent, adieu. Dites à sire Lionel que nous ferons un jour une autre quête.

Et, enfourchant sa monture, Lancelot suivit la demoiselle.

La demoiselle dit :

– C'était une jolie prouesse, messire. Il est bien vrai que vous êtes le meilleur chevalier du monde.

– Si ça continue, je serai le plus fatigué du monde, répondit-il. Peut-être parce que je fais des promesses sans demander ce que j'ai promis de faire. Que vous le sachiez ou non, Tarquin était un chevalier d'exception.

Il a perdu, mais il m'a marqué de son empreinte. Dites-moi ce que vous attendez de moi. Il se pourrait que je doive prendre quelque repos pour soigner mes égratignures.

– Messire, dit-elle, Tarquin passait ses journées à combattre et à tuer des chevaliers. Mais il y en a un autre tout près, qui moleste les demoiselles et les gentes dames. Il guette et attaque les dames sans protection.

– Qu'est-ce qu'il leur fait ? demanda Lancelot.

– Il les vole.

La pucelle rougit, puis elle ajouta :

– Sur celles qui sont jeunes et belles, il satisfait d'immondes appétits.

– Est-ce un chevalier ?

– C'en est un, messire.

– Alors il ne devrait pas agir de la sorte. Il a fait serment de protéger les dames. Vous a-t-il importunée ? Vous êtes très jolie.

– Merci, messire. Jusqu'ici j'ai réussi à lui échapper, mais je dois emprunter ce chemin, et si vous arrivez à lui faire tenir son serment... ou à le tuer... vous ferez la joie de bien des dames. Il guette non loin d'ici, caché dans une forêt près du chemin.

Après avoir réfléchi, Lancelot dit :

– Vous allez chevaucher devant moi. Je vais voir ce qui va se passer.

– Vous ne me croyez pas, messire ?

– Si. Mais j'ai connu des femmes qui se sont crues violées par un baiser, et d'autres qui, peut-être sans le savoir, lançaient une invitation et poussaient les hauts cris quand elle était acceptée.

– Une telle pensée est indigne de vous, messire.

– Sans doute. J'ai toujours des pensées indignes quand je suis fatigué et que j'ai des courbatures. Voici mon plan. Si le chevalier embusqué vous voit en compagnie d'un homme en armure, il hésitera peut-être à vous attaquer.

— Alors vous n'aurez qu'à explorer la forêt pour l'en faire sortir et lui couper la tête.

— Que vous avez soif de sang, ma chère! Si je le faisais, je tuerais un homme dont je ne connais les crimes que par ouï-dire. Je ne crois pas que j'y mettrais beaucoup de cœur. Par contre, si je le vois vous molester, alors la colère et l'indignation deviendront les alliées de la justice.

— Si vous voyez les choses sous cet angle...

— Cela fait toute la différence, n'est-ce pas? dit-il. Passez devant. Je ne vous perdrai pas de vue, mais il ne me verra pas et ne soupçonnera pas que c'est un piège.

— Je n'aime pas ce mot, dit la demoiselle.

Eperonnant sa monture, elle tira des rubans de la sacoche de sa selle et s'en para les cheveux, puis revêtit un manteau de soie verte dont les plis moirés tombaient richement sur la croupe du cheval. Lorsqu'elle fut près de la forêt, elle se mit à chanter d'une voix claire et pénétrante.

— Bel appât, murmura Lancelot.

Comme la demoiselle approchait de la lisière, un fervêtu sortit du couvert au galop et l'arracha de sa selle, si bien que sa chanson devint un cri d'effroi.

Rapide comme la foudre, Lancelot s'écria :

— Arrête, lâche félon!

Quittant sa proie des yeux, le ravisseur vit un aigle en cotte de mailles qui fondait sur lui. Posant à terre la demoiselle qui se débattait dans son grand manteau, il tira son épée et se couvrit de son écu. Ce que voyant, Lancelot abandonna sa lance et tira lui aussi l'épée. Il ne para et ne frappa qu'une seule fois : l'infortuné galant tomba de cheval, la gorge ouverte.

Brossant la poussière et les brindilles de son manteau, la demoiselle s'approcha et regarda l'homme égorgé.

— Tu n'as que ce que tu mérites, s'écria-t-elle.

Il eut un grand frisson et la vie le quitta.

— De même que Tarquin s'acharnait à détruire les bons chevaliers, celui-ci passait ses journées à détrousser les demoiselles et les gentes dames. Il s'appelait sire Perys de la Forêt Sauvage.

— Vous le connaissiez donc, observa Lancelot.

— De nom, dit-elle.

— Ai-je tenu ma promesse? demanda-t-il. Suis-je libre de m'en aller?

— Avec tous mes remerciements, dit-elle. Et avec ceux des dames qui partout célèbrent votre nom. Car, parmi les gentils, vous êtes renommé pour être le meilleur et le plus courtois chevalier vivant. Chaque fois que les dames parlent de vous, elles en tombent d'accord, tout comme elles conviennent que vous avez un triste et mystérieux défaut... un manque qui les trouble.

— Lequel? demanda-t-il.

— On ne vous connaît pas d'amour, mon seigneur. Et les dames s'en affligent grandement.

— J'aime la reine.

— Oui, c'est ce que l'on dit, et l'on dit aussi que vous l'aimez comme si c'était une statue de glace. Le bruit court qu'elle vous a jeté un sort pour que vous ne puissiez aimer personne d'autre, réjouir aucune demoiselle, ne réchauffer aucune dame de votre amour à cause de ce froid sortilège. Ainsi les dames blâment-elles la reine de retenir captif celui dont elle ne se sert pas elle-même.

Il lui sourit, d'un gentil sourire de ses yeux gris.

— C'est l'habitude des femmes de rejeter le blâme sur les femmes, dit-il. Je ne puis apprendre au monde entier ce qu'il faut dire de moi. Les rumeurs naissent d'elles-mêmes. Mais je puis vous le dire et, si vous le voulez, vous le raconterez aux autres. Je suis un guerrier. Une lance n'est pas faite pour autre chose que pour la guerre. Moi, de même. Vous pensiez que je pourrais avoir une femme, peut-être des enfants. J'ai déjà suffisamment de tourments pour que cette calamité supplémentaire ne vienne pas me gâcher la vie. La plupart du temps, je guerroie par monts et par vaux. Ma femme, bien que mariée, serait sans mari, mes enfants sans père, et notre seule joie, la peine d'être séparés. Non, ce n'est pas possible. Un mari guerrier doit sans cesse être à deux endroits à la fois. Au lit, il est en guerre, en guerre au lit, ce qui vous divise un bonhomme en deux. Je n'ai pas le courage de me couper en deux morceaux.

— Mais il y a d'autres manières d'aimer, dit-elle d'une voix douce. Vous avez sûrement vu à la cour...

— Oui, et ça ne m'a pas tenté. Intrigues, complots, jalousies, l'un ou l'autre amant toujours blessé. Un mois de colère pour un instant de joie, et toujours la jalousie, et le doute, cette corrosive lèpre. Je suis un homme religieux... au moins dans la mesure où j'ai conscience du péché et où je souscris aux dix commandements. Mais même si l'adultère, les plaisirs, la luxure, n'étaient pas sévèrement punis par Dieu, mon bras les trouverait coupables parce qu'affaiblissants. Et si cela ne suffisait pas, réfléchissez à ceci : avez-vous jamais vu un amant heureux ? Devrais-je de moi-même aider à construire mon propre malheur ? Cela serait aussi stupide que cruel.

— La plupart des hommes forts n'y peuvent rien, dit la demoiselle. L'amour les frappe et leurs réticences s'envolent en fumée.

— Leur force, alors, devient leur faiblesse, dit Lancelot. Leur virilité même les rend sans défense. Devrais-je choisir cela si j'avais le choix ?

— Je crois que vous n'aimez pas les dames... Quelque chose vous empêche...

— Je le savais. J'ai gaspillé mes paroles. Vous allez répéter que je ne suis pas... un homme... parce que j'ai jusqu'ici vaincu la grande faiblesse et le grand embarras de l'homme.

— Je crois que le sortilège de la reine doit être très fort. Tout le monde le disait, et à présent je vois qu'il est...

La promesse disparut de ses yeux et ses lèvres devinrent boudeuses comme celles d'une petite fille privée d'une friandise.

– Adieu, dit-il. Et réfléchissez à ceci quand je serai parti : Si je n'aimais pas les dames, pourquoi passerais-je ma vie à les servir ?

– Sortilège, dit-elle.

– Au revoir.

Il rattrapa son palefroi et l'attacha à un arbre pour elle. Puis, changeant d'idée, il détacha les rênes et le lui ramena.

Elle ne le regarda pas.

– Merci, dit-elle.

– Y a-t-il un autre service que je puisse vous rendre ?

Elle considéra le sol.

– Aucun de ceux auxquels je pense, messire.

– Bien... alors... Alors adieu !

Faisant volter son cheval, il se mit au trot, et la demoiselle le vit s'éloigner et fut chagrinée pour lui.

A présent, Lancelot chevauchait seul à travers d'humides forêts noires où des serfs échappés se cachaient dans des arbres creux et des grottes, mais ils s'évanouissaient comme des ombres à son approche et ne répondaient pas à ses appels. Puis il traversa une contrée marécageuse, où les roseaux étaient aussi hauts que son cheval et l'eau dangereuse à cause des sables mouvants où d'immenses colonies de canards et de cygnes sauvages vivaient en paix, s'élevant avec des danses de tonnerre à son approche. Loin sur l'eau, il vit de rondes huttes de roseau au toit conique, chacune construite sur un îlot et disposant chacune d'un canoë creusé dans un tronc d'arbre. Quand Lancelot se fit connaître, des petits hommes au teint sombre armés de frondes firent pleuvoir sur lui une telle pluie de projectiles – des balles d'argile cuite – que son écu fut cabossé et son cheval estropié. C'était une contrée sauvage et hostile où les hommes étaient devenus féroces par crainte des hommes. Mirages et feux follets, toutes les lumières fées du marais, étaient pour les habitants de cette terre pauvre, qui ne connaissaient d'autre forme de propriété que le servage, moins terribles que les étrangers de leur propre espèce. Sentant, comme la coupure d'un vent glacial, un frisson de méfiante rage, le chevalier tourna bride et se dirigea vers des terres plus hautes. Dans un château à demi en ruine, il tua deux géants, libéra leurs prisonniers et les envoya à la reine Guinevere. Puis, pendant des jours, il chercha l'aventure, mais la rumeur de sa venue le précédait, si bien que les lâches et les félons qui d'ordinaire étaient postés aux gués ou aux étroits passages quittaient les lieux de leurs rapines et se cachaient jusqu'à ce que Lancelot fût passé. Personne n'osait rompre une lance avec lui, et sa grandeur même le rendait solitaire et délaissé. Il dormit dans des abris désertés par leurs habitants et se nourrit de miettes, de baies et de cosses trouvées le long du chemin.

A présent le conte revient à sire Gaheris qui pénétra dans le manoir de sire Tarquin occis par Lancelot. Là, il trouva un portier qui gardait maintes clefs. Alors sire Gaheris jeta le portier sur le sol et s'empara des clefs. En hâte il ouvrit la porte de la geôle et libéra les prisonniers et chaque homme alors débarrassa son voisin de ses chaînes.

Gaheris trouva beaucoup d'amis et de chevaliers de la Table ronde. Il leur raconta comment Lancelot avait tué Tarquin pour les libérer, et dit qu'il leur ordonnait de l'attendre à la cour du roi Arthur. Ils trouvèrent leurs chevaux à l'écurie, leurs armes dans l'armurerie, et firent un festin de venaison dans la cuisine de Tarquin. Mais Lionel, Hector des Mares et Kay le sénéchal décidèrent de rejoindre Lancelot dans sa quête et, après avoir mangé et pris du repos, ils partirent, chacun s'enquérant de Lancelot en chemin.

A présent, le conte reparle de Lancelot, qui parvint enfin à une gentilhommière où une vieille châtelaine l'accueillit avec plaisir. Elle le nourrit de viande rôtie, de boudin noir et de pâté de porc gras luisant d'épices. Elle se souvenait de la cour du roi Uther, au temps où elle était jeune et belle. Offrant du vin à Lancelot, elle le pria de lui raconter comment était la cour d'Arthur, quelles dames étaient admirées, quelle mode elles suivaient, comment était la reine et quelle conversation elle tenait. Elle aurait écouté le chevalier parler jusqu'à l'aube, mais il la pria de le laisser se reposer. Elle le laissa enfin se retirer dans une chambre agréable, située sur le rempart, au-dessus de la porte du château. Il empila son armure sur un coffre de chêne et se glissa dans un doux lit moelleux de peaux de mouton blanches, le premier lit dans lequel il eût dormi depuis longtemps. Il venait juste d'entrer dans un premier sommeil sans rêves lorsque retentirent des coups frénétiquement frappés à la porte au-dessous de sa chambre. Se levant d'un bond, Lancelot regarda par la fenêtre et vit un chevalier luttant seul contre trois. Tout en se défendant, le solitaire frappait à la porte et criait pour demander de l'aide. Après s'être armé, Lancelot sauta par la fenêtre et passa comme un ouragan entre les trois assaillants, les fauchant l'un après l'autre et les forçant à crier grâce.

— Vous êtes des hommes sans honneur, dit-il. Il est contraire aux lois de la chevalerie de se battre à trois contre un. En conséquence, vous ne vous rendrez pas à moi, mais à ce chevalier solitaire, et vous irez à la cour d'Arthur en son nom pour demander grâce à la reine.

— Vous êtes Lancelot ! s'écria le chevalier solitaire.

Il releva sa visière : c'était sire Kay. Les deux hommes s'étreignirent et s'accolèrent avec joie.

— Messire, dit l'un des vaincus, nous ne voulons pas nous rendre à sire Kay alors que nous l'avions déjà presque défait. C'est un honneur que de se rendre à Lancelot, mais admettre que sire Kay nous a défaits provoquera un éclat de rire.

Lancelot tira son épée du fourreau.

– Vous avez le choix, dit-il. Rendez-vous à sire Kay ou préparez-vous à mourir.

– Dans ce cas, messire...

– A la Pentecôte prochaine, vous vous rendrez à Guinevere et vous direz que vous êtes les prisonniers de sire Kay.

Alors, avec le pommeau de son épée, Lancelot frappa à la porte jusqu'à ce qu'elle fût ouverte. La vieille dame fut étonnée de le voir.

– Je vous croyais au lit, dit-elle. Comment se fait-il que je vous retrouve ici ?

– J'y étais, mais j'ai sauté par la fenêtre pour venir en aide à ce vieux compagnon que je vais emmener se reposer avec moi.

Dans la chambre au-dessus de la poterne, Kay remercia son ami de lui avoir sauvé la vie.

– Depuis que je suis parti à votre recherche, messire, je n'ai fait que livrer combat sur combat.

– C'est étrange, dit Lancelot. Il y a des jours que je n'ai rencontré personne.

– C'est peut-être que les hommes qui se bousculent pour jouter avec moi se bousculent aussi pour vous éviter. La devise de votre écu fait réfléchir à deux fois.

– Je n'y avais pas pensé, dit Lancelot.

– Mon vieil ami, dit sire Kay, il y a un sujet dont j'aimerais vous entretenir, si vous me promettez de ne pas vous mettre en colère.

– Comment pourrais-je me mettre en colère contre vous ? dit Lancelot. Parlez.

– C'est un sujet qui me touche de très près, messire. Depuis que vous avez quitté le roi, une queue de chevaliers vaincus défile devant la reine pour lui demander grâce. A présent, tous les prisonniers des geôles de Tarquin vont arriver à la cour.

– C'est ma coutume, dit Lancelot. La reine prend plaisir à voir de nobles chevaliers lui demander grâce. Qu'y trouvez-vous à redire ?

– Ils sont peut-être nobles, messire, mais ils sont affamés. Ils arrivent par essaims, comme les sauterelles, et vident les garde-manger du roi. Un chevalier vaincu a, si l'on peut dire, plus faim qu'un chevalier vainqueur.

— L'hospitalité est le plaisir du roi, messire.

— Certes. Il aime distribuer avec générosité... Mais je suis son sénéchal. C'est moi qui dois fournir les provisions et faire le compte de ce qui est consommé.

— Le roi n'est pas regardant.

— Je le sais bien. Il n'y pense jamais avant qu'il n'y ait plus une miette dans le garde-manger. Alors il me dit : « Kay, je ne sais pas où passent toutes ces choses. Nous avons tué dix bœufs rien que la semaine dernière et salé dix charretées de harengs. Etes-vous sûr de bien tenir vos comptes ? Les garçons de cuisine ne peuvent-ils pas voler ? » Je lui fais remarquer le nombre de nobles chevaliers qui mangent à sa table, et il dit « Oui, oui... » et ne m'écoute plus, puis il ajoute : « Il faudra que je vérifie vos comptes un de ces jours. » Vous voyez, messire, que si vous continuez votre quête, nous serons dépouillés jusqu'à l'os par vos nobles captifs. Dès qu'ils ont demandé grâce à la reine, ils s'installent et restent des semaines.

Lancelot éclata de rire.

— Pauvre Kay, dit-il. Les ennuis vous poursuivent. Devrais-je demander à un chevalier s'il est bien nourri, avant de jouter avec lui ?

— Ne riez pas de moi, dit Kay. Tout le monde le fait. C'est une affaire sérieuse, je vous l'assure. L'un de vos captifs peut manger un demi-mouton en un repas... et la bière... la bière coule comme si c'était de l'eau. Mais je vous en prie, n'en parlez pas au roi. Il se mettrait en colère. Il dépense sans compter argent et provisions. Kay doit être avare pour que le roi puisse être généreux.

— Je n'y avais pas pensé, dit Lancelot. Mais je ne vois pas ce que je peux faire.

— Ce ne sont pas seulement les chevaliers, dit Kay avec amertume. Tout le monde a des écuyers, des nains et des demoiselles, et tous sont affamés, particulièrement les demoiselles. Elles sont peut-être de jolies choses, tout esprit et toute grâce, mais ce sont des monstres dévorants.

– Bien, allez dormir, dit Lancelot. Je vous promets de ne plus combattre que des chevaliers rassasiés.

– Vous vous moquez de nouveau de moi, dit Kay. Vous ne vous imaginez pas le mal que je me donne. Vous pensez que la viande rôtie pousse sur les arbres. Personne n'a la moindre pensée pour le sénéchal. Je vous le dis, avant une fête comme la Pentecôte, je n'ai pas une minute de repos. Jamais un merci, mais si quelque chose va de travers... alors on se souvient de moi. Parfois, je souhaite être garçon de cuisine.

– Mais vous ne l'êtes pas. Vous êtes mon beau et doux ami, sire Kay, le plus merveilleux sénéchal qui vécût jamais. Votre nom a droit à la reconnaissance éternelle de tous les ventres de la cour. Le monde pourrait se passer de moi, mais il ne pourrait pas se passer un seul jour de vous.

– Vous ne parlez que pour me faire plaisir, messire, dit le sénéchal. Mais, vous savez... il y a un grain de vrai dans ce que vous dites.

Lancelot s'assit en silence, l'air embarrassé.

– Pourquoi êtes-vous triste, messire? lui demanda son ami.

– Triste, non... enfin, peut-être. C'est une question. Peut-être la trouverez-vous insultante...

– Je connais suffisamment bien mon ami, dit Kay, pour être sûr qu'il n'a pas le désir de m'insulter. Quelle est votre question?

– Vous êtes le frère de lait du roi.

– Oui, dit Kay en souriant. Nous avons été nourris au même sein, nous avons été au maillot, nous avons fait des parties ensemble, nous avons chassé et avons appris le métier des armes ensemble. Je l'ai cru mon frère jusqu'au moment où il nous a été révélé qu'il était le fils d'Uther.

– Oui, je sais. Et dans les dures premières années de son règne, vous vous êtes battu comme un lion à ses côtés. Votre nom répandait la terreur chez les ennemis du roi. Quand les cinq rois du Nord ont fait la guerre à Arthur, vous en avez tué deux de vos propres mains, et le roi lui-même a dit que la gloire de votre nom serait éternelle.

Les yeux de Kay étaient brillants.

— C'est vrai, dit-il d'une voix douce.

— Que s'est-il passé, Kay? Que vous est-il arrivé? Pourquoi se moque-t-on de vous? Qu'est-ce qui vous paralyse et vous rend timoré? Pouvez-vous me le dire... Le savez-vous?

Les yeux de Kay étaient toujours brillants, mais de larmes, non plus d'orgueil.

— Je crois le savoir, dit-il, mais je me demande si vous pourrez le comprendre.

— Dites-le-moi, ami.

— Le granit le plus dur, celui qui fait voler en éclats un marteau, s'effrite insensiblement sous l'action des minuscules grains de sable. De même, un cœur qui ne cédera pas sous les coups du destin, subit la sournoise érosion du quotidien, et peut être engourdi par la mesquinerie, grignoté par les chiffres. J'ai lutté victorieusement contre les hommes, mais j'ai été vaincu par des colonnes de chiffres. Imaginez encore quatorze XIV — un petit dragon avec un dard à la queue — ou cent huit CVIII — un petit bélier chargeant. Si seulement je n'avais jamais été sénéchal! Pour vous, une fête est un régal... pour moi un livre de fourmis qui mordent. Tant de moutons, tant de miches de pain, tant d'outres de vin et... pourvu que je n'aie pas oublié le sel! Où est la corne de licorne pour goûter le vin du roi? Il manque deux cygnes. Qui les a volés? Pour vous, faire la guerre, c'est combattre. Pour moi c'est : il faut tant de perches de frêne pour faire des lances, tant de bandes d'acier... c'est compter... tant de tentes, tant de couteaux, tant de courroies de cuir... toujours compter.... compter des miches de pain. On dit que les païens ont inventé un nombre qui n'est rien... qui est le néant, ce qui s'écrit comme un O... un trou, un puits d'oubli. Je pourrais accrocher ce rien à ma poitrine. Ecoutez, messire, avez-vous jamais vu un homme de chiffres qui ne soit pas devenu petit, mesquin et peureux ?... Toute sa grandeur grignotée par les chiffres comme une armée de fourmis grignote un dragon et ne laisse que les os blanchis. Les hommes peuvent être grands et faillibles... les chiffres sont infaillibles. Je suppose que c'est leur terrible exactitude, leur nauséabonde et implacable justesse, qui détruit... grignotant, croquant, rongeant à petites dents jusqu'à ce qu'il ne reste plus dans l'homme qu'un mélange de terreurs émincées, hachées menu et épicées de dégoût. La blessure mortelle pour un homme de chiffres est une colique sans honneur.

– Alors brûlez vos registres ! Déchirez vos comptes au vent de la plus haute tour. La destruction d'un homme n'est justifiée par rien.

– Eh ! Mais il n'y aurait plus de fêtes. A la guerre, plus de lances ni de nourriture pour rendre possible la bataille.

– Alors pourquoi les hommes se moquent-ils de vous ?

– Parce que j'ai peur. Etre pondéré, avoir le sens de l'organisation et la tête bien carrée, on appelle cela de la prudence, de l'intelligence, de la prévoyance... alors que ce n'est que de la peur organisée et impossible à vaincre. J'ai commencé par avoir peur des petites choses, et maintenant j'ai peur de tout. L'aventure, pour un organisateur, est un péché contre la sainte logique des chiffres. Mon cas est sans espoir. Je suis sire Kay le sénéchal, il y a longtemps que ma vieille gloire a été croquée.

– Mon pauvre ami, je ne comprends pas, dit Lancelot.

– Je le savais. Comment le pourriez-vous ? Le ver de la mort ne vous ronge pas les boyaux. A présent, laissez-moi dormir. C'est mon rien, mon néant, mon oubli.

Lancelot s'assit près de la fenêtre, souriant à son ami

endormi, et lorsqu'il l'entendit ronfler comme un orgue, il enleva son armure, revêtit celle de Kay, prit son écu et descendit dans la cour. Après avoir sellé la monture du sénéchal, il ouvrit silencieusement la porte et sortit dans l'obscurité.

Le lendemain matin, lorsque Kay se réveilla, il fut un moment troublé de ne pas trouver son armure, puis il éclata de rire. « Il y a des chevaliers qui ne vont pas comprendre leur douleur, aujourd'hui, pensa-t-il. Ils se bousculent pour combattre sire Kay. Mais avec l'armure de Lancelot, je chevaucherai en paix. Avertis par la peur, les hommes me feront des politesses. »

Lancelot chevauchait à travers de belles prairies semées de fleurs jaunes et parcourues par de nombreux ruisseaux où des truites brunes sautaient pour attraper des mouches, tandis que d'autres croisaient majestueusement sous l'eau.

Près d'une claire fontaine, des pucelles lavaient du linge et l'étendaient sur le pré pour le faire blanchir au soleil. Regardant passer le chevalier, elles lui firent signe en agitant le linge humide, et une pucelle plus hardie que les autres lui offrit une coupe de vin de Corinthe, caressant, pendant qu'il la buvait, l'encolure de son cheval.

– Il paraît que vous êtes sire Kay, dit-elle pour bavarder.

– C'est cela, jeune fille.

– Il paraît que sire Lancelot est dans les environs.

– Peut-être bien.

– Oh ! Le connaissez-vous, messire ?

– Très bien.

– Est-il vrai, messire, qu'il est aussi haut qu'un pin et que ses yeux lancent des éclairs ?

– Non, ce n'est pas vrai. Ce n'est qu'un homme. Et par certains côtés très ordinaire.

– Est-il votre ami ?

– Oui, c'est mon ami.

– Je crois que vous n'avez pas le droit de dire ce que vous avez dit.

— Qu'ai-je dit ?

— Qu'il n'était pas aussi haut qu'un pin et que ses yeux ne lançaient pas d'éclairs. Vous avez dit que c'était un homme ordinaire.

— Par certains côtés.

— Si vous étiez son ami, vous ne l'insulteriez pas quand il n'est pas là pour se défendre. Mais vous n'êtes que Kay. Peut-être que vous ne le connaissez pas bien. Donnez-moi la coupe !

— Merci, jeune fille.

— Si je le vois, je lui raconterai ce que vous avez dit. Il vous fera avaler sa lance. Tout le monde sait qu'il est aussi haut qu'un pin.

— Ce sont des tentes que j'aperçois là-bas, jeune fille ?

— Oui. Et vous feriez mieux de ne pas vous en approcher. Il y a là des chevaliers qui vous feraient mordre la poussière. Si j'étais vous, je filerais avant qu'ils ne me voient.

— Vous pensez que ce serait prudent ? Ce sont vraiment de bons chevaliers ?

— Ce ne sont pas des Lancelot, mais ils étendraient sire Kay sur l'herbe comme du linge.

— Comment se nomment-ils ?

— Sire Gawter, sire Gilmere et sire Raynold. Ils sont très connus ici.

— Peut-être me laisseront-ils passer si je ne les mets pas en colère ?

— Oh ! ce n'est pas une question de colère, messire. Ils sont là pour jouter avec les chevaliers qui passent.

— Et si Lancelot venait à passer ?

— Eh bien, je pense qu'ils se trouveraient d'autres occupations.

— Parfait. Je vais quand même tenter ma chance. S'ils me défont, viendrez-vous me secourir, jeune fille ?

— Je me dois à tous les vrais chevaliers, messire, autant qu'ils se doivent à moi. Et vous m'avez parlé avec franchise et courtoisie. On m'avait dit que sire

Kay était un fanfaron vantard et vaniteux. Mais vous êtes un humble et gentil chevalier, et ces contes ne sont pas vrais. Quand vous serez à terre, je vous aiderai à ôter votre armure et j'apaiserai votre douleur comme une vraie demoiselle doit le faire.

– Grand merci, dit-il. Vous êtes une jeune dame courtoise.

– Peu importe que vous soyez tout le temps défait, messire, si j'entends parler mal de vous, je dirai que vous êtes un vrai gentilhomme.

La jeune petite dame le regarda partir.

Lancelot se retourna pour lui faire signe et il vit un curieux spectacle : elle avait enfoncé ses petits doigts dans les coins de sa bouche qui était complètement tirée. Les doigts du milieu retroussaient le nez, tandis que les deux index abaissaient le coin des paupières contre l'arête du nez. De la bouche sortait une langue qui s'agitait.

A demi levée pour faire signe, la main de Lancelot s'arrêta net. La petite laissa retomber ses bras et, avec insouciance, revint à son lavage près de la fontaine.

Lancelot poursuivit sa route en songeant : « Il doit y avoir chez les petites filles quelque chose que je ne comprends pas. »

Et c'était vrai. Elle était retournée à la fontaine, car elle aimait bien ce chevalier et ne voulait pas le voir blessé.

Cependant, Lancelot s'approchait des trois pavillons de soie dressés près d'un pont de bois enjambant un cours d'eau profond. Trois écus blancs étaient suspendus à trois lances à l'entrée des tentes et les trois chevaliers, paresseusement étendus dans l'herbe, se levèrent lorsqu'ils entendirent approcher le bruit des sabots d'un cheval.

– Dieu nous comble, dit Gawter. Regardez qui vient... le grand sire Kay. Le noble et brave sire Kay. Mes frères, je tremble et mon cœur faiblit. Il faut absolument que je le rencontre avant que je claque des dents.

— Non... attends, dirent les autres. Tu ne peux pas manger tout le gâteau.

— Je ne peux pas te laisser affronter ce dragon, s'écria Raynold. Malheureux que je suis, je le combattrai jusqu'à la mort.

— Attends un moment, dit Gilmere. Je ne peux pas te laisser risquer des vies si précieuses. C'est moi qui combattrai.

— Il sera parti avant que nous décidions lequel de nous trois doit se sacrifier, dit Gawter. Tirons-le à la courte paille.

Lorsque Lancelot passa sans un mot, il vit trois têtes rapprochées, car ils étaient en train de le tirer au sort. Il traversa le pont et poursuivit son chemin, mais il entendit bientôt le bruit d'une galopade, et sire Gawter — le vainqueur — cria :

— Arrêtez, chevalier félon !

Lancelot tira sur les rênes et l'attendit. Gawter obligea son cheval à danser latéralement, en lui enfonçant un éperon dans le flanc droit.

— Si je ne connaissais pas l'écu du fier sire Kay, je l'aurais reconnu à l'odeur du graillon. Comment avez-vous osé traverser notre pont ?

— Est-ce votre pont, jeune sire ?

— Voulez-vous dire que je suis un menteur ? Cela va vous coûter cher.

— Je posais simplement la question. Je ne vous ai pas pris votre pont, je n'ai fait que le traverser.

— Ah ! des menaces maintenant. J'ai entendu parler de votre vantardise, messire. Je vais vous la faire avaler.

— Je ne vous menace pas.

— Pourquoi êtes-vous passé sans nous saluer ? Etes-vous trop fier pour saluer des chevaliers ordinaires ?

— J'ai cherché à éviter une querelle.

— Seriez-vous un lâche ?

— Non. Mais je n'ai pas de querelle avec vous. Laissez-moi passer, jeune sire, je vous en prie.

— Vous n'avez pas de querelle ? Je vais vous en

donner une : vous êtes un menteur, un fourbe, un fol qui déshonorez l'ordre de la chevalerie.

— On ne se bat pas avec un moutard mal élevé, dit Lancelot. On lui donne le fouet.

— Vous venez de prononcer là votre arrêt de mort, graillonneux chevalier des cuisines.

— J'aurai fait de mon mieux pour vous laisser vous en sortir avec honneur, soupira Lancelot. Je suis un homme d'un bon naturel, mais ma patience a des limites.

— Espérons qu'elles sont enfin dépassées, s'écria Gawter. Défendez-vous, si vous le pouvez.

Il fit un signe joyeux à ses frères qui l'observaient du pont, se mit en place et chargea. La lance de Gawter vola en éclats contre l'écu de Lancelot. Il fut soulevé de sa selle, embroché à la pointe de la lance pendant un moment, puis jeté tête la première dans un fossé boueux. Lancelot passa son chemin sans dire un mot. Raynold et Gilmere, qui observaient la scène, furent remplis de surprise.

— Qu'est-il arrivé à sire Kay? demandèrent-ils. Ce chevalier ne se bat pas comme lui.

— Peut-être qu'un chevalier étranger a tué sire Kay et revêtu ses armes, dit Gilmere. En tout cas, c'est à nous. Nous avons lancé un défi, nous ne pouvons battre en retraite.

Tour à tour ils rencontrèrent Lancelot et subirent le même sort, et les trois frères se retrouvèrent en train de jurer qu'ils se rendraient à la cour pour demander grâce à la reine, au nom de sire Kay.

A présent, comme les livres français le racontent, comme le raconte aussi Malory, aussi bien que Caxton et Southey, Sommer et Coneybear, Tennyson, Vinaver et bien d'autres, sire Lancelot poursuivit son chemin, défaisant les chevaliers l'un après l'autre, si bien que le chemin de la cour d'Arthur fut encombré d'hommes vaincus qui allaient demander merci à Guinevere au nom de sire Kay. Lancelot continua gaiement, enchanté de sa plaisanterie, mais espérant aussi que sa renommée nouvelle tirerait sire Kay du désespoir. Et en chemin, il rencontra des chevaliers de la Table ronde qui avaient été prisonniers de Tarquin : Sagremor le Desiré, Hector des Mares, Yvain et Gauvain. Il jouta contre chacun d'eux et leur fit mordre la poussière, et tandis qu'il s'éloignait, sire Gauvain, contusionné de partout, s'assit sur le sol et s'adressa aux autres.

– Nous sommes idiots. dit-il. Je dois avoir perdu l'esprit. Regardez comment monte ce chevalier ! Souvenez-vous de sa facilité à jouter, penché en avant sur sa selle ! Songez à ce fer de lance allant droit au but, et surtout rappelez-vous ce petit signe de la main adressé au vaincu. A présent... qui est-ce ? Nous sommes idiots.

Et les trois autres s'écrièrent :

– Lancelot et personne d'autre !

– Evidemment, dit Gauvain. Si nous nous étions servis de nos yeux, nous n'aurions pas le corps meurtri. Maintenant, si nous trouvons un chevalier portant la devise de Lancelot, nous pouvons y aller en toute confiance. Je ne serais pas fâché de voir sire Kay sur les genoux.

– En attendant, dit Yvain, nous avons donné notre parole d'aller confier à la reine notre repentir meurtri au nom de sire Kay.

Poursuivant son chemin, Lancelot prit conscience d'un changement dans l'attitude de ceux qu'il rencontrait. Les chevaliers ne se bousculaient plus pour le rencontrer. Certains, ruisselant de respect, le saluaient courtoisement, d'autres se trouvaient des tâches urgentes pour s'absenter de leur poste. Les pavillons dressés près du sentier étaient déserts, les ponts non gardés, les chemins vides de fléaux errants. Mieux encore : demoiselles et gentes dames surgissaient de partout pour requérir son aide dans d'étranges et incompréhensibles affaires de maris blessés et de terres illégalement occupées. Les pucelles en détresse poussaient le long de la route, baissant les yeux et rougissant en silence pour gagner son cœur. Et Lancelot fut sidéré d'être reconnu, bien qu'il eût sa visière baissée et qu'il portât l'écu de Kay à l'épaule. Il ignorait, et n'avait nul besoin de savoir, que les paroles, comme les hirondelles, volent dans les endroits les plus reculés.

Peut-être qu'un écuyer entendit les paroles de Gauvain et les répéta à un moine qui passait par là, lequel les donna, en même temps que l'absolution, à une jeune pénitente, qui les rapporta à son père, à portée d'oreille d'un jongleur en route pour un mariage. Les rebelles, les serfs échappés, les hors-la-loi aux grands arcs cachés dans la forêt, les pères abbés avec leurs cohortes de moines errants entendirent les nouvelles et les répandirent dans un cercle de plus en plus grand. Même les oiseaux, les papillons et les guêpes jaunes s'y mirent, colportant à travers les airs la nouvelle, et les voix des ruisseaux étincelants racontèrent comment sire Lancelot errait à l'aventure avec l'écu de sire Kay. Les nains et les paysans, les charbonniers des bois lui souhaitèrent le bonjour. Les colporteurs avec leurs mules chargées de camelote, les ramasseurs de laine traînant leurs grands sacs, les riches marchands de drap pourpre venant de la Toscane dorée prononcèrent son nom en passant. C'est une merveille et un mystère de voir comment les mots s'envolent à tire-d'aile, et personne ne comprend qu'un murmure puisse porter jusqu'à l'infini.

La nature des aventures changea. Lancelot ne combattit plus gaiement et ouvertement. On ne lui proposa plus que des choses sombres, secrètes, incompréhensibles.

Une dame au chevet d'un chevalier blessé réclama le sang d'un ennemi pour sauver la vie de son amant. Il eut affaire à d'étranges fourberies.

Entendant le bruit d'un grelot, il leva les yeux et vit un faucon au-dessus de sa tête. Lorsque l'oiseau se percha au sommet d'un grand orme, les leurres attachés à ses pattes s'emmêlèrent dans les branches. Alors une dame s'approcha en courant et lui cria :

– Je vous en prie, mon seigneur Lancelot, rapportez-moi mon faucon.

– Dame, répondit-il, grimper n'est pas mon fort. Trouvez quelque marmot qui grimpera au faîte de l'arbre.

– Impossible, s'écria-t-elle avec panique. Mon mari est un homme violent et vindicatif, qui adore ce faucon. S'il découvre que je l'ai perdu, il me tuera.

Et elle se mit à gémir et à pousser de petits cris de peur jusqu'à ce que Lancelot mît pied à terre pour la calmer.

– Très bien, dit-il à contrecœur. Aidez-moi à me désarmer. Je ne puis grimper à l'arbre en armure.

Il attacha son cheval à l'orme et posa ses armes à côté, puis n'ayant plus que sa chemise et ses braies, il se mit à grimper maladroitement à l'arbre. Dans les hautes branches il attrapa le faucon, attacha les leurres à une branche morte et lança l'oiseau qui se débattait à la dame.

Alors, d'une cachette dans les buissons, sortit un chevalier en armure, tenant à la main une épée.

– Sire Lancelot, dit-il, vous êtes tel que je vous veux : sans armes et sans protection. Votre heure est venue. Je vous tiens.

– Dame, dit Lancelot sur un ton de reproche, pourquoi m'avez-vous trahi ?

– Elle n'a fait que ce que je lui ai ordonné, dit le chevalier. A présent, descendez que je vous tue, à moins que vous préfériez que je mette le feu à l'arbre pour vous enfumer comme une bête ?

– Quelle honte ! dit Lancelot. Un homme en armes contre un homme nu.

– Je me serai remis de ma honte avant qu'il ne vous pousse une autre tête, mon ami. Allons... voulez-vous descendre ou faut-il que j'allume le feu ?

Lancelot essaya de discuter.

– Je vois que vous êtes un homme emporté, dit-il. Je

vais descendre. Mettez de côté mon armure, mais suspendez mon épée à l'arbre. Alors je me battrai, nu comme je suis, et lorsque vous m'aurez tué, vous pourrez dire que vous m'avez tué en combat singulier.

Le chevalier éclata de rire.

— Me prenez-vous pour un idiot ? Croyez-vous que je ne sache pas ce que vous êtes capable de faire avec une épée ?

Et il éloigna de l'arbre tant l'épée que l'armure.

Regardant désespérément autour de lui, Lancelot aperçut une branche morte et la cassa, puis il descendit lentement. Dans les basses branches, il vit que son ennemi avait oublié d'éloigner son cheval et, sautant soudain par-dessus, il atterrit de l'autre côté.

Le chevalier se mit à ferrailler, mais Lancelot, se servant du cheval comme d'un bouclier, se défendit avec sa massue d'orme. Lorsque la lame de l'épée s'enfonça profondément dans le bois, il tira d'un coup sec et désarma son adversaire, puis l'abattit d'un coup de gourdin et le roua de coups jusqu'à ce que mort s'ensuive.

— Hélas ! s'écria la dame, pourquoi avez-vous tué mon mari ?

Lancelot, qui remettait son armure, fit une pause.

— Dame, dit-il, je ne crois pas que je répondrai à votre question. Si je n'étais pas chevalier, je me servirais de mon bâton, et pas sur votre tête, je vous l'assure.

Il se mit en selle et s'éloigna, remerciant Dieu de sa délivrance.

Et en chemin il songea avec étonnement et tristesse à l'homme qu'il avait tué. Pourquoi éprouvait-il une haine si grande contre Lancelot, qui ne lui avait fait aucun mal ? Lancelot ignorait ces accès de jalousie qui poussent un homme mesquin à détruire ce que les autres admirent, et il n'avait jamais ressenti ce dégoût de soi qui fait qu'un homme se venge sur le monde en l'accusant de ses propres insuffisances.

Comme la plupart des grands guerriers, Lancelot

était bon et généreux. Lorsqu'il fallait tuer un homme, il le faisait rapidement, sans colère et sans peur. Et comme la cruauté, à moins qu'elle ne soit une maladie, est directement liée à la peur, Lancelot n'était pas cruel. Il n'y avait qu'une seule chose qui pût le rendre aveuglément cruel : la trahison. N'étant pas fourbe lui-même, il ne la comprenait pas et, lorsqu'il était confronté à cette mystérieuse pulsion, il prenait peur et pouvait devenir cruel. Et comme les quêtes chevaleresques et leurs récits ne sont que l'illustration des vertus et des vices des chevaliers, il arriva que, sur son chemin, Lancelot entendît une femme qui hurlait de peur. S'approchant de l'endroit d'où venaient les cris, il vit une dame qui s'enfuyait à toutes jambes, poursuivie par un chevalier tenant une épée à la main.

Lancelot mit sa monture en travers du chemin de l'assaillant, qui lui cria :

– Quel droit avez-vous de vous interposer entre un homme et sa femme ? Je vais la tuer comme c'est mon droit.

– Non, dit Lancelot. Vous n'allez pas la tuer, vous allez combattre.

– Je vous connais, Lancelot, dit l'homme. Cette femme, la mienne, m'a trahi. Elle est infidèle. J'ai légitimement le droit de la tuer.

– Ce n'est pas vrai, dit la dame. C'est un jaloux. Il est jaloux même quand il dort et voit le mal partout. J'ai un jeune cousin, qui pourrait être mon fils, et mon mari est jaloux de cet enfant. Il imagine le pire. Sauvez-moi, sire Lancelot, car mon mari est sans pitié.

– Je vous protégerai, dit-il.

Alors le mari dit :

– Messire, je vous respecte et ferai ce que vous me direz.

– Faites attention, messire, s'écria la femme. Je le connais. Il est perfide.

— Dame, vous êtes sous ma protection. Il ne peut pas vous faire de mal. Mettons-nous en route.

Ils chevauchèrent un moment, puis le mari s'écria :

— Regardez derrière vous, voilà des hommes armés.

Lancelot se retourna et, d'un coup d'épée, l'homme trancha la tête de sa femme, puis il se pencha sur le corps sans tête en crachant dessus et en le maudissant.

Cet acte, qui lui était complètement étranger, effraya Lancelot, d'ordinaire calme et débonnaire, et la rage s'empara de lui. Lorsqu'il tira son épée, sa face était noire de férocité et ses yeux aussi venimeux que ceux d'un serpent.

Tombant à terre, le mari entoura les genoux de Lancelot, demandant grâce en pleurant, tandis que le chevalier essayait de le repousser pour lui porter un coup d'épée. Mais il enfouit sa tête dans les jambes de Lancelot, pleurant à gros sanglots comme un enfant.

— Levez-vous et battez-vous, ragea Lancelot.

— Non... Je réclame merci sur votre honneur de chevalier.

— Ecoutez. Je vais me désarmer. Je vous combattrai en chemise.

— Non... Grâce.

— Je m'attacherai un bras.

— Pas question... Je réclame merci. Vous avez juré d'accorder merci.

Malade de dégoût et de rage, Lancelot lâcha prise et, tremblant de fièvre, s'appuya contre un arbre. Sur la route où elle avait chu, la tête de la dame, couverte de poussière et de sang, lui envoya un sourire grimaçant.

— Dictez-moi mon châtiment. Je ferai n'importe quoi, s'écria le mari. Mais laissez-moi la vie sauve.

Alors Lancelot devint d'une cruauté froide.

— Je vais vous le dire. Vous allez porter ce corps sur votre dos et prendre cette tête dans vos mains. Jour et nuit, vous porterez ce fardeau. Lorsque vous arriverez à la cour, vous le déposerez devant la reine Guinevere et, quel que soit son dégoût, vous lui raconterez ce que vous avez fait.

– Sur mon honneur, je le jure.

– Votre honneur ! Honteuse fut l'heure de votre naissance. Vous obéirez, parce que si vous ne le faites pas, je vous pourchasserai et vous couperai en morceaux. Prenez ce corps. Non, pas sur votre cheval. Sur votre dos.

Il observa l'homme qui s'éloignait lourdement, le cadavre oscillant sur son dos, et il respira profondément en gardant la bouche ouverte pour ne pas vomir, car la rage et la cruauté l'avaient rendu malade. Il s'assit sous un arbre comme le soir venait – trop faible pour bouger, trop malade pour songer à trouver un meilleur abri.

Les oiseaux vinrent picorer dans le chemin, babillant, se querellant et retournant les feuilles en quête d'insectes, sans prêter la moindre attention au chevalier assis. L'un d'eux, un chef avec une cocarde et un air de commandement, se dirigea belliqueusement vers le pied chaussé de fer, le frappa d'un coup de bec, et regarda Lancelot comme s'il lui lançait un défi. Le chevalier sourit car il se rappela qu'il faisait la même chose, probablement pour les mêmes raisons.

Comme si le défi sans réponse du chef avait purifié l'air, tout un petit peuple silencieux sortit du bois, non pas doux et humble... simplement prudent. Chaque espèce était en guerre contre les autres et avait des rapports difficiles avec ses congénères : questions de territoire, de butin, de violation des règles concernant la taille, l'âge, la force... souris et taupes, furets, belettes, petits serpents se hâtaient vers un abri, cependant que la nuit tombait.

Commander des représentants d'une même espèce était extrêmement difficile. Quant à régner sur différentes espèces, c'était impossible, et l'avait toujours été, car les petites créatures étaient loin d'être pacifiques, généreuses ou coopérantes. Elles étaient aussi querelleuses et aussi égoïstes, aussi avides et vaniteuses, aussi sournoises, aussi suffisantes et aussi imprévisibles que les humains, et l'on se demandait comment – avec leur nourriture à trouver et leur progéniture à élever, leurs nids à construire et leurs terriers à creuser, leurs plumes à lisser, leurs fourrures à nettoyer, leurs becs et leurs serres à aiguiser, leurs provisions à entreposer et à défendre – elles trouvaient encore le temps de se quereller, de se maudire et de se déchirer à coups de dents, ne prenant qu'en passant le temps d'aimer et de mourir.

Avec la venue de l'obscurité, les premiers arrivants disparurent, remplacés dans le bois par d'autres rôdeurs. Dans la pénombre, entre chien et loup, les nocturnes prirent possession des lieux. De maigres chasseurs silencieux, des prédateurs furtifs, de pacifiques grignoteurs et des meurtriers des lisières, chacun gloussant ou hululant selon son espèce.

Au milieu des arbres, les chauves-souris zigzaguaient de leur vol oscillant, poussant entre leurs dents pointues des cris suraigus, à peine audibles. Elles apportèrent avec elles le frisson de la nuit et rabattirent l'ourlet des ténèbres pour que les étoiles pussent briller.

Il y avait tant de vies alentour, toutes entourées d'amis ou d'ennemis, que Lancelot se sentit seul. Son cœur s'assombrit et se glaça, et aucune étoile ne brilla pour lui. C'était un sentiment étrange et nouveau, qu'il n'avait ressenti qu'à la mort de la reine Elaine, quand la terre s'était effondrée sous ses pas et qu'il avait dû poursuivre sa route sans amour. Un frisson le parcourut soudain, que tout le monde sait être le signal qu'une sorcière approche, précédée d'une vague de sortilèges. Croisant les doigts des deux mains, Lancelot s'humecta les lèvres au cas où un Pater noster serait nécessaire. Il savait que la sorcière n'était pas loin, car la gent nocturne disparut ou se figea, immobile et invisible, puis il entendit un bruit de pas et une voix chaude qui chantait :

Ne te réveille pas, mon amour,
Ce n'est pas encore le jour.
Cette nuit jamais ne finira,
Cette nuit, mon amour,
Jamais, jamais ne finira.

La chanson cessa. Une demoiselle s'approcha dans la pénombre.

– Mon seigneur, dit-elle. J'ai entendu votre appel.

– Dame, je n'ai pas appelé.

– J'ai entendu le cri d'une solitude.

– Je n'ai pas appelé.

Elle s'assit près de lui.

– Je sens un enchantement qui me fait trembler l'esprit, dit-il. Etes-vous une magicienne ?

– Je suis ce que sire Lancelot désire que je sois.

– Vous connaissez mon nom ?

– Mieux que tout autre. Mieux que celui de Guinevere, la reine.

Il sursauta comme un cheval piqué par un taon. Ses bras devinrent glacés.

– Quel pouvoir a-t-elle sur vous ?

– Le pouvoir d'une reine dont je suis le chevalier.

– Et votre cœur ? De qui est-il le servant ?

– Dame, mon cœur n'est qu'une petite pompe, dit-il d'un air maussade. Il reste à sa place et fait son travail. J'ai entendu parler de cœurs qui désertaient leur poste et partaient à l'aventure en gémissant comme des spectres en goguette, de cœurs brisés, de cœurs languissants, de cœurs joyeux et enjoués, de cœurs pleins de désirs et de cœurs solitaires. C'est tout à fait possible. Le mien se contente de pomper. Au combat, il accélère son rythme pour me donner ce dont j'ai besoin. Jamais il ne me parle, jamais ne me manque. Il n'est voué qu'à son travail.

– Peut-être avez-vous l'oreille distraite, dit la demoiselle. Je l'ai entendu de loin dire que votre quête était achevée et que la route était libre pour rejoindre Guinevere.

– En ce cas, il faudra que je lui fasse la leçon. Je n'ai aucune envie que mon petit doigt parle derrière mon dos, mon cœur à plus forte raison. Dame, quel est votre dessein ? Vous papotez avec mon cœur comme des servantes avec un puits. Qui êtes-vous ? Que voulez-vous de moi ? Si vous êtes magicienne, vous savez déjà que j'ai croisé les doigts.

– M'avez-vous déjà vue ?

Il se pencha vers elle et la regarda avec attention dans l'obscurité qui s'épaississait.

– Non... je ne me souviens pas de vous.

– Me trouvez-vous belle ?

– Oui, vous êtes belle, très belle, mais c'est peut-être un sortilège. Dites-moi ce que vous désirez.

Il y avait de l'impatience dans sa voix.

Elle se pencha vers lui... si près que dans ses grands yeux il vit se refléter le ciel nocturne et les étoiles. Puis, sous les larmes de son effort, les surfaces se mirent à trembler, les étoiles perdirent leur éclat et, dans le double ciel qu'il contemplait, Lancelot vit bouger les silhouettes de petits monstres. Il vit un crabe marcher sur le côté, les pinces ouvertes, un scorpion avec son dard, un lion, une chèvre, et des poissons nageant de constellation à constellation.

Il sut qu'il commençait à s'assoupir.

– Que voyez-vous ? demanda-t-elle d'une voix douce.

– Ces signes dont les magiciens se servent pour prédire l'avenir.

– Bien. A présent, regardez votre destin.

Les yeux de la demoiselle devinrent une seule tourbillonnante mare d'eau sombre, un visage se forma dans le fond, qui remonta à la surface et devint tout à fait net : un visage taillé au burin, au menton volontaire, aux yeux calmes et attentifs, à la bouche bien dessinée et aux lèvres charnues dont les coins se relevaient avec amusement. Puis une paupière cligna, la bouche s'entrouvrit et les lèvres bougèrent comme pour murmurer quelque chose... enfin, le visage s'immobilisa et ne fut plus qu'un visage peint, la représentation d'un visage. Les yeux calmes étaient des yeux sculptés et les sourcils de très fins coups de burin.

– Vous voyez un visage, dit la voix douce.

– Je le vois.

– Le reconnaissez-vous ?

– Oui.

– Est-il net ?

– Très.

Elle pantela sous l'effort.

– Regardez bien, messire. C'est votre destin... votre amour, celui de toute votre vie, votre seul amour.

– C'est impossible.

– Mais c'est ainsi. Et je remercie tous les génies de l'air, du feu et de l'eau pour leur aide. Maintenant la vision peut s'effacer. Elle est fixée pour l'éternité et ne peut changer. Vous êtes devenu mien... mari, amant, esclave. Rompez le charme, mon cher amour.

– Dame, je ne pense pas avoir été sous l'empire d'un charme.

– C'est ce que l'on pense quand c'est terminé. Vous ne vous souviendrez peut-être pas de ce que vous avez vu, mais je sais que vous avez vu mon visage et que vous êtes mien.

Lancelot la regarda avec attention et fut profondément troublé, car il vit une pauvre fille démente essayant de soulever le monde avec une paille. Il se demanda s'il ne serait pas charitable de partager ses vues, afin de pouvoir l'emmener à un prêtre qui exorciserait les démons de la folie. Alors il pensa au nain à large carrure qui lui avait appris, entre autres choses, le métier des armes.

« – Un mensonge est une chose précieuse, disait-il. Un véritable trésor à garder en réserve. Mais n'emploie jamais ce bijou avant d'avoir épuisé toutes les vérités. La vérité est une denrée ordinaire, passe-partout, mais les mensonges, il faut les inventer et on ne peut être sûr qu'ils sont bons avant de les avoir employés... alors, il est trop tard. »

– Demoiselle, dit Lancelot avec douceur, je pourrais être d'accord avec ce que vous avez dit, mais un moment de paix ne me semble pas superflu. Vous apprendrez peut-être un jour à faire de grands enchantements, mais pour l'instant... sachez qu'il est dangereux de faire de la nécromancie pour rire.

Cela la fit bondir.

– Vous mentez, s'écria-t-elle. Vous avez vu mon visage. Vous êtes pris.

– Non, demoiselle, je n'ai pas vu votre visage. J'ai vu Guinevere, la reine. Et cela est absurde : il est impossible que je puisse jamais aimer d'amour la reine, car je trahirais le roi dont je suis l'homme lige et l'ami, souillant ainsi mon honneur de chevalier.

– Vous avez vu mon visage, s'écria la demoiselle. Mon sortilège était le plus puissant qui soit.

– Votre sortilège était aussi faible et aussi chancelant qu'un poulain nouveau-né, dit Lancelot. Il est vrai que vous savez montrer des images dans vos yeux, mais des images idiotes, absurdes. Elles ne pourront que vous rendre ridicule. Vous m'avez fait voir la reine Guinevere au bûcher, prête à être brûlée pour avoir trahi le roi. Quelle sottise ! Et comme si ce n'était pas assez absurde, je me suis vu conduisant en armure une charrette tirée par des bœufs dans un marécage. Ce serait drôle, si ce n'était insultant. Je pense que vous feriez mieux de rentrer chez vous pour apprendre à faire de la magie avec un fil, une aiguille et une chemise déchirée. Peut-être qu'un jour vous partirez en quête avec un jeune chevalier bien considéré.

Elle demeura étrangement silencieuse et, au bout d'un moment, Lancelot dit :

– Dame, je suis désolé de blesser vos sentiments. Il faut que je parte. Je dois être à la cour d'Arthur pour la Pentecôte, et le temps approche. Y a-t-il quelque chose que je puisse faire pour vous avant de partir ? Quelque petite faveur ?

Elle s'approcha de lui et lui parla d'une voix murmurante. Les blancs de ses yeux brillèrent à la lumière des étoiles, ce qui la fit paraître aveugle.

– Oui, mon seigneur, dit-elle. Vous pouvez me rendre un petit service.

– Dites-moi quoi. Je le ferai.

– Il y a près d'ici une noble chapelle nommée Périlleuse. A l'intérieur gît un chevalier mort enveloppé d'un suaire, et près de lui se trouve une épée, gardée par des géants et des monstres effrayants. Apportez-la-moi si vous le pouvez.

– Comment la trouverai-je dans le noir ?

– Ce n'est pas loin. Suivez le chemin jusqu'à ce que vous aperceviez une lumière. Je vous attendrai ici.

Empli de tristesse pour elle, il s'éloigna en trébuchant dans l'obscurité. Il trouva la lumière, une chandelle brûlant dans une petite hutte, avec une croix grossièrement tracée sur la porte. A l'intérieur, il y avait une silhouette recouverte d'un drap blanc, et sur les murs blanchis à la chaux, des visages grotesques étaient peints d'une main enfantine. Près de la silhouette voilée, il y avait une épée de bois. Lancelot la ramassa et découvrit suffisamment le suaire pour apercevoir un mannequin habillé comme un homme. Il avait le cœur lourd en revenant vers la demoiselle.

Elle s'était avancée jusqu'à une clairière et son visage égaré paraissait enfantin sous les étoiles.

– Avez-vous l'épée ? demanda-t-elle.

– Demoiselle, je l'ai.

– Donnez-la-moi.

– Il n'est pas convenable qu'une demoiselle porte une épée.

– Ah ! Vous avez échappé à votre sort. Si vous m'aviez donné l'épée, vous n'auriez jamais revu Guinevere.

Il laissa tomber sur le sol l'épée de bois avec son pommeau mal ficelé.

– Donnez-moi un gage, mon seigneur.

— Quel gage voulez-vous ?

— Un baiser... Je le garderai comme un trésor.

Elle s'approcha de lui comme une somnambule, le visage levé, les lèvres entrouvertes, et il entendit son cœur qui battait à grands coups.

Alors, un mouvement, un instinct tapi au plus profond de son être lui fit saisir le poignet de la demoiselle, et le long poignard à la lame effilée lui échappa des doigts.

Elle se prit le visage dans les mains et pleura.

— Pourquoi vouliez-vous me tuer ? Je ne vous ai pas fait de mal.

— Je suis perdue, dit-elle. Vous auriez été mien et personne d'autre n'aurait pu vous avoir.

« Car, sire Lancelot, je te le dis maintenant, il y a sept ans que je t'aime mais aucune autre femme que la reine Guinevere n'a ton amour. Alors, comme je ne pourrai me réjouir de ton corps vivant, ma seule joie en ce monde est d'avoir ton corps mort. Je l'embaumerai et le garderai desséché près de moi, et tous les jours je pourrai te serrer dans mes bras et t'embrasser jusqu'à rendre mon cœur content en dépit de la reine Guinevere. »

A la Pentecôte, le roi Arthur tenait sa cour à Winchester, cette ancienne ville royale, qui avait les faveurs de Dieu et de son Eglise, et où l'on voyait les trônes et les tombeaux de maints rois. Les routes étaient encombrées de gens impatients : chevaliers revenant de quête pour raconter à la cour leurs hauts faits, évêques, membres du clergé, moines, chevaliers défaits, prisonniers d'honneur liés à leur parole. Et sur l'Itchen, venant de Solent et de la mer, des petits bateaux apportaient des lamproies, des anguilles, des huîtres, des plies et des truites saumonées, tandis que des péniches chargées de barils d'huile de baleine et de tonneaux de vin venaient avec la marée. Les bœufs meuglants se dirigeaient tout seuls vers les broches, tandis que les oies et les cygnes, les moutons et les porcs attendaient leur tour dans des parcs. Aux fenêtres des maisons, les gens accrochaient une étoffe ou un ruban de couleur, et ceux qui en manquaient attachaient des branches de pin et de laurier sur leur porte.

Dans la grande salle du château sur la colline, le roi était assis à la haute table, puis venaient les chevaliers de la Table ronde, aussi nobles et aussi dignes que des rois et, aux longues tables dressées sur des tréteaux, la foule était aussi serrée que des doigts de pied dans une chaussure trop étroite.

Alors, pendant que les viandes jutaient sur les tables, la coutume voulait que les vaincus célèbrent les prouesses de leurs vainqueurs, qui hochaient la tête d'un geste de dénigrement quand on parlait de leur grandeur, et repoussaient des mains tous les compliments. Et, comme dans une confession publique les péchés prennent une dimension qu'ils ne méritent pas, que ceux qui sont véniels sont grossis et qu'on en découvre qui n'existent pas, ainsi les chevaliers vaincus avaient tendance à gonfler les exploits de leurs vainqueurs au-delà du raisonnable, espérant en tirer quelque profit pour eux-mêmes.

Tel n'était pas le cas de Lancelot, assis la tête inclinée à la table ronde, sur le siège où son nom était gravé en lettres d'or. Certains disaient qu'il sommeillait, car la liste de ses exploits était longue et le récit de ses victoires durait des heures. La renommée sans tache de Lancelot était devenue telle que les hommes étaient fiers d'avoir été désarçonnés par lui, et que cela devenait un honneur. Et comme il ne comptait plus ses victoires, il arrivait que des chevaliers qu'il n'avait jamais vus prétendissent avoir été défaits par lui. C'était un moyen d'attirer quelques instants l'attention. Souhaitant être ailleurs, Lancelot dodelinait de la tête et entendait raconter des hauts faits qu'il ne reconnaissait pas, tandis que des prouesses jadis attribuées à d'autres hommes étaient narrées avec de brillantes couleurs et déposées sur la pile rutilante de ses exploits.

Il y a un siège valeureux qui ne suscite plus l'envie, car son occupant cesse d'être un homme et devient le réceptacle de tous les désirs du monde, un siège le plus souvent réservé aux morts, dont on n'attend plus ni représailles ni récompense, mais dont Lancelot était en ce temps-là l'inamovible tenant.

Et il entendait vaguement toute une série de comparaisons : il était fort comme un éléphant, féroce comme un lion, agile comme un daim, beau comme les étoiles, juste comme Solon, probe comme saint Michel, humble comme un agneau nouveau-né. La niche de sa statue guerrière aurait fait lever la tête à l'archange Gabriel. Parfois, les hôtes s'arrêtaient de manger pour mieux écouter, et un homme qui renversait sa coupe d'hydromel s'attirait des froncements de sourcils.

Arthur était immobile sous son dais et ne tripotait pas les miettes de son pain, et près de lui était assise Guinevere la belle, aussi immobile qu'une statue peinte. Seul son regard intérieur trahissait ses pensées vagabondes. Lancelot regardait ses mains et y lisait comme à livre ouvert. Elles n'étaient pas grandes, mais délicates aux endroits où elles n'étaient pas noueuses et couturées de cicatrices, fines et très blanches, protégées par la doublure de cuir souple de ses gantelets.

La grande salle n'était pas silencieuse, tendue vers l'écoute. Il y avait partout des mouvements de gens qui allaient et venaient, certains servant des viandes sur d'énormes planches, et apportant du pain dans des paniers ronds et plats comme des assiettes. Et puis, il y avait ceux qui ne pouvaient pas tenir en place, sans parler des flots de bière et d'hydromel qui accompagnaient les viandes, et rendaient nécessaires de fréquents allers et retours.

Ayant épuisé le thème de ses mains, Lancelot loucha vers la grande salle et observa le mouvement avec des paupières si closes qu'il ne distinguait pas les visages.

Mais il reconnaissait tout le monde à la démarche. Les chevaliers, en longues robes traînant sur le sol, marchaient légèrement. Délivrés de la prison de fer de l'armure, ils se sentaient le corps léger et leurs pieds touchaient à peine le sol. C'étaient de longs pieds minces de cavaliers, ni élargis ni aplatis par la marche. Les dames, dans leurs atours, avaient des mouvements fluides comme de l'eau, résultat d'un long et pénible apprentissage : les petites filles avaient souvent les chevilles chatouillées par le fouet, tandis que leurs épaules étaient tirées en arrière par des harnais garnis de clous, et leurs têtes maintenues hautes par de douloureux colliers de saule tressé ou, pour les étourdies, par des supports en fil de fer. Avoir un port de tête royal sur un cou de cygne, ainsi qu'une démarche fluide comme de l'eau, n'était pas chose facile pour une petite fille en passe de devenir une gente dame.

Dames et chevaliers accordaient leurs mouvements aux vêtements qu'ils portaient. Le balancement et le rythme d'une longue robe renseignaient sur la manière de s'y mouvoir. Il n'était pas nécessaire de regarder de près pour reconnaître les serfs et les esclaves : l'épaule large et ployante sous le fardeau, les jambes courtes, épaisses et arquées, les gros pieds plats, le corps entier lentement écrasé par les poids. Dans la grande salle, les serviteurs, ployant sous le fardeau, avançaient lentement comme des bœufs, puis s'affairaient comme des crabes, bossus et nerveux quand ils avaient déposé leur charge.

Une pause dans le récit de ses vertus attira l'attention de Lancelot. Le chevalier qui avait tenté de le tuer dans un arbre avait terminé et, dans les travées, sire Kay se levait. Lancelot entendit sa voix avant même qu'il ne parlât, récitant de hauts faits comme s'il comptait le nombre de tonneaux et de barils figurant sur un livre de comptes. Lancelot se leva en se contorsionnant et s'approcha du dais avant que son ami eût atteint le centre de la salle.

– Sire, dit-il, pardonnez-moi, mais je vais vous

demander de prendre congé. Une vieille blessure s'est ouverte.

Arthur lui sourit.

– J'ai la même vieille blessure, dit-il. Nous allons partir ensemble. Peut-être viendrez-vous nous rejoindre dans la chambre de la tour lorsque vous vous serez soigné.

Il fit signe aux hérauts, les trompettes sonnèrent et les soldats vidèrent la salle.

L'escalier de pierre menant à la chambre du roi était situé dans l'épaisseur du mur de la tour ronde du donjon. A de courts intervalles, une meurtrière au fond d'une large embrasure donnait divers aperçus de la ville.

Aucun homme d'armes ne gardait cet escalier. Ils étaient en bas et avaient laissé passer Lancelot. Telle une coupe horizontale dans la tour, la chambre du roi était ronde, sans fenêtres excepté les meurtrières, et on y pénétrait par une étroite porte voûtée. C'était une pièce peu meublée, au sol recouvert de nattes de jonc. Un grand lit, à son pied un coffre de chêne sculpté, un banc près de la cheminée et plusieurs tabourets composaient le mobilier. Mais la pierre brute de la tour était tapissée de plâtre et peinte de figures solennelles d'hommes et d'anges marchant main dans la main. Deux bougies et le maigre feu dispensaient la seule lumière.

Lorsque Lancelot entra, la reine se leva du banc près du feu et dit :

– Je vais me retirer, mes seigneurs.

– Non, restez, dit Arthur.

– Restez, dit Lancelot.

Le roi était confortablement étendu dans son lit. Ses pieds nus, sortant de sa longue robe safran, se caressaient l'un l'autre, les orteils bouclant vers le bas. A la lumière du feu, la reine était très belle en brocart lamé vert, dans un flot de lignes tombantes. Elle arborait un petit sourire en coin, et ses yeux d'or franc étaient de la même couleur que ses cheveux. Cependant ses cils et ses minces sourcils étaient étrangement sombres, étrangeté qui était l'œuvre du khôl qu'un chevalier revenant d'un très lointain pays lui avait apporté dans un petit pot d'émail.

– Comment vous sentez-vous ? demanda Arthur.

– Pas bien, mon seigneur. L'épreuve est plus dure que la quête.

– Avez-vous réellement accompli toutes les prouesses dont ils parlent ?

Lancelot gloussa de rire.

– A dire vrai, je n'en sais rien. Tout paraît différent dans leurs récits. Et la plupart pensent qu'il est nécessaire d'en rajouter un peu. Quand je me souviens d'avoir sauté d'une hauteur de trois mètres, ils l'estiment à six, et franchement je ne me souviens pas du tout de plusieurs de ces géants.

La reine lui fit une place sur le banc et il s'assit, le dos au feu.

– La demoiselle... comment s'appelle-t-elle... dit Guinevere, a parlé de belles reines magiciennes, mais elle était si excitée qu'on ne comprenait pas ce qu'elle disait. Que s'est-il passé exactement ?

Lancelot détourna nerveusement les yeux.

– Vous savez combien les jeunes filles sont impressionnables, dit-il. Ce n'était qu'un peu de nécromancie paysanne dans un pâturage.

– Mais elle a parlé de reines.

– Dame, je pense que pour elle tout le monde est une reine, c'est comme les géants... cela donne du lustre à l'histoire.

– Alors ce n'étaient pas des reines ?

– Dans le champ de la magie, tout le monde l'est ou croit l'être. La prochaine fois qu'elle racontera l'histoire, la petite demoiselle sera reine. Je crois vraiment, mon seigneur, que ces pratiques prolifèrent dangereusement. C'est mauvais signe. Quand le peuple se tourne vers les diseurs de bonne aventure, c'est qu'il s'agite. Il devrait peut-être y avoir une loi là-dessus.

— Il y en a une, dit Arthur. Mais ce n'est pas une loi séculière. C'est l'Eglise qui est censée se charger de ces choses-là.

— Oui, mais certains couvents de nonnes s'adonnent à la magie noire.

— Très bien. Je mettrai la puce à l'oreille de l'archevêque.

— J'en conclus, fit observer la reine, que vous avez sauvé des demoiselles à la douzaine.

Elle posa ses doigts sur le bras de Lancelot; alors un frisson brûlant lui parcourut le corps et sa bouche s'ouvrit de surprise sous la douleur qui lui remontait dans les côtes et lui coupait le souffle.

Quelques instants plus tard, elle dit :

— Combien de demoiselles avez-vous sauvées ?

Lancelot avait la bouche sèche.

— Très peu, madame. Comme toujours.

— Et toutes vous ont fait l'amour ?

— Certes non, madame. Vous m'avez protégé.

— Moi ?

— Oui. Ayant, avec la permission de mon suzerain, juré de vous servir toute ma vie et de vous aimer courtoisement, je suis, par votre nom, protégé des demoiselles.

— Et vous désirez être protégé ?

— Dame, oui. Je suis un guerrier. Je n'ai ni le temps ni le désir d'un autre genre d'amour. J'espère que cela ne vous déplaît pas. J'ai envoyé beaucoup de prisonniers vous demander grâce.

— Je n'ai jamais vu une telle moisson, dit Arthur. Vous devez avoir vidé plusieurs comtés.

Guinevere lui toucha de nouveau le bras et, d'un regard oblique de ses yeux d'or, vit le spasme qui le secouait.

— Pendant que nous y sommes, dit-elle, je voudrais parler de la dame que vous n'avez pas sauvée. Quand je l'ai vue, ce n'était plus qu'un corps sans tête, plus en très bon état, et l'homme qui la portait était à demi fou.

— J'en suis honteux, dit Lancelot. Elle était sous ma protection et je lui ai fait défaut. C'est la honte, je suppose, qui m'a dicté ma conduite. Je suis contrit. J'espère que vous avez soulagé l'homme de son fardeau.

— Pas du tout, dit-elle. Je l'ai fait partir avant que l'odeur n'empeste le ciel. Je l'ai envoyé au pape avec son fardeau. Son amie ne va pas s'améliorer en chemin. S'il éprouve toujours aussi peu d'intérêt pour les dames, il risque de devenir un très saint homme, un ermite ou quelque chose dans ce genre, s'il ne devient pas fou furieux.

Le roi s'appuya sur le coude.

— Il va falloir que nous mettions en place un système, dit-il. Les lois de l'errance sont trop floues et les quêtes se chevauchent. En outre, je me demande si nous pourrons longtemps laisser la justice entre les mains d'hommes qui ne sont pas toujours sûrs. Je ne parle pas de vous, mon ami. Mais un jour viendra où un ordre et une organisation venant de la couronne seront nécessaires.

La reine se leva.

— Mes seigneurs, dit-elle, m'accorderez-vous la permission de vous quitter ? Je sais que vous désirez aborder des sujets étrangers et peut-être lassants pour l'oreille d'une dame.

— Dame, sûrement, dit le roi. Allez vous reposer.

— Non, sire... pas me reposer. Si je ne donne pas les modèles pour les travaux d'aiguille, mes dames n'auront rien à faire demain matin.

— Mais ce sont jours de fête, ma chère.

— J'aime leur donner quelque chose à faire chaque jour, mon seigneur. Elles sont paresseuses et certaines ont l'esprit si cotonneux qu'elles oublient d'un jour sur l'autre comment on enfile une aiguille. Pardonnez-moi, mes seigneurs.

Elle sortit majestueusement de la pièce et l'air qu'elle déplaça apporta une étrange senteur à Lancelot, un parfum qui fit passer un frisson dans son corps.

C'était une odeur qu'il ne connaissait pas, et ne pouvait connaître, car c'était l'odeur même de la peau de Guinevere. Et lorsqu'elle franchit la porte et descendit les marches, il se vit, comme en rêve, se lever d'un bond et la suivre. Lorsqu'elle fut partie, toute gloire s'évanouit de la pièce, qui devint sinistre, et Lancelot se sentit vanné et las à mourir.

– Quelle reine ! dit Arthur d'une voix douce. Et quelle femme également. Merlin était avec moi lorsque je l'ai choisie. Il a tenté de me dissuader à coups de sombres prophéties, comme d'habitude. C'est l'une des rares occasions où je n'ai pas été d'accord avec lui. En tout cas, mon choix a prouvé qu'il n'était pas infaillible. Elle a montré au monde ce que doit être une reine. Toutes les autres femmes perdent leur éclat en sa présence.

– Oui, mon seigneur, dit Lancelot.

Et sans autre raison, peut-être, que le terrible ennui procuré par la fête, il se sentit perdu et le froid couteau de la solitude lui serra le cœur.

Le roi riait sous cape.

– Les femmes sont rouées, dit-il. Elles prétendent que nous avons de grands sujets de discussion, en réalité nous les barbons. J'espère que ça ne se saura jamais. Mais vous avez l'air hagard, mon ami. Avez-vous de la fièvre ? C'était donc vrai, cette histoire de vieille blessure rouverte ?

– Non. La blessure était bien ce que vous pensiez, mon seigneur. Il est vrai que je puis combattre, chevaucher, me nourrir de baies, combattre à nouveau, ne pas dormir et être le lendemain aussi frais et aussi fort que la veille, mais rester assis sans bouger à la fête de la Pentecôte me fatigue à mort.

– Je m'en aperçois, dit Arthur. Nous discuterons un autre jour des affaires du royaume. Allez vous coucher maintenant. Avez-vous toujours votre vieille chambre ?

– Non. Sire Kay a mis cinq chevaliers à la porte des belles chambres de la poterne nord. Il a fait cela en souvenir d'une aventure que, Dieu nous pardonne, nous aurons à entendre demain. J'accepte votre congé, mon seigneur.

Lancelot s'agenouilla, prit la main aimée du roi dans les siennes et la baisa.

— Bonne nuit, mon cher suzerain, dit-il.

Sortant de la chambre d'un pas incertain, il descendit en tâtonnant à l'aveuglette les marches de pierre au-delà des meurtrières.

Sur le palier suivant, il vit Guinevere sortir d'une sombre embrasure. Il l'aperçut dans la faible lumière qui filtrait par la meurtrière. Lui prenant le bras, elle le conduisit dans sa chambre et ferma la porte de chêne.

— Il est arrivé une chose étrange, dit-elle d'une voix douce. Quand je vous ai quitté, il m'a semblé que vous me suiviez. J'en étais si sûre que je ne me suis même pas retournée pour vérifier. Vous étiez derrière moi. Et quand je suis arrivée devant ma porte, je vous ai dit bonne nuit car j'étais certaine que vous étiez là.

Lancelot distinguait son profil dans l'ombre et sentait l'odeur qui émanait d'elle.

— Dame, dit-il, quand vous avez quitté la chambre, je me suis vu vous suivre comme si j'étais un autre.

Ils s'enlacèrent comme si un piège venait de se refermer sur eux. Leurs lèvres s'unirent et se dévorèrent, et sous leurs côtes leurs cœurs battirent avec frénésie, chacun essayant de se mettre à l'unisson de l'autre, jusqu'à ce qu'ils fussent hors d'haleine. Pris de vertige, Lancelot trouva la porte, puis descendit l'escalier en titubant. Et il versait des larmes amères.

Et c'est ainsi qu'en ce temps sire Lancelot
fut le meilleur chevalier du monde
et de moult amour et de louanges comblé.

Explicit le noble conte
de sire Lancelot du Lac

TABLE DES MATIÈRES

J'ai Lu l'histoire

Dos vert bronze

CARS Guy des
Les reines de cœur (1783★★★)
Le destin de quatre reines exceptionnelles de Roumanie.

CARS Jean des
Haussmann, la gloire du Second Empire (1055★★★★)
La prodigieuse aventure de l'homme qui a transformé Paris.
Louis II de Bavière (1633★★★)
Une biographie passionnante de ce prince fou, génial et pervers.
Elisabeth d'Autriche ou la Fatalité (1692★★★★)
Le destin extraordinaire de Sissi.

CASTELOT André
Les battements de cœur de l'histoire (1620★★★★)
La politique et l'histoire confrontées au cœur et à l'amour.

CASTILLO Michel del
Les Louves de l'Escurial (1725★★★★)
A la cour d'Espagne, horreur, fanatisme mais aussi tendresse.

CASTRIES duc de
La Pompadour (1651★★★★)
Les vingt ans de règne d'une femme d'exception.

CHARDIGNY Louis
Les maréchaux de Napoléon (1621★★★★)
Des hommes hors du commun à une époque exceptionnelle.

DECAUX Alain
Les grands mystères du passé (1724★★★★)
Les énigmes historiques les plus célèbres.

DÉON Michel
Louis XIV par lui-même (1693★★★)
Un grand roi raconté par lui-même.

EXMELIN A.O.
Histoire des Frères de la côte (1695★★★★)
En 1668, Exmelin devient le médecin des flibustiers des Antilles.

JACOB Yves
Mandrin, le voleur d'impôts (1694★★★)
L'histoire vraie d'un personnage célèbre.

KENDALL Paul Murray
Mon frère Chilpéric (1786★★★★)
Le récit passionnant d'une des périodes les plus sombres de l'histoire de l'Europe.

MERMAZ Louis
Madame de Maintenon (1785★★)
Le destin hors du commun de la veuve Scarron qui devint l'épouse de Louis XIV.

MORAND Paul
La dame blanche des Habsbourg (1619★★★)
Tous les drames de la cour d'Autriche, toutes les amours.

MOYNE Christiane

Louise de La Vallière (1726★★★)
Le jeune Louis XIV et sa touchante maîtresse.

STEINBECK John

Le roi Arthur et ses preux chevaliers (1784★★★★)
Steinbeck fait revivre l'épopée des Chevaliers de la Table Ronde.

TROYAT Henri

Catherine la Grande (1618★★★★★)
Petite princesse allemande, elle a voulu incarner la Russie.

Pierre le Grand (1723★★★★)
Génial, fou, bouffon, fascinant, tel fut ce tsar.

Nouveautés J'ai Lu l'histoire
6 mars 1985

Guy des Cars
Les reines de cœur (1783★★★)
John Steinbeck
Le Roi Arthur et ses preux chevaliers (1784★★★★)
Louis Mermaz
Madame de Maintenon (1785★★)
Paul Murray Kendall
Mon frère Chilpéric (1786★★★★)

Achevé d'imprimer sur les presses de l'imprimerie Brodard et Taupin
58, rue Jean Bleuzen, Vanves. Usine de La Flèche,
le 5 février 1985
1367-5 Dépôt légal février 1985. ISBN : 2 - 277 - 21784 - 0
Imprimé en France

J'AI LU
1784
★★★★

Editions J'ai Lu
27, rue Cassette, 75006 Paris
diffusion France et étranger : Flammarion